U0090011

民國文化與文學 研究文叢

初 編

李 怡 主編

第 1 冊

中國現代文學的「民族國家」問題

張 中 良 著

國家圖書館出版品預行編目資料

中國現代文學的「民族國家」問題／張中良 著—初版—新
北市：花木蘭文化出版社，2012〔民101〕
目 2+172 面；19×26 公分
（民國文化與文學研究文叢 初編；第1冊）
ISBN：978-986-254-878-3（精裝）
1. 中國當代文學　2. 文學評論
541.26208　　　　　　　　　　　　　　　　101012594

特邀編委（以姓氏筆畫為序）：

丁　帆　　　王德威　　　宋如珊
岩佐昌暲　　奚　密　　　張中良
張堂錡　　　張福貴　　　須文蔚
馮　鐵　　　劉秀美

ISBN-978-986-254-878-3

9 789862 548783

民國文化與文學研究文叢
初　編　第　一　冊　　　　　ISBN：978-986-254-878-3

中國現代文學的「民族國家」問題

作　　者　張中良
主　　編　李怡
企　　劃　北京師範大學民國歷史文化與文學研究中心（籌）
　　　　　四川大學民國文學暨海外漢學研究中心（籌）
　　　　　現代中國文化與文學研究中心
總 編 輯　杜潔祥
印　　刷　普羅文化出版廣告事業
出　　版　花木蘭文化出版社
發 行 人　高小娟
聯絡地址　新北市永和區中正路五九五號七樓
　　　　　電話：02-2923-1455／傳眞：02-2923-1452
網　　址　http://www.huamulan.tw 信箱 sut81518@gmail.com
初　　版　2012 年 9 月
定　　價　初編 18 冊（精裝）新台幣 30,000 元
版權所有·請勿翻印

《民國文化與文學研究文叢》總序

李　怡

　　這是一套試圖從新的角度——民國歷史文化的視角重新梳理分析中國現代文學的叢書，計劃在數年內連續推出百餘種相關主題的論述，逐漸形成關於現代中國文學的新的學術思路。為什麼會提出這樣的設想？與最近一些年大陸中國悄然出現的「民國熱」有什麼關係？最終，我們又有怎樣的學術預期呢？

　　近年來大陸中國的「民國熱」折射出了諸多耐人尋味的社會心理：對於一種長期被遮蔽的歷史的好奇？市民情懷復蘇時代的小資心態？對當前社會文化秩序的厭倦與不滿？或許，就是這幾種心理的不同程度的組合？作為生活在「民國熱」時代的我們，自然很難將自己與這些社會心理切割開來，不過，在學術自身的邏輯裡追溯，我們卻不得不指出，作為文學史敘述的「民國」概念，無疑有著更為深遠的歷史，擁有更為豐富的內涵。

一

　　迄今為止，在眾多中國現代文學史的敘述概念中，得到廣泛使用的有三種：「新文學」、「近代／現代／當代文學」、「二十世紀中國文學」。值得注意的是，這三種概念都不完全是對中國文學自身的時空存在的描繪，概括的並非近現代以來中國具體的國家與社會環境，也就是說，我們文學真實、具體的生存基礎並沒有得到準確的描述。因此，它們的學術意義從來就伴隨著連續不絕的爭議，這些紛紜的意見有時甚至可能干擾到學科本身的穩定發展。

　　「新文學」是第一個得到廣泛認可的文學史概念。從 1929 年春朱自清在清華大學講授「中國新文學」、編訂《中國新文學研究綱要》到 1932 年周作人在輔仁大學講演新文學源流、出版《中國新文學的源流》，從 1933 年王哲

甫出版《中國新文學運動史》到 1935 年全面總結第一個十年成就的《中國新文學大系》的隆重推出，從 1950 年 5 月中央教育部頒佈的教學大綱定名為「中國新文學史」到 1951 年 9 月王瑤出版《中國新文學史稿》（上冊），都採用了「新文學」這一命名。此外，香港的司馬長風和臺灣的周錦先後撰寫、出版了同名的《中國新文學史》。乃至在新時期以後，雖然新的學科命名——近代文學、現代文學、當代文學——已經確定，但是以「新文學」為名創辦學會、寫作論著的現象卻依然不斷地出現。

以「新」概括文學的歷史，在很大程度上來源於這一時段文學運動中的自我命名。晚清以降中國文學與中國文化的動向，往往伴隨著一系列「新」思潮、「新」概念與「新」名稱的運動，如梁啟超提出「新民說」、「新史學」、「新學」，文學則逐步出現了「新學詩」、「新體詩」、「新派詩」、「新民體」、「新文體」、「新小說」、「新劇」等。可以說，鴉片戰爭以後的中國進入了一個「求新逐異」的時代，「新」的魅力、「新」的氛圍和「新」的思維都前所未有地得到擴張，及至五四時期，「新文學運動」與「新文化運動」轟然登場，「新文學」作為文學現象進入讀者和批評界的視野，並成為文學史敘述的基本概念，顯然已是大勢所趨。《青年雜誌》創刊號有文章明確提出：「夫有是非而無新舊，本天下之至言也。然天下之是非，方演進而無定律，則不得不假新舊之名以標其幟。夫既有是非新舊則不能無爭，是非不明，新舊未決，其爭亦未已。」〔註1〕今天，學界質疑「新文學」的「新」將其他文學現象排除在外了，以至現代的文學史殘缺不全。其實，任何一種文學史的敘述都是收容與排除並舉的，或者說，有特別的收容，就必然有特別的排除，這才是文學研究的基本「立場」。沒有對現代白話的文學傳統的特別關注和挖掘，又如何能體現中國文學近百年來的發展與變化呢？「新」的侷限不在於排除了「舊」，而在於它能否最準確地反映這一類文學的根本特點。

對於「新文學」敘述而言，真正嚴重的問題是，這一看似當然的命名其實無法改變概念本身的感性本質：所謂「新」，總是相對於「舊」而言，而在不斷演變的歷史長河中，新與舊的比照卻從來沒有一個確定不移的標準。從古文經學、荊公新學到清末西學，「新學」在中國學術史上的內涵不斷變化，「新文學」亦然。晚清以降的文學，時間不長卻「新」路不定，至「五四」已今非昔比，「新」能夠在多大的範圍內、在多長的時間中確定「文學」的性質，實在是一個不容

〔註 1〕 汪叔潛：《新舊問題》，《青年雜誌》1915 年第 1 卷第 1 號。

忽視的學術難題。我們可以從外來文化與文學的角度認定五四白話文學的「新」，像許多新文學史描述的那樣；也可以在中國文學歷史中尋覓「新」的元素，以「舊」爲「新」，像周作人的《中國新文學的源流》那樣。但這樣一來，反而昭示了「新」的不確定性，爲他人的質疑和詬病留下了把柄。誠如錢基博所言：「十數年來，始之以非聖反古以爲新，繼之歐化國語以爲新，今則又學古以爲新矣。人情喜新，亦復好古，十年非久，如是循環；知與不知，俱爲此『時代洪流』疾卷以去，空餘戲狎懺悔之詞也。」〔註2〕

更何況，中國文學的「新」歷史肯定會在很長時間中推進下去，未來還將發生怎樣的變動？其革故鼎新的浪潮未必不會超越晚清－五四一代。屆時，我們當何以爲「新」，「新文學」又該怎麼延續？這樣的學術詰問恐怕不能算是空穴來風吧。

「新」的感性本質期待我們以更嚴格、更確定的「時代意義」來加以定義。「現代」概念的出現以及後來更爲明確的近代／現代／當代的劃分似乎就是一種定義「意義」的方向。

「現代」與「近代」都不是漢語固有的語彙，傳統中國文獻如佛經曾經用「現在」來表示當前的時間（《俱舍論》有云：「若已生而未已滅名現在」）。以「近代」、「現代」翻譯英文的 modern 源自日本，「近代」、「現代」係日文對 modern 的經典譯文。「現代」在一開始使用較少，但至遲在 20 世紀初的中國文字中也開始零星使用，如梁啓超 1902 年的《新民說》。〔註3〕只是在當時，modern 既譯作「現代」與「近代」，也譯作「摩登」、「時髦」、「近世」等。直到 30 年代以後，「現代」一詞才得以普遍使用，此前即便作爲時間性的指稱，使用起來也充滿了隨意性。「近代」進入文學史敘述以 1929 年陳子展的《中國近代文學之變遷》爲早，「現代」進入文學史敘述則以 1933 年錢基博的《現代中國文學史》爲先，但他們依然是在一般的時間概念上加以模糊認定。尤其是錢基博，他的「現代」命名就是爲了掩蓋更具有社會歷史內涵的「民國」：「吾書之所爲題『現代』，詳於民國以來而略推跡往古者，此物此誌也。然不

〔註2〕　錢基博：《現代中國文學史》，長沙：嶽麓書社，1986 年，第 506 頁。

〔註3〕　《新民說》有云：「凡此皆現代各國之主動力也，而一皆自條頓人發之成之，是條頓人不啻全世界動力之主人翁也。」參見《梁啓超全集》第 2 冊，北京：北京出版社，1999 年，第 658、659 頁。關於日文中「近代」、「現代」一詞的來源及使用情況可以參見柳父章：《翻譯語成立事情》，日本岩波書店 1982 年 4 月出版。

題『民國』而曰『現代』，何也？曰：維我民國，肇造日淺，而一時所推文學家者，皆早嶄露頭角於讓清之末年，甚者遺老自居，不願奉民國之正朔；寧可以民國概之？」〔註4〕也就是說，像「民國」這樣直接指向國家與社會內涵的文學史「意義」，恰恰是作者要刻意迴避的。

在「現代」、「近代」的概念中追尋特定的歷史文化意義始於思想界。1915年，《青年雜誌》創刊號一氣刊登了陳獨秀兩篇介紹西方近現代思想文化的文章：《法蘭西人與近世文明》和《現代文明史》，「近代（近世）」與「現代」同時成為對西方思想文化的概括。《青年雜誌》〔註5〕後來又陸續推出了高一涵的《近世國家觀念與古相異之概略》（第1卷第2號）和《近世三大政治思想之變遷》（第4卷第1號）、劉叔雅的《近世思想中之科學精神》（第1卷第3號）、陳獨秀的《孔子之道與現代社會》（第2卷第4號）和《近代西洋教育》（第3卷第5號）、李大釗的《唯物史觀在現代歷史學上的價值》（第8卷第4號）。《新潮》則刊發了何思源的《近世哲學的新方法》（第2卷第1號）、羅家倫的《近代西洋思想自由的進化》（第2卷第2號）、譚鳴謙的《現代民治主義的精神》（第2卷第3號）等。1949年以後，大陸中國文學研究界找到了清晰辨析近代／現代／當代的辦法，更是確定了這幾個概念背後的歷史文化內涵，其根據就是由史達林親自審查、聯共（布）中央審定、聯共（布）中央特設委員會編的《聯共（布）黨史簡明教程》和由蘇聯史學家集體編著的多卷本的《世界通史》。《聯共（布）黨史簡明教程》於1938年在蘇聯出版，它先後用67種文字出版301次，是蘇聯圖書出版史上印數最多的出版物之一。就在蘇聯正式出版此書的二三個月後，該書的第七章和結束語就被譯成中文在《解放》上發表，隨後不久，在中國就出現了4種不同的中文譯本：由博古任總校閱、中國出版社1939年2月出版的「重慶譯本」，由吳清友翻譯、上海啓明社1939年5月出版的「上海譯本」，由蘇聯外文出版局主持翻譯和出版、任弼時等人擔任實際翻譯工作的「莫斯科譯本」，以及解放社於1939年5月出版的「延安譯本」。「上海譯本」多流行於上海和新四軍活動區域，陝甘寧邊區和華北各抗日根據地擁有「莫斯科譯本」與「延安譯本」，大後方各省同時流行「重慶譯本」與「莫斯科譯本」（見歐陽軍喜《論抗戰時期〈聯

〔註4〕 錢基博：《現代中國文學史》，第9頁。
〔註5〕 1916年9月第2卷第1號起，《青年雜誌》改名為《新青年》，文中為了表述連貫，不作明確指出。

共（布）黨史簡明教程〉在中國的傳播及其對中國共產黨宣傳工作的影響》，載《黨史研究與教學》2008 年第 2 期）。早在延安時代，《簡明教程》就被列入「幹部必讀」書，建國之後，《簡明教程》中的三章加上「結束語」曾被指定爲廣大幹部學習的基本教材，在中國自己編寫的「國際共運史」教材面世之前，它也是高校馬列主義基礎課程的通用教材，直接參與構築了新中國教育的基本歷史觀念。作爲「學科」的中國現當代文學就是在這樣一種歷史觀念的形成中生成的。中譯本《世界通史》第一卷最早由生活・讀書・新知三聯書店於 1959 年初版，至 1978 年出版到第八卷，第九、第十卷由吉林人民出版社分別於 1975、1978 年出版，第十一卷繼續由三聯書店於 1984 年出版，第十二、十三卷由東方出版社 1987、1990 年出版，可以說也伴隨了 1990 年代之前中國的歷史認識過程。

　　就這樣，馬列主義的五種社會形態進化論成爲劃分近代與現代的理論基礎，由近代到現代的演進，在蘇聯被描述爲 1640 年英國資產階級革命－十月社會主義革命的重大發展，在中國，則開始於淪爲「半殖民地半封建」的 1840年鴉片戰爭，完成於標誌著社會主義思想傳播的「五四」。大陸中國的史學家更是在「現代」之中另闢「當代」，以彰顯社會主義與共產主義社會的到來，由此確定了中國文學近代／現代／當代的明確格局——這樣的劃分，不僅在時間分段上不再模糊，而且更具有明確的思想內涵與歷史文化質地：資產階級文學（舊民主主義革命文學）、新民主主義革命文學與社會主義文學就是近代－現代－當代文學的歷史轉換。

　　當然，來自蘇聯意識形態的歷史劃分與西方學術界的基本概念界定存在明顯的分歧。在西方學術界，一般是以地理大發現與資本主義經濟及社會文化的興起作爲「現代」的開端，Modern Times 一般泛指 15～16 世紀地理大發現以來的歷史，這一歷史過程一直延續到今天，並沒有近代／現代之別，即使是所謂的「當代」（Late Modern Time 或 Contemporary Time），也依然從屬於 Modern Times 的長時段。〔註6〕「現代」的含義也不僅與「革命」相關，而且指涉一個相當久遠而深厚的歷史文化的變遷過程，並包含著歷史、哲學、

〔註 6〕代表作有阿克頓主編的 14 卷本的《康橋近代史》（*The Cambridge Modern History*, *Cambridge university press .1902-1912*），後來康橋大學出版社又出版了克拉克主編的 14 卷本的《新編康橋近代史》（*The New Cambridge Modern History. Cambridge university press .1957-1959*），這套著作的中文譯本於 1987年起，由中國社會科學出版社陸續出版，名爲《新編康橋世界近代史》。

宗教等多方面的資訊。德國美學家姚斯在《美學標準及對古代與現代之爭的歷史反思》中考證,「現代」一詞在 10 世紀末期首次被使用,意指古羅馬帝國向基督教世界過渡時期,與古代相區別;而今天一般將之理解爲自文藝復興開始尤其是 17、18 世紀以後的社會、思想和文化的全面改變,它以工業化爲基礎,以全球化爲形式,深刻地影響了世界各民族的生存與觀念。

到了新時期,在大陸中國的國門重新向西方世界開放以後,「走向世界」的強烈渴望讓我們不再滿足於革命歷史的「現代」,但問題是,其他的「現代」知識對我們而言又相當陌生,難怪汪暉曾就何謂「現代」向唐弢先生鄭重求教,而作爲學科泰斗的導師也只是回答說,這是一個「很複雜」的問題。〔註7〕1990 年代,中國學術界開始惡補「現代」課,從西方思想界直接輸入了系統而豐富的「現代性知識」,這個「與世界接軌」的具有思想深度的知識結構由此散發出了前所未有的魅力。正是在「現代性知識」體系中,對現代、現代性、現代化、現代主義的辨析達到了如此的深入和細緻,對文學的觀照似乎也獲得了令人激動不已的效果和不可估量的廣闊前程,中國現代文學史至此有望成爲名副其實的「現代性」或「現代學」意義上的文學史敘述。

應當承認,1990 年代對「現代」知識的重新認定,的確爲我們的文學史研究找到了一個更具有整合能力的闡釋平臺。例如,藉助福柯式的知識考古,我們固有的種種「現代」概念和思想得到了清理,現代、現代性、現代化這些或零散或隨意或飄忽的認識,都第一次被納入一個完整清晰的系統,並且尋找到了在人類精神發展流程裡的準確位置。最近 10 年,「現代性」既是中國理論界所有譯文的中心語彙,也幾乎就是所有現當代文學史研究的話語支撐點。

但是,從另一角度來看,我們的「現代」史學之路卻難以掩飾其中的尷尬。無論是蘇聯的革命史「現代」概念還是今日西方學界的「現代」新知,它們的闡釋功效均更多地得力於異域的理論視野與理論邏輯,列寧與史達林如此,吉登斯、哈貝馬斯與福柯亦然。問題是,中國作家的主體經驗究竟在哪裡?中國作家背後的中國社會與歷史的獨特意義又何在?在革命史「現代」觀中,蘇聯的文學經驗、所謂的「現實主義」道路成爲金科玉律,只有最大程度地符合了這些「他者」的經驗才可能獲得文學史的肯定,這被後來稱爲

〔註7〕汪暉:《我們如何成爲「現代的」?》,《中國現代文學研究叢刊》1996 年第 1 期。

「左」的思想的教訓其實就是失去了中國主體經驗的惡果。同樣，在最近 10 餘年的文學史研究中，鮮活的現代中國的文學體驗也一再被納入到全球資本主義時代的共同命題中，兩種現代性、民族國家理論、公共空間理論、第三世界文化理論、後殖民批判理論……大清帝國的黃昏與異域的共和國的早晨相遇了，兩個不同國度的感受能否替換？文學的需要是否就能殊途同歸？他者的理論是否眞讓我們一勞永逸？中國文學的現代之路會不會自成一格？有趣的甚至還有如下的事實：在 90 年代初期，恰恰也是其中的一些理論（現代性質疑理論）導致我們對現代文學存在價值的懷疑和否定，而到了 90 年代中後期，當外來的理論本身也發生分歧與衝突的時候（如哈貝馬斯對現代性的肯定），我們竟又神奇地獲得了鼓勵，重新「追隨」西方理論挖掘中國文學的「現代性價值」——中國文學的意義竟然就是這樣的脆弱和動搖，只能依靠西方的「現代」理論加以確定？

　　除了這些異域的「現代」理論，我們的文學史家就沒有屬於自己的東西嗎？如我們的心靈，我們的感受，能夠容納我們生命需要的漢語能力。

　　現代，在何種意義上還能繼續成爲我們的文學史概念？沒有了這一通行的「世界」術語，我們還能夠表達自己嗎？

　　問題的嚴重性似乎不在於我們能否在歷史的描述中繼續使用「現代」（包括與之關聯的「近代」、「當代」等概念），而是類似的辭彙的確已被層層疊疊的「他者」的資訊所塗抹甚至污染，在固有的中國現代文學史敘述框架內，我們怎樣才能做到全身而退，通達我們思想的自由領地？

　　中國有「文學史」始於清末的林傳甲、黃摩西，隨著文學史寫作的持續展開，尤其是到了 1949 年以後，「現代」被單獨列出，不再從屬於「中國文學史」，這彷彿包含了一種暗示：「現代」是異樣的、外來的，不必納入「中國文學」固有的敘述程式。

　　「二十世紀中國文學」是中國文學研究界學術自覺，努力排除蘇聯「革命」史觀影響，尋求文學自身規律的產物。正如論者當年意識到的那樣：「以前的文學史分期是從社會政治史直接類比過來的。拿『近代文學史』來說，從一八四〇年鴉片戰爭到一八九八年戊戌變法，半個多世紀裡頭，幾乎沒有什麼文學，或者說文學沒有什麼根本的變化。……政治和文學的發展很不平衡。還是要從東西方文化的撞擊，從文學的現代化，從中國人『出而參與世界的文藝之業』，從文學本身的發展規律，從這樣的一些角度來看文學史，才

比較準確。」「『二十世紀中國文學』這一概念首先意味著文學史從社會政治史的簡單比附中獨立出來，意味著把文學自身發生發展的階段完整性作爲研究的主要對象。」〔註 8〕這樣的歷史架構顯然具有重大的學術價值，「二十世紀中國文學」直到今天依然是影響最大的文學史理念，然而，它也存在著難以克服的一些問題。姑且不論「二十世紀」這一業已結束的時間概念能否繼續涵蓋一個新世紀的歷史情形，而「新世紀」是否又具有與「舊世紀」迥然不同的特徵，即便是這種歷史概括所依賴的基本觀念——文學的世界性、整體性與「現代化」，其實也和文學的「現代」史觀一樣，在今天恰恰就是爭論的焦點。

　　「二十世紀」作爲一個時間概念也曾被國外史家徵用，但是正如當年中國學者已經意識到的那樣，外人常常是在「純物理時間」的意義上加以使用，相反，「二十世紀中國文學」更願意準確地呈現文學自身的性質。〔註 9〕這樣一來，「二十世紀」的概念也同我們曾經有過的「現代」一樣，實際上已由時間性指稱轉換爲意義性指稱。那麼，構成它們內在意義的是什麼呢？是文學的世界性、整體性與「現代化」——這些取諸世界歷史總體進程的「元素」，它們在何種程度上推動了我們文學的發展，又在多大的程度上掩蓋了我們固有的人生與藝術理想，都是大可討論的。例如，面對同樣一個「世界」的背景，是遭遇了「世界性」還是我們自己開闢了「世界性」，這裡就有完全不同的文學感受；再如，將「二十世紀」看作一個「整體」，我們可能注意到「五四」與「新時期」在「現代化」方向上的一致：「我是從搞新時期文學入手的，慢慢地發現好多文學現象跟『五四』時期非常相像，幾乎是某種『重複』。比如，『問題小說』的討論，連術語都完全一致。我考慮比較多的是美感意識的問題。『傷痕』文學裡頭有一種很濃郁的感傷情緒，非常像『五四』時期的浪漫主義思潮，我把它叫作歷史青春期的美感情緒。」「魯迅對現代小說形式的問題很早就提出一些精彩的見解。我就感覺到當代文學提出的很多問題並不是什麼新鮮問題。」〔註10〕但是，這樣的「整體性」的相似只是問題的一方面，認眞區分起來，「五四」與「新時期」其實更有著一系列重要的分歧。文

〔註 8〕黃子平、陳平原、錢理群：《二十世紀中國文學三人談》，北京：人民文學出版社，1988 年，第 36 頁、25 頁。
〔註 9〕黃子平、陳平原、錢理群：《二十世紀中國文學三人談》，第 39 頁。
〔註10〕黃子平、陳平原、錢理群：《二十世紀中國文學三人談》，第 29〜30、31 頁。

學的意義恰恰就是建立在細節的甄別上，上述細節的差異不是可有可無的，它們標識的正是文學本身的「形態」的差別，既然「形態」已大不相同，那麼粘合的「整體」的也就失去了堅實的基礎。

更有甚者，雖然已被賦予一系列「現代性」的意義指向，「二十世紀」卻又無法終結人們對它的「時間」指稱。新的問題由此產生：人們完全可能藉助這樣的「時間」框架，重新賦予不同的意義，由此在總體上形成了「二十世紀」指義的複雜和含混。在 80 年代，「二十世紀中國文學」的提出者是以晚清的「新派」文學作為「現代性」的起點，努力尋找五四文學精神的晚清前提與基礎，但是近年來，我們卻不無尷尬地發現美國漢學界已另起爐竈，竭力發掘被五四文學所「壓抑」的其他文學源流。結果並不是簡單擴大了文學的源頭，讓多元的聲音百家爭鳴，而是我們從此不得不面對一個彼此很難整合的現代文學格局，在晚清的世俗情欲與「五四」的文化啓蒙之間，矛盾的力量究竟是怎樣被「整合」的？如果說，「五四」的文化啓蒙壓抑了晚清的世俗情欲，而後者在中國其實已有很長的歷史流變過程，那麼，這樣壓抑／被壓抑雙方的歷史整合就變得頗為怪異，而「五四」、二十世紀作為文學「新質」的特殊意義也就不復存在，我們曾引以自豪的新文學的寶貴傳統可能就此動搖和模糊不清。難道，一個以文學闡釋的「整體性」為己任的學術追求至此完成了自我的解構？

我們必須認眞面對「二十世紀中國文學」這一概念，包括其並未消失的價值和已經浮現的侷限。

二

我們對近現代以來中國文學史的幾大基本概念加以檢討，其目的並不是要在現有的文學描述中將之「除名」，而是想藉此反思我們目前文學研究與文學史敍述的內在問題。「新文學」力圖抓住中國文學在本世紀的「新質」，但定位卻存在很大的模糊空間；「現代文學」努力建立關於歷史意義的完整觀念，但問題是，這些「現代」觀念在很大程度上來自異域文化，究竟怎樣確定我們自己在本世紀的生存意義，依然有太多的空白之處；「二十世紀」致力於「文學」輪廓的勾勒，但純粹的時間概念的糾纏又使得它所框定的文學屬性龐雜而混沌，意義的清晰度甚至不如「新文學」與「現代文學」。這就是說，在我們未來的文學史敍述中，有必要對「新文學」、「近代／現代／當代」、「二

十世紀中國文學」等概念加以限制性的使用，盡可能突出它們揭示中國文學現象獨特性的那一面，盡力壓縮它們各自表意中的模糊空間。與此同時，更重要的是重新尋找和探測有關文學歷史的新的敘述方式，包括新的概念的選擇、新的意義範圍的確定，以及新的研究範式的嘗試等。

「新文學」作為對近百年來白話文學約定俗成的稱謂，繼續使用無妨，且無須承擔為其他文學樣式（如舊體文學）騰挪空間的道德責任，但未來的文學發展又將如何刷「新」，新的文學現象將怎樣由「新」而出，我們必須保留必要的思想準備與概念準備；「現代」則需要重新加以清理和認定，與其將西方資本主義文化的種種邏輯作為衡量「現代性」的基礎，還不如在一個更寬泛的角度認定「現代」：中華帝國結束自我中心的幻覺，被迫與其他世界對話的特殊過程，直接影響了中國人與中國作家的人生觀與自我意識，催生了一種區別於中國古代文學的「現代」樣式。這種「現代」受惠與受制於異域的「現代」命題尤其是西方資本主義的命題，但又與異域的心態頗多區別，我們完全不必將西方的「現代」或「現代性」本質化，並作為估價中國文學的尺度。異域的「現代」景觀僅僅是我們重新認識中國現象的比照之物，也就是說，對於「現代」的闡述，重點不應是異域（西方）的理念，而是這一過程之中中國「物質環境」與「精神生態」的諸多豐富形態與複雜結構。作為一個寬泛性的「過程」概念的指稱，我們使用側重於特殊時間含義的「現代文學」，而將文學精神內涵的分析交給更複雜、更多樣的歷史文化分析，以其他方式確立「意義」似乎更為可行；「二十世紀」是中國文學新的「現代」樣式孕育、誕生和發展壯大的關鍵時期，因為精神現象發生的微妙與複雜，這種時間性的斷代對文學本身的特殊樣式而言也不無模糊性，而且其間文學傳統的流變也務必單純和統一，因此，它最適合於充當技術性的時間指稱而非某種文學「本質」的概括。

這樣一來，我們似乎有可能獲得這樣的機會：將已粘著於這些概念之上的「意義的斑駁」儘量剔除，與其藉助它們繼續認定中國文學的「性質」，不如在盡力排除「他者」概念干擾的基礎上另闢蹊徑，通過對近現代以來中國文學發生與發展歷史情景的細緻梳理來加以全新的定義。

一個民族和國家的文學歷史的敘述，所依賴的巨大背景肯定是這一國家歷史的種種具體的歷史情景，包括國家政治的情狀、社會體制的細則、生存方式的細節、精神活動的詳情等等，總之，這種種的細節，它來自於歷史事實的「還

原」而不是抽象的理論概括。國家是我們生存的政治構架，在中國式的生存中，政治構架往往起著至關緊要的作用，影響及每個人最重要的生存環境和人生環節，也是文學存在的最堅實的背景；在國家政治的大框架中又形成了社會歷史發展的種種具體的情態：這是每個個體的具體生存環境，是文學關懷和觀照的基本場景，也是作為精神現象的文學創造的基礎和動力。

　　從文學生存的社會歷史文化角度加以研究，並注意到其中「國家政治」與「社會背景」的重要作用，絕非始於今日。在「以階級鬥爭為綱」的年代，就格外強調社會歷史批評的價值，新時期以後，則有「文化角度」研究的興起，90 年代至今，更是「文化批評」或「文化研究」的盛行。不過，強調「國家歷史情態」與這些研究都有很大的不同，它是屬於我們今天應當特別加強的學術方式。

　　傳統的社會歷史批評以國家政治為唯一的闡釋中心，從根本上抹殺了文學自身的獨立性。在新時期，從「文化角度」研究文學就是要打破政治角度的壟斷性，正如「二十世紀中國文學」倡導者所提出的「走出文學」的設想：「『走出文學』就是注重文學的外部特徵，強調文學研究與哲學、社會學、政治學、民族學、心理學、歷史學、民俗學、文化人類學、倫理學等學科的聯繫，統而言之，從文化角度，而不只是從政治角度來考察文學。」〔註11〕這樣的研究，開啟了從不同的學科知識視角觀察文學發展的可能。「文化角度」在這裡主要意味著「通過文化看文學」。也就是說，運用組成社會文化的不同學科來分析、觀察文學的美學個性。與基於這些「文化角度」的「審美」判斷不同，90 年代至今的「文化研究」甚至打破了人們關於藝術與審美的「自主性」神話，將文學納入社會文化關係的總體版圖，重點解釋其中的文化「意味」，包括社會結構中種種階級、權力、性別與民族的關係。「文化研究」更重視文學具體而微的實際經驗，更強調對日常生活與世俗文化的分析和解剖，更關注文學在歷史文化經驗中的具體細節。這顯然更利於揭示文學的歷史文化意義，但是，「文化研究」的基本理論和模式卻有著明顯的西方背景。一般認為，「文化研究」產生於 50 年代的英國，其先驅人物是威廉姆斯（R.Williams）與霍加特（R.Hoggart）。霍加特在 1964 年創辦的英國伯明罕當代文化研究中心是第一個正式成立的「文化研究」機構，從 80 年代開始，「文化研究」在加拿大、澳大利亞及美國等地迅速發展，至今，它幾乎已成為一個具有全球影響的知識領域。90 年代，「文化

〔註11〕黃子平、陳平原、錢理群：《二十世紀中國文學三人談》，第 61 頁。

研究」傳入中國後對文學批評的影響日巨，但是，中國「文化研究」的一系列主題和思路（如後殖民主義批判、文化／權力關係批判、種族與性別問題、大眾文化問題、身份政治學等等）幾乎都來自西方，而且往往是直接襲用外來的術語和邏輯，對自身文化處境獨特性的準確分析卻相當不足。〔註12〕

突出具體的歷史情景的文學研究充分肯定國家政治的特殊意義，但又絕對尊重文學自身的獨立價值；與 80 年代「文化角度」研究相似，它也將充分調動哲學、社會學、政治學、民族學、心理學、歷史學、民俗學、文化人類學、倫理學等學科知識，但卻更強調具體國家歷史過程中的「文學」對人生遭遇「還原」；與「文化研究」相似，這裡的研究也將重點挖掘歷史文化的諸多細節，但需要致力於來自「中國體驗」的思想主題與思維路徑。

傳統的中國文學詮釋雖然沒有「社會歷史批評」這樣的概念，但卻在感受、體驗具體作家創作環境方面頗多心得，形成了所謂「知人論世」的詮釋傳統，正如章學城在《文史通義・文德》中說：「不知古人之世，不可妄論古人之辭也。知其世矣，不知古人之身處，亦不可以遽論其文也。」這都是我們今天跳出概念窠臼、返回歷史感受的重要資源。不過，中國現代文學的歷史敘述需要完成的任務可能更爲複雜，在今天，我們不僅需要爲了「知人」而「知世」，而且作爲「世」的社會歷史也不僅僅是「背景」，它本身就構成了文學發展的「結構」性力量，正是在這個意義上，我們更傾向於使用「情景」而不是「背景」；挖掘歷史的我們也不僅要以「世」釋「人」，而且要直接呈現特定條件下文學精神發展的各種內在「機理」，這些「機理」形成了中國文學的「民國機制」，文學的民國機制最終導致我們的現代文學既不是清代文學的簡單延續，也不是新中國文學的前代榜樣。

新的文學史敘述範式將努力完整地揭示近現代以來中國文學生存發展的基本環境，這種揭示要盡可能「原生態」地呈現這個國家、社會、文化和政治的各種因素，以及這些因素如何相互結合、相互作用，並形成影響我們精神生產與語言運行的「格局」，剖析它是如何決定和影響了我們的基本需求、情趣和願望。這樣的揭示，應盡力避免對既有的外來觀念形態的直接襲用——雖然我們也承認這些觀念的確對我們的生存有所衝擊和浸染，但最根本的觀念依然來自於我們所置身的社會文化格局，來自於我們在這種格局中體驗人生和感受世界的態度與方式。眾說紛紜、意義斑駁的「現代性」無法揭開

〔註12〕參見陶東風：《社會轉型與當代知識份子》，上海：上海三聯書店，1999 年。

這些生存的「底色」。我們的新研究應返回到最樸素的關於近現代以來中國國家與社會的種種結構性元素的分析清理當中，在更多的實證性的展示中「還原」中國人與中國作家的喜怒哀樂。過去的一切解剖和闡釋並非一無是處，但它們必須重新回到最樸素的生存狀態的分析中——如中外文化的衝突、現代資本主義文化的入侵、現代民族國家的建立、現代性的批判、全球化時代的文化趨勢等。我們需要知道，這些抽象的文化觀念不是理所當然就覆蓋在中國人的思想之上的，只有在與中國人實際生存和發展緊密結合的時候，它們的意義才得以彰顯。換句話說，最終是中國人自己的最基本的生存發展需要決定了其他異域觀念的進入程度和進入方向。如果脫離中國自己的國家與社會狀況的深入分析，單純地滿足於異域觀念的演繹，那麼，即便能觸及部分現象甚至某些局部的核心，也肯定會失去研究對象的完整性，最終讓我們的研究和關於歷史的敘述不斷在抽象概念的替代和遊戲中滑行。近百年來中國文學研究的最深刻教訓即在於此。今天，是應該努力改變的時候了。

　　作為生存細節的歷史情景，屬於我們的物質環境與精神追求在各個方面的自然呈現。不像「ｘｘ文化與中國現代文學」式的特定角度進行由外而內的探測（這已經成為一種經典式的論述形式），歷史情景本身就形成了文學作為人生現象的構成元素。如在「政治意識形態與中國文學」的研究模式中，我們論述的是這些政治觀念對中國文學的扭曲和壓抑，中國作家如何通過掙脫其影響獲得自由思想的表達，而在作為人生現象的文學敘述中，一切國家政治都在打造著作家樸素的思想意識，他們依賴於這些政治文化提供的生存場域，又在無意識中把國家政治內化為自己的思想構成，同時，特定條件下的反叛與抗爭也生成了思想發展的特定方向——這樣的考察，首先不是觀念的應用和演繹，而是歷史細節、生活細節的挖掘和呈現，我們無須藉「文化理論」講道理，而是對這些現象加以觀察和記錄。

　　國家歷史情態的意義也是豐富的，除了國家的政治形態之外，還包括社會法律形態、經濟方式、教育體制、宗教形態以及日常生活習俗以及文學的生產、傳播過程等，它們分別組成了與特定國家政治相適應的「社會結構」與「人生結構」。我們的研究，就是在「還原性」的歷史敘述中展開這些「結構」的細部，並分析它們是如何相互結合又具體影響著文學發展的。

　　作為一種新的文學史敘述方式，我們應特別注意那種「還原性」的命名及其背後的深遠意義，比如「民國文學史」的概念。

1999 年，陳福康藉助史學界的概念，建議中國文學的「現代」之名不妨「退休」，代之以民國文學之謂。近年來，張福貴、湯溢澤、趙步陽、楊丹丹等人都先後提出這一新的命名問題，〔註 13〕我之所以將這樣的命名方式稱之為「還原」式，是因為它所指示的國家社會的概念不是外來思想的借用——包括時間的借用與意義的借用——而是中國自己的特定生存階段的真實的稱謂，藉助這樣具體的歷史情景，我們的文學史敘述有可能展開過去所忽略的歷史細節，從而推動文學史研究的深入。

三

肯定「民國文學」式的還原性論述，並不僅僅著眼於文學史的概念之爭，更重要的是開啟一種新的敘述可能。國家歷史情態的諸多細節有可能在這樣的敘述中獲得前所未有的重視，從而為百年中國文學轉換演變的複雜過程、歷史意義和文化功能提出新的解釋。

學術界曾經有一種設想：藉助「民國文學」這樣的「時間性」命名可以容納各種各樣的文學樣式，從而為現代中國文學的宏富圖景開拓空間。這裡需要進一步思考的問題包括兩個方面：其一，「民國文學」是否就是一種單純的時間性概念？其二，文學史敘述的目標是否就是不斷擴大自己的敘述對象？顯然，以國家歷史情態為基準的歷史命名本身就包含了十分具體的社會歷史內容，它已經大大超越了單純的「時間」稱謂。單純的時間稱謂，莫過於西元紀年，我們完全可以命名「中國文學（1911～1949）」，這種命名與「民國文學」顯然有著重大的差異。同樣，是否真的存在這麼一種歷史敘述模式：沒有思想傾向，沒有主觀性，可以包羅萬象？正如韋勒克、沃倫所說：「不能同意認為文學時代只是一個為描述任何一段時間過程而使用的語言符號的那種極端唯名論觀點。極端的唯名論假定，時代的概念是把一個任意的附加物加在了一堆材料上，而

〔註 13〕 參看張福貴《從意義概念返回到時間概念——關於中國現代文學的命名問題》（香港《文學世紀》2003 年第 4 期）；湯溢澤、郭彥妮《論開展「民國文學史」研究的必要性與可行性》（《當代教育理論與實踐》2010 年第 2 卷第 3 期）；湯溢澤、廖廣莉《論開展「民國文學史」研究的迫切性》（《衡陽師範學院學報》2010 年第 2 期）；趙步陽、曹千里等《現代文學」，還是「民國文學」？》（《金陵科技學院學報》2008 年第 1 期）；張維亞、趙步陽等《民國文學遺產旅遊開發研究》（《商業經濟》2008 年第 9 期）；楊丹丹《現代文學史」命名的追問與反思》（《長春師範學院學報》2008 年第 5 期）。

這材料實際上只是一個連續的無一定方向的流而已；這樣，擺在我們面前的就一方面是具體事件的一片渾沌，另一方面是純粹的主觀的標籤。」「文學上某一時期的歷史就在於探索從一個規範體系到另一個規範體系的變化。」〔註14〕

　　在此意義上，作為文學史概念的辨析只是問題的表面，更重要的是我們新的文學史敘述需要依託國家歷史情態，重新探討和發現近現代以來中國文學的「一個規範體系到另一個規範體系的變化」。面對日益高漲的「民國文學史」命名的呼籲，我更願意強調中國文學在民國時期的機制性力量。忽略國家歷史情態，我們對現代中國文學發展內在機理的描述往往停留在外來文化與傳統文化二元關係的層面上，而對中國現代歷史本身的構造性力量恰恰缺少足夠的挖掘；引入「民國文學機制」的視角，則有利於深入開掘這些影響——包括推動和限制——文學發展的歷史要素。

　　在歷史的每一個階段，文學之所以能夠出現新的精神創造與語言創造，歸根結底在於這一時期的國家歷史情態中孕育了某種「機制」，這種「機制」是特定社會文化「結構」的產物，正是它的存在推動了精神的發展和蛻變，最終撐破前一個文化傳統的「殼」脫穎而出。考察中國文學近百年來的新變，就是要抓住這些文化中形成「機制」的東西，而「機制」既不是外來思想的簡單輸入，更不是「世界歷史」的共識，它是社會文化自身在演變過程中諸多因素相互作用的最終結果。

　　強化文學史的國家與社會論述，自覺挖掘「文學機制」，可能對我們的研究產生三個方面的直接推動作用。

　　首先，從中國文學研究的中外衝撞模式中跨越出來，形成在中國社會文化自身情形中研討文學問題的新思路。百年來，中外文化衝突融合的事實造就了我們對文學的一種主要的理解方式，即努力將一切文學現象都置放在外來文化輸入與傳統文化轉換的邏輯中。這固然有其合理性，但是，在實際的文學闡釋與研究當中，我們又很容易忽略「衝突融合」現象本身的諸多細節，將中外文化關係的研究簡化為異域因素的「輸入」與「移植」辨析，最終便在很大程度上漠視了文學創作這一精神現象的複雜性，忽略了精神產品生成所依託的複雜而實際的國家與社會狀況，民國文學機制的開掘正可以為我們展開關於國家與社會狀況的豐富內容。我們曾倡導過「體驗」之於中國現代

〔註14〕　韋勒克、沃倫：《文學理論》，劉象愚等譯，北京：三聯書店1984年，第302、307頁。

文學研究的意義，而作家的生命體驗就根植於實際的國家與社會情景，文學的體驗在「民國文學機制」中獲得了最好的解釋。

其次，對「文學機制」的論述有助於釐清文學研究的一系列基本概念，如「現代」、「現代化」、「民族」、「進化」、「革命」、「啓蒙」、「大眾」、「現實主義」、「浪漫主義」、「現代主義」等概念，都將獲得更符合中國歷史現實的說明。在過去，我們主要把它們當作西方的術語，力圖在更接近西方意義的層面上來加以運用，近年來，爲了弘揚傳統文化，又開始對此質疑，甚至提出了回歸古典文論、重建中國文論話語的新思路。問題在於，中國古典文論能否有效地表達現代文學的新體驗呢？前述種種批評話語固然有其外來的背景，但是，一旦這些批評話語進入中國，便逐步成了中國作家自我認同、自我表達的有機組成部分，在看似外來的語彙之中，其實深深地滲透了中國作家自己的體驗和思想。也就是說，它們其實已經融入了中國自己的話語體系，成爲中國作家自我生命表達的一種方式。當然，這樣的認同方式和表達方式又都是在中國現代社會文化的場域中發生的，都可以在特定國家歷史情態中獲得準確定位。經過這樣的考辨和定位，中國現代學術批評的系列語彙將重新煥發生機：既能與外部世界對話，又充分體現著「中國特色」，眞正成爲現代中國話語建設的合理成分。

再次，對作爲民國文學機制具體組成部分的各種結構性因素的剖析，可以爲近百年來中國文學的研究提供新的課題。這些因素包括經濟方式、法律形態、教育體制、宗教形態、日常生活習俗以及文學的生產、傳播過程等等。作爲文學的經濟方式，我們應注意到民國時期的民營格局之於中國近現代的出版傳播業的深刻影響，一方面，出版傳播業的民營性質雖然決定了文學的「市場利益驅動」，但另一方面，讀者市場的驅動本身又具有多元化的可能性，較之於一元化思想控制的國家壟斷，這顯然更能爲文學的自由發展提供較大的空間；作爲文學的法律保障，民國時期曾經存在著一個規模龐大的法律職業集團，這樣一個法律思想界別的存在加強著民國社會的「法治」意識，我們目睹了知識份子以法律爲武器，對抗專制獨裁、捍衛言論自由的大量案例，知識者的法律意識和人權觀念在很大程度上保證了爭取創作空間的主動性，這是我們理解民國文學主體精神的基礎；民國教育機構三方並舉（國立、私立與教會）的形式延遲了教育體制的大統一進程，有助於知識份子的思想自由，即便是國立的教育機構如北京大學，也能出現如蔡元培這樣具有較大自主權力並且主張「兼容並

包」、「學術自由」的教育管理者；也是在五四時期，知識份子形成了一個巨大的生存群落，他們各自有著並不相同的思想傾向，有過程度不同的文化論爭，但又在總體上形成了推動文化發展的有效力量。歐遊歸來、宣揚「西方文明破產」的梁啓超常常被人們視作「思想保守」，但他卻對新文化運動抱有很大的熱情和關注，甚至認爲它從總體上符合了自己心目中的「進化」理想；甲寅派一直被簡單地目爲新文化運動的「反對派」，其實當年《甲寅》月刊的努力恰恰奠定了《新青年》出現的重要基礎，後來章士釗任職北洋政府，《甲寅》以周刊形式在京復刊，與新文化倡導者激烈論爭，但論戰並沒有妨礙對手雙方的基本交誼和彼此容忍；學衡派也竭力從西方文化中尋找自己的理論支援，而且並不拒絕「新文化」這一概念本身；與《新青年》「新文化派」展開東西方文化大論戰的還有「東方文化派」的一方如杜亞泉等人，同樣具有現代文化的知識背景，同樣是現代科學文化知識的傳播者——正是這樣的「認同」，爲這些生存群體可以形成以「五四」命名的文化圈創造了條件。而一個存在某種文化同約性的大型文化圈的出現，則是現代中國文化發展十分寶貴的「思想平臺」——它在根本上保證了新的中國文化從思想基礎到制度建設的相對穩定和順暢，所有這些相對有利的因素都在「五四」前後的知識份子生存中聚集起來，成爲傳達自由思想、形成多元化輿論陣地的重要根基。我們可以這樣認爲五四新文化運動第一次呈現了「民國文學機制」的雛形，而這樣的「機制」反過來又藉助五四新文化運動的思想激盪得以進一步完善成型，開始爲中國文學的自由創造奠定最重要的基礎。

　　「民國文學機制」在中國現代文化後來的歷史中持續性地釋放了強大的正面效應。我們可以看到，無論生存的物質條件有時變得怎樣的惡劣和糟糕，中國文學都一再保持著相當穩定的創造力，甚至，在某種程度上，由國家與社會各種因素組合而成的「機制」還構成了對國民黨專制獨裁的有效制約。中國在20年代後期興起了左翼文化，而且恰恰是在國民黨血腥的「清黨」之後，左翼文化得到了空前的發展，並且以自己的努力、以影響廣大社會的頑強生命力抵抗了專制獨裁勢力的壓制。抗戰時期，中國文學出現了不同政治意識形態的分區，所謂的「國統區」與「解放區」。有意思的是，中國文學在總體上包容了如此對立的文學思想樣式，而且一定程度上還可以形成這兩者的交流與對話，其支撐點依然是我們所說的「民國文學機制」。民國文學的基礎是晚清－五四中國知識份子的文化啓蒙理想，在文化結構整體的有機關係中，這樣的理想同時也

流布到了左翼文化圈與中國共產黨人的文化論述當中，雖然他們另有自己的政治主張與政治信仰。過去文學史敘述，往往突出了意識形態的不可調和性，也否認社會文化因素的有機的微妙關係，如「啓蒙」與「救亡」的對立面似乎理所當然地壓倒了它們的通約性。只有依託中國文學的具體歷史情景，在「民國文學機制」的歷史細節中重新梳理，我們才能發現，在抗戰時期的文壇上，至少在抗戰前期的文學表達中，「啓蒙」並沒有因為「救亡」而消沉，反而藉「救亡」而興起，這就是抗戰以後出現的「新啓蒙運動」。

引入「民國文學機制」的觀察，我們還可以進一步發現，中國文學在「民國時期」呈現了獨特的格局：國家執政當局從來沒有真正獲得文化的領導權，無論袁世凱、北洋政府還是蔣介石獨裁，其思想控制的企圖總是遭遇了社會各階層的有力阻擊，親政府當局的文化與文學思潮往往受到自由主義與左翼文化的多重反抗，尤其是左翼文化的頑強生存在很大程度上形成了民國文學爭取自由思想的強大推動力量，民國文學的主流不是國民黨文學而是左翼文學與自由主義文學。有趣的是，在民國專制政權的某些政策執行者那裡，他們試圖控制文學、壓縮創作自由空間的努力不僅始終遭到其他社會階層的有力反抗，而且就連這些政策執行者自己也是矛盾重重、膽膽突突的。例如，在國民黨掌控意識形態的宣傳部長張道藩所闡述的「文藝政策」裡，我們既能讀到保障社會「穩定」、加強思想控制的論述，也能讀到那些對於當前文藝發展的小心翼翼的探討、措辭謹慎的分析，甚至時有自我辯護的被動與無奈。而當這一「政策」的宣示遭到某些文藝界人士（如梁實秋）的質疑之後，張道藩竟然又再度「退卻」：「乾脆講，我們提出的文藝政策並沒有要政府施行文藝統治的意思，而是赤誠地向我國文藝界建議一點怎樣可以達到創造適合國情的作品的管見。使志同道合的文藝界同仁有一個共同努力的方向。」「文藝政策的原則由文藝界共同決定後之有計劃的進行。」〔註15〕由「文藝界共同決定」當然就不便於執政黨的思想控制了，應該說，張道藩的退縮就是「民國文學機制」對獨裁專制的成功壓縮。

強調「民國文學機制」之於文學研究的意義，是不是更多侷限於強調文學史的外部因素，從而導致對於文學內部因素（語言、形式和審美等）的忽略呢？在我看來，之所以需要用「機制」替代一般的制度研究，就在於「機制」是一種綜合性的文學表現形態，它既包括了國家社會制度等「外部因素」，

〔註15〕張道藩：《關於「文藝政策」的答辯》，《文化先鋒》1942 年第 1 卷第 8 期。

又指涉了特定制度之下人的內部精神狀態，包括語言狀態。例如，正是因為辛亥革命在國家制度層面為中國民眾「承諾」了現代民主共和的理想，「民主共和國觀念從此深入人心」，〔註16〕以後的中國作家才具有了反抗專制獨裁、自由創造的勇氣和決心，白話文最終成為現代文學的基本語言形式，也源自於中國作家由「制度革命」延伸而來的「文學革命」的信心。所以，「民國文學機制」的研究同樣包括對民國時期知識份子所具有的某種推動文學創造的個性、氣質與精神追求的考察，這就是我們今天所謂的「民國範兒」。我認為，「民國範兒」既是個人精神之「模式」，也指某種語言文字的「神韻」，這裡可以進一步開掘的文學「內部研究」相當豐富。

　　不理解「民國範兒」的特殊性，我們就無法正確理解許多歷史現象。如今天的「現代性批判」常常將矛頭直指「五四」，言及五四一代如何「斷裂」了傳統文化，如何「偏激」地推行「全盤西化」，其實，民國時期尚未經過來自國家政權的大規模的思想鬥爭，絕大多數的論爭都是在官方「缺席」狀態下的知識界內部的分歧，「偏激」最多不過是一種言辭表達的語氣，思想的討論並不可能真正形成整個文化的「斷裂」，就是在新文化倡導者的一方，其儒雅敦厚的傳統文人性格昭然若揭。在這裡，傳統士人「身任天下」的理想抱負與新文明的「啟蒙」理想不是斷裂而是實現了流暢的連接，從「啟蒙」到「革命」，一代文學青年和知識份子真誠地實踐著自己的社會理想，其理想主義的光輝與信仰的單純與執著顯然具有很大的輻射效應，即便在那些因斑斑劣跡載入史冊的官僚、軍閥那裡，也依然可以看到以「理想」自我標榜的情形，如地方軍閥推行的「鄉村建設運動」和「興學重教」，包括前述張道藩這樣的文化專制的執行人，也還洋溢著士大夫的矜持與修養。總之，歷史過渡時期的現代知識者其實較為穩定地融會了傳統士人的學養、操守與新時代的理想及行動能力，正是這樣的生存方式與精神特徵既造就了新的文明時代的進取心、創造力，又自然維持了某種道德的底線與水準。

　　一旦我們深入到歷史情景的「機制」層面，就不難發現，僅僅用抽象的「現代化」統攝近現代以來的中國文學史，的確掩蓋了歷史發展的諸多細節。從某種意義上看，「民國文學機制」的出現和後來的解體恰恰才在很大程度上分開了20世紀上下半葉的文學面貌，從根本上看，歷史的改變就在於曾有過的影響文化創造的「機制」的解體和消失；不僅是社會的「結構」性因素的

〔註16〕見《建國以來毛澤東文稿》第4冊，中央文獻出版社，1990年，第546頁。

消失和「體制」的更迭，同時也是知識份子精神氣質的重大蛻變。

自然，我們也看到，還原歷史情景的文學史敘述同樣也將面對一系列複雜的情形，這要求我們的研究需包含多種方向的設計，如包括民國社會機制之於文學發展的負面意義：官紳政權的特殊結構讓「人治」始終居於社會控制的中心，「黨國」的意識形態陰影籠罩文壇，扭曲和壓制著中國文學的自然發展，作家權益遠沒有獲得真正的保障，「曲筆」、「壕塹戰」、「鑽網」的文化造就了中國文學的奇異景觀，革命／反革命持續性對抗強化了現代中國的二元對立思維，在一定程度上妨礙了現代文化思想的多維展開。除此之外，我們也應當承認，國家與社會框架下的文學史敘述需要對國家與社會歷史諸多細節進行深入解剖和挖掘，其中有大量的原始材料亟待發現，難度可想而知。同時，文學作為國家歷史的意義和作為個體創作的意義相互聯繫又有所區別，個體的精神氣質可以在特定的國家歷史形態中得到解釋，但所有來自環境的解釋並不能完全洞見個體創造的奧妙，因此，文學的解讀總是在超越個體又回到個體之間循環。當我們藉助超越個體的國家歷史情態敘述文學之時，也應對這一視角的有限性保持足夠的警惕。

以上的陳述之所以如此冗長，是因為我們關於文學歷史的扭曲性敘述本來就如此冗長！今天，呈現在讀者諸君面前的這一套文叢試圖重新返回民國歷史的特殊空間，重新探討從具體國家歷史情景出發討論文學的可能，當然，離開民國實在太久了，我們剛剛開始的討論可能還不盡圓熟，對一些問題的思考有時還會同過去的思想模式糾纏在一起，但是我想，任何新的研究範式的確立均非一朝一夕之功，每一種思想的嘗試都必然經過一定時間的躊躇，重要的是我們已經開始了！從「民國文化與文學研究文叢」第一輯出發，我們還會有連續不斷的第二輯、第三輯……時間將逐漸展開我們新的思想，揭示現代中國文學研究在未來的宏富景觀。

這一套規模宏大的學術文叢能夠順利出版，也得益於花木蘭文化出版社，得益於杜潔祥先生的文化情懷與學術遠見，我相信，對歷史滿懷深情的注視和審察是我們和杜潔祥先生的共同追求，讓我們的思想與「花木蘭文化」一起成長，讓我們的文字成為中華文明的百年見證。

二○一二年三月五日，農曆驚蟄

中國現代文學的「民族國家」問題

張中良　著

作者簡介

張中良，男，1955 年 2 月生於黑龍江省哈爾濱市。先後畢業於吉林大學、武漢大學、中國社會科學院研究生院，1991 年獲文學博士學位。曾任東京大學東洋文化研究所外國人研究員。現任中國社會科學院文學研究所研究員、博士生導師，中國現代文學研究會副會長，《文學評論》、《中國現代文學研究叢刊》編委。出版個人專著 8 種、合著 3 種、譯著 2 種、隨筆集 3 種，在《中國社會科學》、《文學評論》、《外國文學評論》、《日本研究》、《抗日戰爭研究》、《人民日報》、《光明日報》、《讀書》等刊物發表論文 130 餘篇、評論 170 餘篇、散文隨筆 140 餘篇。

提　　要

近年來，「民族國家」成為中國現代文學研究中的時髦概念，然而，細加考察，就會發現這一概念的運用往往背離了中國歷史與現代文學的實情。本書從這一概念的誤用切入，追溯其影響源，回到中國數千年歷史與現代文學的語境中認識「民族國家」問題，對於澄清迷霧與準確把握現代文學提供了新的可能。

現代文學在民國史的時空中發生發展，但以往的研究對這一背景多有忽略，因而導致了不應有的隔膜與遮蔽。本書從民國史的視角出發，認真考察辛亥革命的文學反響與審美映像，系統分析民國文學的生態環境、生態系統與其呈現出來的民國風貌，第一次梳理五四文學的國家話語表現，重新審視 30 年代民族主義文學的評價問題，深入剖析現代史詩《寶馬》的國家問題背景與豐富內涵，深入考察作家與正面戰場的血脈聯繫。著者獨闢蹊徑，探幽索微，新材料的發掘讓人重新認識現代文學的家底，新觀點的提出引人諦聽現代文學史的生命脈息。

目

次

導論：中國現代文學的「民族國家」問題

一、緣　起

　　改革開放以來，中國現代文學研究取得了十分可喜的進展，其動力之一便是海外思想文化觀念與方法的啓迪。但海外影響具有多重性，既有對症用藥、明目強身的一面，也有生吞活剝、消化不良的一面，甚至還有用錯藥方、以致頭暈眼花、迷失方向的情況。複雜的效應，理當加以分析，以便澄清迷惑，更好地汲取營養，推動學術健康發展。

　　近年來，打開中國現代文學研究的論文、著作，民族國家一詞觸目可及，先前用到國家概念的地方，每每被置換成民族國家。誰若不用民族國家，似有落伍之嫌。

　　應該肯定，民族國家觀念的引入的確給中國現代文學研究提供了新的視角，譬如，30 年代「民族主義文藝」與 40 年代初戰國策派，便在這一視角下得到了貼近歷史的重新評價；但在運用民族國家觀念的過程中，也出現了生搬硬套、不倫不類、甚至判斷失誤等問題，這不能不引起足夠的警惕。有一部探討文學史寫作問題的著作認爲：

> 「傳統『中國』是一個依據文化認同建立的共同體，而現代『中國』
> 則是一個依靠政治認同建立起來的民族國家。」〔註1〕「作爲一個
> 民族國家範疇，近代以後的中國認同都建立在對以文化認同爲基本

　〔註1〕　李楊：《文學史寫作中的現代性問題》，山西教育出版社 2006 年 2 月第 1 版，
　　　　　第 108 頁。

內核的傳統中國認同的超越之上。也就是說，『中國』是一個人造的事實，一個『想像的共同體』，是西方全球化的產物。這意味著在民族國家的框架內出現的所有『中國問題』必然也是西方問題，所有的中國理論都必定是西方理論。」〔註2〕「中華民國標誌著一個民族國家的建立，體現了國家是由領土、人民、主權三要素組成的，並開始按照現代國家操作。『中國』作為一個獨立主權國家而立於世界。」〔註3〕「民族國家本身實際上主要是 19 世紀的產物，是歐洲帝國所締造出來的，但是，在對民族國家的虛幻想像中，它卻被描述成一種統一的、內部整合的、甚至是單一的自古就有的實體。現代中國的建構也完整地體現了這一過程。尤其在中國這樣一個幾千年完全靠文化立國的國家，借用傳統文化認同來達至認同政治文化當然是事半功倍的捷徑。這就是有關現代中國的表述常常與傳統中國纏繞不清的原因。建構一個現代民族國家的努力甚至被形象地表述爲『救亡』，政治使命被表述爲文化使命，這種偷梁換柱的手法一用再用，屢試不爽。」〔註4〕「民族國家需要被解釋爲有著久遠歷史和神聖的、不可質詢的起源的共同體，只有這樣，民族國家歷史所構成的幻想的情節才能被認爲是曾經發生過的眞實的存在。而在這一點石成金的過程中，還有什麼比被信仰化的儒學更有力量呢？」〔註5〕

這部著作把中國作爲民族國家的歷史起點放在了中華民國，這種觀點具有相當的代表性。還有的論者把中國作爲現代民族國家的起點推遲到 1949 年 10 月中華人民共和國的成立：「眾所週知，1949 年中華人民共和國的成立標誌著中華民族一個統一的現代民族國家的形成，這個民族國家是通過中國共產黨領導的中國革命的勝利而建構起來的。」〔註6〕有一部著作從「民族國家想像」

〔註2〕 李楊：《文學史寫作中的現代性問題》，山西教育出版社 2006 年 2 月第 1 版，第 298 頁。

〔註3〕 李楊：《文學史寫作中的現代性問題》，山西教育出版社 2006 年 2 月第 1 版，第 117 頁。

〔註4〕 李楊：《文學史寫作中的現代性問題》，山西教育出版社 2006 年 2 月第 1 版，第 303～304 頁。

〔註5〕 李楊：《文學史寫作中的現代性問題》，山西教育出版社 2006 年 2 月第 1 版，第 310 頁。

〔註6〕 王富仁：《「新國學」與中國現代文學研究》，《文藝研究》2007 年第 3 期。

的視角對新中國革命歷史長篇小說予以再解讀〔註7〕。中國作爲一個民族國家的歷史，究竟起於何時？中國是歷史悠久的國家實體，還是現代才建構起來的「想像共同體」？這個問題不僅關係到現代文學如何闡釋，而且更關乎對中國歷史的基本認識，這樣的問題不可視而不見。

既然當今民族國家問題已經不容迴避，我們理當在文學研究中做出回答；祇是這種回答不應是爲西方理論尋找對應物，或爲某種先驗的結論拼湊例證，而是應該僅僅把西方理論作爲一種參照，從中國多民族一體的悠久歷史出發，從中國文學絢麗多姿的實情出發，尋繹中國獨有的生命資訊，拓展文學研究的視野，並藉此爲構建具有中國特色的民族國家觀念體系，促進中華民族大團結與中國的穩定發展，也爲世界民族國家理論的完善乃至世界的和平與發展做出應有的貢獻。

二、影響源追溯

考察起來，大凡以民族國家觀點來闡釋中國現代文學的論述，源頭通常有兩個：一是海外華人學者；二是西方民族國家理論。

劉禾是較早地將民族國家觀念運用於中國現代文學研究的學者。她在《文本、批評與民族國家文學——〈生死場〉的啓示》提出：「『五四』以來被稱之爲『現代文學』的東西其實是一種民族國家文學。這一文學的產生有其複雜的歷史原因。主要是因爲現代文學的發展與中國進入現代民族國家的過程剛好同步，二者之間有著密切的互動關係。」「嚴格地講，民族國家（nation-state）是西方中世紀以後出現的現代國家形式。在中國，這一現代國家形式應該是由辛亥革命引入的。關於民國以前的國家形式，史家的說法不盡相同，如，持馬克思主義歷史觀的中國內地學者把它叫做封建制；西方史家則通常使用帝制這個概念。我本人以爲殷海光提出的『天朝型模』似乎更能說明中國傳統國家觀念的特點。『天朝君臨四方』的思想在中國具有悠久的歷史傳統，它使中國與外國在 1861 年以前根本不曾有過近代意義上的外交，是西方列強的『船堅炮利』最先摧毀了『天朝型模的世界觀』，使之不得不讓位於『適者生存』的現代民族國家意識。」「在民族國家這樣一個論述空間裏，『現代文學』這一概念還必須把作家和文本以外的全部文學實踐納入視野，尤其是現代文

〔註7〕 楊厚均：《革命歷史圖景與民族國家想像——新中國革命歷史長篇小說再解讀》，湖北教育出版社 2005 年 6 月第 1 版。

學批評、文學理論和文學史的建設及其運作。這些實踐直接或間接地控制著文本的生產、接受、監督和歷史評價，支配或企圖支配人們的鑒賞活動，使其服從於民族國家的意志。在這個意義上，現代文學一方面不能不是民族國家的產物，另一方面，又不能不是替民族國家生產主導意識形態的重要基地。」「蕭紅小說的接受史可以看做是民族國家文學生產過程的某種縮影。」〔註8〕其實，劉禾這篇論文對《生死場》女性視角的解讀，比起關於民族國家觀念的運用來要更有說服力。當她試圖用民族國家觀念來解釋現代文學史時，則明顯地暴露出其歷史知識基礎的薄弱，一是對於中國獨特的民族國家歷史模糊不清，二是對中國現代文學歷史並不熟悉。譬如說「凡是能夠進入民族國家文學網路的作家或作品，即獲得進入官方文學史的資格，否則就被『自然』地遺忘。少數幸運者如蕭紅，則是在特殊的歷史條件下被權威的文學批評納入了民族國家文學，才倖免於難。」實際上，蕭紅之所以能夠進入「官方文學史」，不僅僅因為被「納入了民族國家文學」，還因其具有表現底層社會不幸的左翼色彩與國民性批判的五四傳統，當然也因其特有的藝術表現力；而與蕭紅同時代的「民族主義文藝」與稍後的「戰國策派」反倒很長時間在「官方文學史」中處於被排斥的地位，這恰恰是對劉禾關於現代文學是民族國家文學的界說的證偽。但是，因其海外學者的身份與不無新異的眼光，劉禾關於現代文學是民族國家文學的觀點得到了中國大陸不少學人的回應。譬如，一篇題為《民族國家想像與中國現代文學》的論文就在這一框架內展開論述，文中認為：「建立一個現代的民族國家以抵抗西方帝國主義的殖民侵略成為了現代中國最根本的問題，有關現代民族國家的敘事於是居於中國現代文學的中心地位。中國現代文學所隱含的一個最基本的想像，就是對於民族國家的想像，以及對於中華民族未來歷史──建立一個富強的、現代化的『新中國』的夢想。」「在抗戰文學中，由於抗日民族統一戰線的建立，民族國家成為了一個集中表達的核心的、甚至唯一的主題。『國家』成為了意義的來源，成為了幾乎唯一的敘述與抒情對象。」〔註9〕這樣的論斷貌似合理，實則多有與史實相悖之處。現代中國始終交織著反帝反封建的雙重任務，辛亥革命之前，

〔註8〕 初發《今天》1992年第1期，修訂稿收唐小兵編《再解讀：大眾文藝與意識形態》，香港牛津大學出版社1993年版；此書增訂版2007年由北京大學出版社推出，本文引文據後者，第1～3、5頁。

〔註9〕 曠新年：《民族國家想像與中國現代文學》，《文學評論》2003年第1期。

歷史發展的主要任務是推翻封建帝制，民國初期，社會發展的主要任務是反對帝制及形形色色的封建專制復辟，文化領域的主要任務是與社會進程相互配合的新文化啓蒙，倡導人性解放與個性解放；九一八事變後，民族危機日益加重，民族與國家話語權重增加，但是，從北伐戰爭前後到盧溝橋事變之前，由於社會矛盾激化，文壇籠罩著濃鬱的社會批判色彩，同時，人的主題逐漸展開、深化；即使到了抗戰全面爆發以後，在抗日救亡文學大潮洶湧澎湃之際，人性解放與個性解放的啓蒙主題和社會批判主題也並未消歇，而是湧現出一批堪稱經典的作品，如曹禺的話劇《北京人》、巴金的長篇小說《寒夜》等。

中國現當代文學爲民族國家文學論的源頭之二，是西方民族國家理論。就世界範圍而言，民族與國家作爲實存的社會現象，可謂古已有之，當然，概念的界定有一個因地而異的演進過程。就西歐來說，民族主義觀念以及與此相適應的民族國家實體屬於近代以來的產物。它主要起源於中歐和北歐那些分崩離析的國家和諸侯國。古羅馬，先是經歷了從城邦到共和國的原始國家時期；然後到了羅馬帝國時期：前期爲西元前 27～西元 284 年，版圖最大時，西起西班牙、不列顛，東達兩河流域，南自非洲北部，北迄多瑙河與萊茵河一帶；後期爲 284～476 年。西元 395 年，帝國正式分爲東羅馬帝國與西羅馬帝國，476 年西羅馬帝國滅亡，東羅馬帝國或拜占廷帝國存至 1453 年。西羅馬帝國崩潰以後，由於地緣、血緣、文化與經濟利益等多重因素，新王國不斷地產生、重組，部族相對集中、擴大，形成了一定區域、經濟、文化上的共同體。經歷文藝復興的洗禮，資本主義市場的發育成熟，民族體認的自覺意識逐漸加強，15 世紀末，法國和西班牙建立了民族國家，16 世紀，瑞士與荷蘭等也步入民族國家行列，到 1870、1871 年，義大利和德意志也先後建立起民族國家。歐洲民族國家的形成大都是從分散和分裂走向統一的過程，到資產階級革命完成，這些民族國家才有了成熟的形態。再如奧地利，1156 年成爲公國，13～19 世紀爲哈布斯堡王朝（1273～1918）所統治，1867 年與匈牙利合併爲奧匈帝國，1918 年帝國瓦解，分別建立奧地利共和國與匈牙利和捷克斯洛伐克等三個國家。1938 年被德國吞併，1945 年二戰結束後分別爲蘇、美、英、法四國分區佔領，直到 1955 年與四國簽訂和約，才恢復獨立。20 世紀兩次世界大戰的爆發，根本起因是殖民主義勢力範圍的重新劃分，但其最終結果卻適得其反，殖民主義走向全面崩潰，被壓迫民族奮起反抗，紛

紛獨立，導致了民族運動的新一輪高漲。這無疑是歷史的進步。但歷史的進步總是要付出血的代價，這不單指被壓迫民族反抗壓迫與奴役的血與火的搏鬥，而且也包含著民族國家要求的過分膨脹。民族國家本來包含單一民族國家與多民族國家，兩種情況是不同民族歷史的產物，均有其歷史根據與現實合理性。民族國家問題的討論與解決，應該尊重歷史，以利於民族和諧、世界和平與社會發展為目的。但近年來，有些多民族國家的民族分離主義者為了實現褊狹的民族利益，只把民族國家理解成單一民族國家，大造聲勢甚至開展武裝鬥爭，導致了所在國家與地區的劇烈動盪，給經濟建設與社會發展帶來了巨大的破壞，造成了不止一個民族的生命財產的慘重損失，也給世界和平與發展的總格局帶來了威脅。一些西方學者由於西方中心主義的慣性，或者出於種種動機，竭力將民族國家理論狹隘化，以單一民族國家模式統觀世界，對多民族國家的歷史與現實合理性說三道四。

　　單一民族國家理論憑藉經濟、科技與文化強勢，向多民族國家輻射，也波及到中國，造成了一定的負面影響。譬如一位留美歸國博士所著的《民族主義》一書，在談到中國民族主義問題時認為：「『中國』這一概念，在中國典籍中歷來是一個模糊的文化概念，與現代國家意義上的『中國』沒有政治上的關聯。」〔註 10〕「古代的『華夏』在疆土的界限、種族的構成和政治主權上，都與現在的『中華民族』沒有必然的聯繫。」〔註 11〕「中國的皇權完全不知道『主權』為何物。」〔註 12〕「中華人民共和國是建立『中華民族』概念的主要依據。沒有這個國家，就沒有關於『中華民族』的社會學意義上的神話。」〔註 13〕「這一社會學意義上的神話，是馬克思主義意識形態指導下所有學科包括文學和其他藝術形式共同努力的結果，並反過來支援國家意識形態。」〔註 14〕「『中華民族』的概念是中國共產主義革命運動鍛造成型的，……以其發生的根據而言，中華民族是一個政治概念。是政治大一統合法化的重要理論基石。……作為神話所創造的文化符號，它可以整合各個種族，從而達到維護價值的統一。作為一個『臆想』的共同體，它為民族身份和情感提供了完整結構和內容。……總而言之，中國的民族主義，對『中華

〔註 10〕徐迅：《民族主義》，中國社會科學出版社 1998 年 7 月第 1 版，第 129 頁。
〔註 11〕徐迅：《民族主義》，中國社會科學出版社 1998 年 7 月第 1 版，第 130 頁。
〔註 12〕徐迅：《民族主義》，中國社會科學出版社 1998 年 7 月第 1 版，第 131 頁。
〔註 13〕徐迅：《民族主義》，中國社會科學出版社 1998 年 7 月第 1 版，第 147 頁。
〔註 14〕徐迅：《民族主義》，中國社會科學出版社 1998 年 7 月第 1 版，第 148 頁。

民族』的解釋、形象的塑造、民族認同，等等，都被馬克思主義意識形態化了。」「現代中華民族的民族意識就是在一百多年來的社會運動、政治運動和革命運動的過程中誕生的，在這個意義上說，它不僅與中國傳統文化沒有關聯，甚至是在批判儒家文化基礎上的新文化，是在吸取了帝國主義時代的先進意識形態和國家理論後所構造出來的。」〔註15〕該書2005年2月修訂再版，觀點有所調整，但基本保留了這種從觀念體系到表述方式都緣自西方狹隘民族國家理論的說法。在鋪天蓋地的民族主義論著中，這種照搬西方理論的情形並非絕無僅有的個案。這顯然違背了中國多民族統一國家的歷史事實以及在此基礎上逐漸形成的中華一統的思想譜系。

安德森關於民族國家是一種想像出來的社群的觀點〔註16〕，也有直接的搬用。有學者試圖在中國現代文學中尋找「現代民族國家的共同體是一個想像之物」的例證〔註17〕。前引《文學史寫作中的現代性問題》也說道：「安德森把包括『中國』在內的現代民族國家稱爲『想像的共同體』，其實是很有道理的。」「所謂一個民族休戚與共的感情，在他看來不過是印刷資本主義在特定疆域內重複營造的『想像』。也就是說，靠什麼把這些不認識的、甚至是不同人種和血緣、語言、文化的人相互連接起來呢？安德森認爲靠的就是小說和報紙。每天閱讀報紙，那些報紙上講述的都是與你有關的故事，雖然可能離你非常遙遠。報紙拉近了這個距離，使你覺得這些事情就發生在你的身邊，而小說卻可以把你講述到一個共同的故事裏邊去。所以，小說和報紙都是現代性的發明，都是爲了民族國家的認同才發明出來的。」〔註18〕這部著作顯然把安德森的觀點作爲重要的理論支點，安德森問題意識的明敏和對研究對象的隔膜均留下了清晰的投影。

〔註15〕 徐迅：《民族主義》，中國社會科學出版社1998年7月第1版，第149～150頁。

〔註16〕 安德森在《想像的社群》中認爲：民族國家是一個想像出來的政治社群。「這樣的社群是想像出來的，這是因爲即便是最小的民族國家，絕大多數的成員也是彼此互不瞭解，他們也沒有相遇的機會，甚至未曾聽說過對方，但是，在每一個人的心目中卻存在著彼此共處一個社群的想像。」引自湯林森《文化帝國主義》，郭英劍譯，上海人民出版社1999年版，第154頁。

〔註17〕 曠新年：《第一篇　現代文學觀的發生與形成》，收韓毓海主編《20世紀的中國：學術與社會·文學卷》，山東人民出版社2001年版，第78頁。

〔註18〕 李楊：《文學史寫作中的現代性問題》，山西教育出版社2006年2月第1版，第300、301頁。

三、中國的獨特歷史及其文學表現

按一般的民族國家理論來看，歷史上有三種國家形態：第一種是原始國家，第二種是君主帝國，第三種是民族國家。照這一理論看來，夏、商、周屬原始國家，秦代至清代屬君主帝國，中華民國才開啓了現代意義上的民族國家，但中國歷史與西歐歷史迥然有別，從夏商周到秦漢直到明清，經中華民國再到中華人民共和國，絕非沒有必然性的關聯，而恰恰是一脈相承的自然演進，是合乎歷史邏輯的必然發展。

如果把夏、商、周看作天子象徵性管理的原始國家的話，那麼，秦始皇則開創了實質性的君主帝國時代。秦朝實行郡縣制，車同軌，書同文，貨幣與度量衡均天下一統，其統治南至嶺南，西至流沙，民族構成不止於最初的華夏，也包括夏、商、周時的方國戎狄及肅慎、氐、羌、濮等遠夷，可以說，秦朝牢固地奠定了中國作爲多民族統一國家的基礎。秦始皇不辭勞頓，不懼危險，巡視東南西北。西元前 210 年，南巡「上會稽，祭大禹，而立石刻頌秦德。」而後，天下分分合合，疆土或有變化，但多民族統一的國家形態沒有根本性的改變，民國繼承了歷朝的遺產，才有了今天的中國版圖。比較起來，英、法、德、意等歐洲國家是從帝國分裂而來的現代民族國家，國家形態、版圖、主權、國民的主體都發生了根本性的改變；而民國則是由傳統民族國家經過革命轉變爲現代民族國家，國家形態、版圖、主權、國民的主體一仍其舊，所不同的祇是封建專制爲民主制度所取代，封建帝王讓位於標舉民主共和旗幟的政府。

中國文學作爲歷史發展的一面鏡子，作爲中華民族精神的藝術表現，蘊涵著中國作爲一個多民族國家、中華民族作爲一個複合性的民族，在錯綜複雜的矛盾中從小到大、發展變化的豐富資訊。

談及中國歷史，古人常常上溯至「三皇五帝」時代。但「三皇」、即天皇、地皇與泰皇（亦稱人皇）祇是古人對人與時空之間對應共存關係的一種想像性概括。「五帝」，即黃帝、炎帝、堯、舜、禹，雖然目前看來仍屬尙無確證的傳說，但是，一則包括傳說在內的口傳文學總是不同程度地折射出人類的生活軌跡和願望，二則世界各地許多傳說已被考古所證實，三則五帝傳說的內容同已有文獻記載與文物證實的華夏民族的生活區域、生產方式、生活方式等，頗爲相似相通，因而當有一定的可信性。司馬遷的《史記》就把《五帝本紀》列爲卷一。《五帝本紀》中說，當神農氏世衰之際，軒轅控制了諸侯

相侵伐的局面，修德振兵，發展農業，安定四方，「諸侯咸尊軒轅爲天子，代神農氏，是爲黃帝」。中國人尊黃帝爲始祖，古往今來，詩詞歌賦散文小說戲曲說唱等各種文體中的例子不勝枚舉，較近的就有魯迅寫於 1903 年的《自題小像》：「靈臺無計逃神矢，／風雨如磐暗故園。／寄意寒星荃不察，／我以我血薦軒轅。」關於夏禹，《詩經·長發》已有吟誦：「洪水芒芒，／禹敷下土方。」禹死後，其子啓改變了由部落首領推選聯盟首領的原始社會傳統，建立一姓世襲的中國歷史上最早的原始國家夏朝。夏大約西元前 21 世紀誕生於中原地區，即位於黃河中下游的今河南中、西部與山西南部地區。最初大約十萬平方公里。夏朝歷十六君四百餘年至西元前 16 世紀爲商所滅。商朝自西元前 16 世紀到前 11 世紀，約五百餘年，傳十七世三十王。商朝的歷史在《詩經·商頌》裏多有表現，如《玄鳥》有「天命玄鳥，／降而生商。／宅殷土芒芒，／古帝命武湯。／正域彼四方。／方命厥后，／奄有九有。」《長發》裏也有「帝命式於九圍」、「九有九截」等，這裡的「九有」、「九圍」，通「九域」，可理解爲九州。《尚書·禹貢》、《周禮·夏官司馬》與《呂氏春秋·有始》中關於九州的界定，各有不同。《詩經》中的「九」言其多也。到周朝時，四海之內，轄有九州，州方千里。《詩經·小雅·北山》雖然主旨在於譏刺統治者用人勞逸不均，但詩中的「溥天之下，／莫非王土，／率土之濱，／莫非王臣」，倒也寫出了周時國土的廣袤。

《戰國策·齊策》說「大禹之時，諸侯萬國」，所謂「萬國」之「國」，實爲部族或部族共同體。進入原始國家，天子分封王族成員爲諸侯國，如湯時封諸侯三千，周公立七十一國，周邊仍有一些具有一定獨立性的部族或部族共同體。國家呈環型向外放射，天子居於中央，緊挨著的是諸夏，諸夏外面，四海之內，是九夷、百蠻，後稱爲四夷（南蠻、東夷、西戎、北狄）。所謂四夷，不過居所與中央稍遠，地理環境有別，生產方式、生活方式與諸夏有所不同而已。華、夏，均表示草木茂盛，果實成熟，指代農耕部族。夷，引弓之人，狩獵部族；也有說是蹲踞的姿態，與諸夏之跪踞不同；蠻，初字爲蠻，訓亂言，與諸夏所操語言不同者；戎，從戈從甲，表示的是狩獵部族；狄，從犬從亦，亦是一個人的正面形象，狄表示人與犬共同生活的游牧民族的特徵。夷夏之分，主要在於生產方式與生活方式的不同，而不側重血緣，夷夏之間可以相互交流、相互促進、相互轉換、相互交融。諸夏與四夷頻繁交往，不得志時到邊陲去，有的是被流放，有的是自己請纓，如商朝的箕子

去東夷，開創了朝鮮的箕氏王朝，傳位 930 年，其後裔箕準被篡位後逃到南方馬韓地區，又傳位 202 年。有的藉重四夷幫助自己，如周武王討伐商紂王時的軍隊就是「牧誓八國」組成的「多民族聯合軍」。有的是通婚，如《詩經·大雅·緜》就反映了周人與羌人的聯姻關係。由於各個部族強弱對比與國家範圍不斷發生變化，夏夷之間也在不斷地轉化。就連夏朝的開創者本來也不是中原人，而屬於東夷或西戎，殷商本為鳥圖騰的部族，屬於東夷範疇，古朝鮮亦屬東夷，這是箕子東走朝鮮的重要原因。而周則屬於西戎範疇，他們來到了中原地區，接受並發展了中原文化，遂成為華夏文化的重要代表。夏夷之間的一個重要區別在於遵從的是哪種文化，講究華夏的禮數，夷即變成夏；反之，夏亦變成夷。楚、吳、越最初屬於蠻夷，但逐漸華夏化。《詩經》中固然看得見「蠢爾蠻荊，／大邦為仇」的背禮行為，但也有百蠻與諸夏和諧相處、共用天下的詩句。據學者考察，《詩經·小雅·青蠅》乃是晉國南部邊境的姜氏戎的首領駒支所作，詩中亦有少數民族對華夏的認同之意。屈原出身於楚王族的分支，成長於巫風盛行的荊楚之地，其藝術品味多有荊楚之風，但他十分願意認同華夏正統文化，《離騷》開篇自稱「帝高陽之苗裔」，高陽即顓頊即位後的稱號。這首長詩多次從華夏歷史譜系中援引堯、舜、桀、紂、羿等典故，一再表達對「前聖」、賢臣的虔誠追慕。

秦始皇建立了大一統的君主帝國之後，大大推動了中華文化的擴散與「增容」。此後雖有多次王朝更迭，但中華文化的根基始終沒有動搖，以黃河與長江為雙軸的國家版圖沒有不可恢復的割裂，華夏族－漢族在民族交融重組中不斷擴大，少數民族對中央政權與中原文化的向心力愈益增強。東漢時白狼王所作由三首詩構成的《白狼歌》，熱情地稱頌「大漢是治，與天合意」，真率地表現白狼部落「慕義向化」之心。五胡十六國時期的胡人政權，與宋朝對峙的遼、金二朝，幾乎都把建立或統領中華王朝當作自己的目標。遼道宗不認為契丹民族還屬夷狄，當漢人講《論語》講到「北辰居其所而眾星拱之」時，道宗說：「吾聞北極之下為中國，此豈其地耶？」當講到「夷狄之有君」時，疾讀不敢講，道宗則充滿自信地說：「上世獯鬻、獫狁蕩無禮法，故謂之『夷』，吾修文物，彬彬不異中華，何嫌之有？」（《契丹國志》卷九《道宗天福皇帝》）所以他才能寫出《君臣同志華夷同風詩》。遼稱金為夷人，而金則「借才異代」，奉中華文化為經典文化。幾次更大規模的少數民族執掌皇權，也都無法改變中華文化的基本格局，滿族甚至為此付出了失去本民族語言的

代價，最終接受強勢語言，漢語取代了滿語，滿族文化融入漢族文化，成爲中華文化的有機組成部分。以前往往只說元朝與清朝是少數民族入主中原，其實李唐王朝皇室也是少數民族出身，但李唐不願以夷族自居，而以認同漢族爲榮，可見中華文化的巨大魅力、強勢力量與開放胸襟。中華文化在這種滾雪球式的發展中越來越宏偉，成爲眾多民族認同的核心文化。唐代白居易作《蠻子朝》，描寫了貞元十年（794）南詔王遣使入朝（納西族先民「摩娑」人在此次入朝活動中充當了重要角色）：「蠻子朝，／泛皮船兮渡繩橋，／來自巂州道路遙。／……開元皇帝雖聖神，／唯蠻倔強不來賓。／鮮于仲通六萬卒，／征蠻一陣全軍沒。／至今西洱河岸邊，／箭孔刀痕滿枯骨。／誰知今日慕華風，／不勞一人蠻自通。……」常建《塞下曲》有「玉帛朝回望帝鄉，／烏孫歸去不稱王」。

漢族作家描寫少數民族生活的詩篇數不勝數，其中不止有驚奇與欣賞，也有驚羨與向往。唐代「永貞革新」失敗後，柳宗元被貶到柳州等地赴任，既尊重土人，又大興教化，與當地少數民族結下了深厚友誼。他的詩《柳州峒氓》稱「氓」（民）而不用「蠻」，即可見一斑。柳宗元去世後，「異服同志，異音同歡」（劉禹錫《重祭柳員外文》），當地建有柳侯祠。宋代蘇軾被貶海南，雖然歷盡艱辛，但他也領略到未曾見識過的自然美景與殊異民情，他的《遷居之夕，聞鄰舍兒誦書，欣然而作》中吟道：「幽居亂蛙黽，／生理半人禽。／跫然已可喜，／況聞弦誦音。／兒聲自圓美，／誰家兩青衿。／且欣習齊咻，／未敢笑越吟。／九齡起韶石，／姜子家日南。／吾道無南北，／安知不生今。／海闊尚掛斗，天高欲橫參。／荊榛短牆缺，／燈火破屋深。／引書與相和，／置酒仍獨斟。／可以侑我醉，／琅然如玉琴。」詩人聽到鄰舍兒童朗朗讀書聲，不禁想到唐代名相張九齡等人就出身於嶺南，遂有「未敢笑越吟」的感悟。後來，他在遇赦渡海北返時，作《六月二十日夜渡海》，進一步表達了他的感受與心聲：「參雲斗轉欲三更，／苦雨終風也解晴。／雲散月明誰點綴？天容海色本澄清。／空餘魯叟乘桴意，／粗識軒轅奏樂聲。／九死南荒吾不恨，／茲遊奇絕冠平生。」岑參《酒泉太守席上醉後作》有「琵琶長笛曲相和，／羌兒胡雛齊唱歌。／渾炙犁牛烹野駝，交河美酒金叵羅」等，均表現多民族和諧共處之情境。李商隱《漫成五章》有「西都耆舊偏垂淚，臨老中原見朔風。」寫北方邊地重歸唐朝給人帶來的喜悅。宋代辛棄疾《賀新郎》爲「南共北，正分裂」而倍感悲涼，《賀新郎·同父見和，再

用前韻》則對中國統一寄予熱望：「我最憐君中宵舞，道男兒，到死心如鐵。看試手，補天裂。」

　　隨著歷史的發展，「中國」的位置在不斷擴大，「中國」的含義也發生了變化。《詩經・大雅・民勞》有「惠此中國，／以綏四方」，《詩經・大雅・蕩》有「女炰烋於中國，斂怨以為德」，「內奰於中國，／覃及鬼方」，這裡的「中國」用以指華夏族所居地區，與屬於近夷的周邊方國「鬼方」相對。《史記・天官書》所說的「其後秦遂以兵滅六國，並中國」的「中國」，其範圍已經超出黃河流域。如果用一個比喻的話，中國是一個以黃河與長江為雙軸的橢圓體，不斷變化，漢文化影響逐漸擴大，使一些邊夷變為諸夏。南朝宋范曄《後漢書・西域傳》在敘羅馬稱謂時說明因「其人民皆長大平正，有類中國，故謂之大秦」，顯然是把中國作為一個國家來看待的。《晉書・苻堅載記下》所載苻堅送征伐軍前往西域時對遠征軍統帥所說的「西戎荒俗，非禮儀之邦，羈縻之道，服而赦之，示以中國之威，道以王化之法，勿極武窮兵，過深殘掠」，也是如此。北齊人魏收在《魏書》所用的中華一詞與中國相差無幾。《新唐書》說「中華者，中國也」，在人文地理意義上使用。

　　「翻檢《明史》，明朝廷對內對外的詔令、敕諭，多自稱中國。九篇《明史・外國傳》中，中國作為明朝的代名詞，與朝鮮、安南、日本、蘇祿等國並稱。又明清時代，來中國的西方人，一般都用中國（或中華、中華帝國）直稱中國，而不用明朝或清朝。」〔註19〕近代以來，西方列強的侵略強化了中國的主權意識。「中國」作為一個主權國家術語，出現在外交文獻中，最遲見之於 1689 年 9 月 7 日《中俄尼布楚界約》的拉丁文、滿文與俄文三種文本，其漢語表述也可以在 1842 年 8 月 29 日簽訂的《中英南京條約》裏見到。

　　19 世紀 30 年代，龔自珍在《說張家口》一文中用的「中華」，還祇是指中國內地。魏源完成於 1842 年的《聖武記》中，「中國」一詞雖然仍然留有指稱內地的傳統痕跡，但有些地方則明確指稱整個清朝的疆域，具備了現代的國家意義。1875 年，薛福成在《海防密議十條》中，用了「西人於萬里重洋之外飆至中華」的語句，寫出了外國列強對中國的侵略。1894 年 11 月 24 日，孫中山在夏威夷的火奴魯魯成立了政治團體「興中會」，章程中說：「是會之設，專為振興中華，維持國體起見，蓋我中華受外國欺凌，已非一日，

〔註19〕胡阿祥：《偉哉斯名——「中國」古今稱謂研究》，湖北教育出版社 2000 年 11 月第 1 版，第 273 頁。

皆由內外隔絕，上下之情罔通，國體益損而不知，子民受制而無告，苦厄日深，為害何極。茲特聯絡中外華人創興是會，以申民志，以扶國宗。」薛福成、孫中山所言「中華」即為「中國」。兩個月後，孫中山修訂增補了《興中會章程》，入會誓詞為：「驅除韃虜，恢復中華，建立民國，平均地權。」這裡的「中華」，將滿族排除在外。1903 年，鄒容在《革命軍》中最早描寫了「中華共和國」的建立，其中的建國綱領第一、二、三條分別寫道：「中國是中國人的中國」。這時的革命黨人有較為濃厚的種族革命色彩。

1900 年 11 月 20 日，清朝駐美公使伍廷芳在美國政治與社會科學學會做了一個題為《外國人在中國不受歡迎的原因》的講演，他分析說，戰爭及和約損害了中國的權利，傳教士侵犯了非基督教徒中國人的權益，外國在華報刊幾乎每星期的一些專欄都在斥責中國政府及其官員，「它總的論調很可能引起全中華民族反對外國人和外國事物」〔註20〕。1902 年，梁啟超在《中國學術思想之變遷之大勢》中有言：「上古時代，我中華民族已有四海思想者闞惟齊，故於其間產生兩種觀念焉，一曰國家觀，二曰世界觀。」 1905 年，他在《歷史上中國民族之觀察》中，至少 7 次使用「中華民族」概念，雖然他仍以「中華民族」指稱漢族，但已經意識到：「現今之中華民族自始本非一族，實由多數混合而成」。到辛亥革命時，孫中山早期的種族革命思想已經改變，他在 1912 年 1 月 1 日發表的《臨時大總統就職宣言》中明確指出：「國家之本，在於人民，合漢、滿、蒙、回、藏諸地為一國，即合漢、滿、蒙、回、藏諸族為一人。是曰民族之統一。」中華民國的旗幟定為五色旗，即標誌著中華民族是一個多民族有機聚成的複合民族，中華民國是一個繼承了幾千年中華譜系的多民族一體的國家。後來，孫中山雖然在特殊背景下，認為五族共和不能全面表徵幾十個民族共聚一堂的實際，但最終他強調自己的意思，是要消除民族間的不平等，「把我們中國所有各民族融成一個中華民族。」1912 年 3 月 19 日，黃興、劉揆一等領銜發起「中華民國民族大同會」，後改稱「中華民族大同會」，中華民族涵蓋中國境內所有民族。

中華民族與中國，從其悠久的歷史發展到現代概念的明確界定，給文學打上了深刻的烙印。晚清文學中，中國即已作為國家概念出現，步入民國以後，中國的國家意義更是確定無疑，中華民族也已經成為各族人民所認同的

〔註20〕 參照林家有《中華民族自覺實體形成於辛亥革命》，2011 年 9 月 19 日《廣州日報》。

統一的、整體的族名。

在近代以來列強步步緊逼之下，中國人的國家意識與中華民族意識加快了自覺的進程。表現這一自覺歷程的作品多如繁星（請參見第三章），這裡且先看陳獨秀 1904 年 3 月 31 日《安徽俗話報》第 1 期上署名「三愛」發表的《醉東江・憤時俗也》：

眼見得幾千年古國將亡，

四萬萬同胞坐困。

樂的是，自了漢；

苦的是，有心人。

好長江各國要瓜分，

怎耐你保國休談，

惜錢如命。

拍馬屁，手段高，

辦公事，天良盡。

怕不怕他們洋人逞洋勢，

恨只恨我們家鬼害家神。

安排著洋兵到，

乾爹奉承，奴才本性。

四、現代中國的「國家」「民族」表述

文化認同既是民族形成的源泉，也是民族立足的標誌。如果把文化分為政治（制度）文化、精神文化、物質文化的話，那麼，促使民族形成並發展的首當其衝的要素是政治文化，即政治認同。對於單一民族國家來說，似乎可以說先有民族，後有國家，而對於中國這樣多民族統一的國家來說，則可以確切地說先有國家，後有民族，歷史上，隨著國家疆域的擴大，民族的成分也愈加豐富且複雜起來。

在中國現代史上，使用「民族國家」的場合併不多，即使用之，民族也每每並非國家的定語，而是並列的關係。如張道藩編著《自救》（正中書局 1935 年 8 月京初版，1947 年 4 月滬一版）所收馬駿《看了〈自救〉之後》一文中有：「我希望張先生擔起黨內文藝運動的重責來，更望一般黨內外同志，站在

整個民族國家的立場上共同努力！前進！步上文藝復興之途！」〔註21〕

而大多數場合則是用「國家與民族」、「國家民族」，「國家」列於「民族」前面。

1932 年一二八淞滬抗戰，第 19 路軍與新組編馳援的第 5 軍英勇抗敵，有大量文藝作品予以表現。大中影片公司於 1933 年 4 月推出淞滬抗戰題材的影片《孤軍》，廣告詞說：

> 國產電影軍民合作之第一聲，國府要人題字，褒獎之榮譽偉構，電影明星為藝術而犧牲之第一片。
>
> 有請纓殺敵的武裝同志，有投筆從戎的熱血男兒，他們都能戰勝環境，抵抗欲念，有犧牲的精神，更有偉大的愛，他們愛國家，愛民族！
>
> 有豔若桃李的脂粉英雄，有光明磊落的巾幗翹楚，她們充滿著尚武的精神，國家的觀念，她們明瞭國民的責任，所以都來執干戈，衛社稷！〔註22〕

1937 年 8 月，業餘實驗劇團排演曹禺《原野》，故事情節本來與抗戰沒有直接關聯，但海報以《原野》「精神」動員抗敵：

> 以眼還眼以牙還牙！有仇不報枉為人！
>
> 血賬從個人的到國家的應當徹底清算！
>
> 自由從個人的到民族的都是由拼死爭來！〔註23〕

抗戰時期有一副春聯：

> 萬家一心保障國家獨立；
>
> 百折不回爭取民族平等。
>
> 橫批是：抗戰到底。〔註24〕

在反映蔣介石抗戰主旨的國民黨臨時全國代表大會宣言中，用的就是「國家民族」：「持急功近利之見者，往往以道德之修養，視為迂談，殊不知抗戰期間所最要者，莫過於提高國民之精神，而精神之最純潔者，莫過於犧牲⋯⋯而犧牲之精神，又發源於仁愛⋯⋯國民若無此仁愛之心，則必流於殘忍，習

〔註21〕初刊 1934 年 11 月 26 日《中國日報》。
〔註22〕轉引自王曉華編著《抗戰海報》，河南大學出版社 2005 年第 1 版，第 94 頁。
〔註23〕同上，第 120 頁。
〔註24〕同上，第 148 頁。

於自私自利，強則窮兵黷武，弱則偷生苟活，視國家民族之存亡，曾不以動其念，個人人格已不存在，國家元氣，因此喪失，何以抗戰，更何以建國？」〔註25〕1938 年 7 月 6 日，第一屆國民參政會在漢口開幕。大會確定了「抗戰到底，爭取國家民族之最後勝利」的國策〔註26〕。1939 年 3 月 12 日，蔣介石通電全國，發佈了《國民精神總動員綱領》，《綱領》提出，國民精神總動員共同目標有三：國家至上民族至上、軍事第一勝利第一、意志集中力量集中。所謂國家至上民族至上，就是「鞏固民族生存應先於一切，然民族生活之最高體系為國家，無國家則民族生活不能維持與發展……國家民族之利益應高於一切，在國家民族之前，應犧牲一切私見私心私利私益乃至於犧牲個人之自由與生命亦非所恤」。所謂軍事第一勝利第一，就是「在此解決國族存亡之軍事期中，國家民族之最大利益為軍事利益，是以國民一切之思想行動，均應絕對受國家民族軍事利益之支配，為達成軍事之利益，為增進軍事之利益，國家民族得要求國民為一切之犧牲……」所謂意志集中力量集中，就是「全體國民的思想，絕對統一集中於國家至上民族至上與軍事第一勝利第一兩義之下，不容其分歧與懷疑，不容作其他的空想空論」。《綱領》提出「救國之道德」，即「忠孝仁愛信義和平」八德。蔣介石認為，「中國民族昔日之綿延光大，實賴有此道德，今日之衰弱式微，實由喪此道德，故非要求吾國民一致確立此救國道德不可」。八德之中，忠孝為本，「對國家儘其至忠，對民族行其大孝」，維護國家民族獨立自由。〔註27〕

徐盈報告文學《戰長沙》中記錄的長沙街頭一張布告，即可見「國家民族」概念運用之一斑：

> 為布告事：倭寇怙惡周恢，以六師團之眾，犯長沙，企圖打通粵漢
> 路，以遂其獨霸東亞之美夢，本長官遵奉委員長蔣之指示，為保衛
> 國家獨立，爭取民族自由，伸張國際正義，維護人類和平，自定必
> 死決心，必勝信念，毅然帥軍痛剿，大舉圍擊，今倭寇已殲滅過半，

〔註25〕《中國國民黨臨時全國代表大會宣言》（1938 年 4 月 1 日），中國第二歷史檔案館編《中華民國史檔案資料彙編》第 5 輯，第 2 編「政治」（1），第 414～415 頁，參照張憲文等著：《中華民國史》，第 3 卷，南京大學出版社 2005 年 12 月第 1 版，第 272 頁。

〔註26〕參照《中華民國史》，第 3 卷，237 頁。

〔註27〕軍事委員會政治部印行：《第二期抗戰領袖抗戰言論集》第 1 輯，第 191～192 頁，參照《中華民國史》第 3 卷，273、274 頁。

殘餘敗竄，我繼續擴大戰果，仍在猛烈圍剿追擊中，惟此酋未盡滅絕，餘孽仍多，仰本戰區黨政軍民，確認今日乃我國家民族存亡繼續之最後關頭，亦為我國家民族爭取獨立自由之唯一轉機，戒□恐懼，勿惰勿□□驕，服從命令，盡忠職務，遵守紀律，嚴守機密，力遵疊次布告所示，安居樂業，淬勵奮發，矢信精忠，同濟艱巨，有厚望焉！切切此布

中華民國三十一年元月六日

作家在行文中的用法也大抵如此。譬如，聞一多在《在魯迅追悼會上的講話》、《給西南聯大的從軍回校同學講話》與《八年的回憶與感想》等場合，用的要麼是「國家」，要麼是「國家民族」。老舍在《努力，努力，再努力！》中說：「我們必先對得起民族與國家；有了國家，才有文藝者，才有文藝。國亡，縱有莎士比亞與歌德，依然是奴隸。」〔註28〕《哀莫大於心死》一文批評一種「與世隔絕」的文人：「自己停止了文藝工作，對社會即停止關心，心既不動，靜如止水。自然的會漸漸的討厭社會。於是一聽到『社會』，一聽到『運動』等名詞，便感到頭疼，不能不發出謬論：文藝是個人坐在屋子裏的事呀，要什麼運動？其實他自己也許知道，因為配備（「備」似為「合」之誤）抗戰而發生的文藝運動，正是必不可少，正是文藝者愛國與愛民族的正當表現。怎奈自己已經與世隔絕，便不好不說些風涼話，既可遮醜，復足掩威，悲哉！」「新文藝的產生，根本是一種舉國回應的運動。有此運動，故有此文藝。但文藝不能永遠停止在某時某地，『女大十八變』，文藝亦然，它須生長，它須變動。於是五四而後，有種種運動；此種種運動都是外循社會所需，內求文藝本身之進益，故新文藝不死。此種精神，遇到了抗戰，便極自然的，合理的，發為抗戰文藝運動。設若文藝者，在民族生死關頭，而投筆從閒，鑽入防空洞去，則文運絕，廉恥喪矣。今有人焉，指此運動為無聊，為多事，為毀滅文藝，定是另具心肝，或者是躲在防空洞內而想叱退飛機者也。」〔註29〕臧克家的《給他們一條自由的路》（1944 年）吟道：「中國的作家，屬於全世界最英勇／同時也是最可憐的一群，／他們有眼睛，卻並不近視自身的窮苦，／而向著一個遠景，／苦，苦死了也不抱怨，／這不是抱怨的時候。／他們是鐵，在一隻神聖的錘子下，／錘煉，發光，煉到了國家民族的整體上／成

〔註28〕1939 年 4 月 9 日重慶《大公報》。
〔註29〕《文風》第 2 期，1942 年 6 月 1 日。

了不可分的一個！」袁水拍詩歌《爬著的人群及尾奏》是國家與民族分列，先國家，後民族：「爬著的人群啊，抗戰！／抗戰救我們國家！／抗戰救我們民族！／從剝削，壓迫，被侵略的／地獄爬上來，做直立的人。／明天用四萬萬五千萬雙／勝利的雙手建築／我們的光榮的殿堂。」

有人從民族國家觀念出發，想當然地把「抗戰建國」理解為建立民族國家。其實非也。1938 年 3 月 29 日，中國國民黨臨時全國代表大會在重慶開幕，為便於前線將領出席，當晚移會武昌，4 月 1 日通過《抗戰建國綱領》。「抗戰建國」，並非要建立西方意義上的民族國家，因為雖有部分國土淪陷，但國民政府沒有投降，中國作為多民族一體的國家沒有滅亡。所謂「建國」，指的主要是：軍事上加強軍隊與民眾的政治軍事訓練，前方正式軍隊與敵後游擊戰共同抗敵，並做好優撫工作；政治上建立健全民主制度，整飭綱紀，嚴明紀律；經濟上以軍事為中心，同時注意改善民生，實行計劃經濟，擴大戰時生產，發展農村經濟，開發礦產，樹立重工業基礎，鼓勵輕工業經營，發展手工業，整理交通，改進稅制，安定金融，平穩物價；還有教育、科研的加強等等，以保障抗戰勝利。〔註 30〕邊抗戰，邊建國，建國為了抗戰勝利，而抗戰歸根結底是為了建設國家。1943 年 5 月 5 日《解放日報》刊載的《中國思想界現在的中心任務》說的是政治方面：「將來的建國，建立三民主義的新中國，而不是法西斯的中國……」而朱自清的《詩與建國》，則是側重於工廠、公路、鐵路與都市建設等經濟方面：「我們現在在抗戰，同時也在建國；建國的主要目標是現代化，也就是工業化。」〔註 31〕。

關於國家與民族的現代認知，在文學中有著豐富多彩的表現。

林天民 1913 年作獨幕劇《國民捐》，劇中主人公為年約八十的中華，從「中華第一關」走出，面黃肌瘦，長籲短歎。列強覬覦中華，各有打算。族人甲前來鼓勵中華老伯：「我們兄弟四萬萬人，從去年七月以後，已從睡夢中醒了。他們難道到了這樣危急之秋，還不肯把錢搭兒放鬆點替全族出力，要蒙羞忍恥等著做印度、朝鮮麼？我不相信他們是這等冷血動物！」他提議去募國民捐，眾老外譏笑甲想「螳臂當車」，甲說這是低估了「中華男子四千餘歲的古族」。甲進關遊說，良久復出，向中華老伯報喜：「上自白頭老人，下

〔註 30〕參照張憲文等著《中華民國史》，第 3 卷，第 228～232 頁。
〔註 31〕原載 1943 年 9 月 25 日《世界學生》第 2 卷第 7 期，收《朱自清全集》第 2 卷，江蘇教育出版社 1988 年第 1 版，第 351～354 頁。

至三尺童子，都願把自己全產報效。」關內炮聲轟鳴，五色旗從萬道金光中現出，中華變得身高體胖，俯取大斧攔關，眾老外驚愕。關內大呼：「中華族萬歲！」「中華民國萬歲！」〔註32〕作品固然頗為幼稚，但表明民國初年國人對中華民族與民國的認同。

到了五四時期，人性解放與個性解放的歌聲在文壇響徹雲天，但這種認同在文學中仍然清晰可見（詳見第三章五四時期的國家話語）。1931 年九一八事變之後，國家與民族話語呈高漲之勢。張恨水《健兒詞之七》吟道：「背上刀鋒有血痕，更未裹劍出營門。書生頓首高聲喊，此是中華大國魂。」為了捍衛「中華大國魂」，他寫下一系列表現國家民族話語的作品，結集為《彎弓集》出版。《彎弓集‧自序》〔註33〕中寫道：「……今國難臨頭，必以語言文字，喚醒國人，必求其無孔不入，更又何待引申？然則以小說之文，寫國難時之事物，而供獻於社會，則雖烽煙滿目，山河破碎，固不嫌其為之者矣。……吾不文，然吾固以作小說為業，深知小說之不以國難而停，更於其間，略盡吾一點鼓勵民氣之意，則亦可稍稍自慰矣。」

徐卓呆的小說《往那裡逃》裏面，熊先生在和同事的談話中說：「……犧牲雖大，我們所得到的結果也很大：第一，我們可以知道，內亂了二十年的中國，到了一朝外侮到來，幾位政治家，竟會站在一條戰線上對外。第二，我們可以知道：中國的軍隊，的確有勇猛到禦外侮而有餘。第三，我們可以知道：中國人的愛國心，是會達到沸點的。你們想：這三件事情，不是金鈔都買不到的麼？現在不過犧牲一些房屋財產，買得了這三件可貴的東西了。」即便有概念化之弊，但也的確道出了國人的國家意識的提高。

全面抗戰爆發之後，國家與民族話語觸目皆是。老舍在三幕話劇歌舞混合劇《大地龍蛇》裏，認同中華民族多元一體的特色，強調中華文化的包容性：「拿過去的文化說吧，哪一項是自周秦迄今，始終未變，足為文化之源的呢？哪一項是純粹我們自己的，而未受外來的影響呢？誰都知道！就以我們的服裝說吧，旗袍是旗人的袍式，可是大家今天都穿著它。」綏西戰場上，印度醫生竺法救、蒙古兵巴彥圖、回教兵穆沙、陝西人李漢雄、投誠的原日本兵馬志遠、來慰問祝福軍隊的西藏高僧羅桑旺贊、朝鮮義勇兵朴繼周、南

〔註32〕參照董健主編《中國現代戲劇總目提要》，南京大學出版社 2003 年 12 月第 1 版，第 41 頁。

〔註33〕張恨水：《彎弓集‧自序》，1932 年 4 月 21、22 日《社會日報》連載。

洋華僑日報社駐綏通信員、來綏西慰勞軍隊的南洋華僑代表黃永惠等攜手抗
戰。趙興邦在綏西前線教給戰友們唱的歌是：

　　何處是我家？
　　我家在中華！
　　大青山下，
　　都是我的家，
　　我家在中華。
　　為中華打仗，
　　不分漢滿蒙回藏！
　　為中華復興，
　　大家永遠攜手行。
　　嗚，大哥：
　　啊！二弟：
　　在一處抗戰，
　　都是英雄：
　　凱旋回家，
　　都是弟兄。
　　何處是中華，
　　何處是我家：
　　生在中華，
　　死為中華！
　　勝利，
　　光榮，
　　屬於你，
　　屬於我，
　　屬於中華！

歌詠隊在後臺唱：

　　綏遠，綏遠，抗戰的前線，
　　黃帝的子孫，蒙古青海新疆的戰士，
　　手攜著手，肩並著肩，
　　還有壯士，來自朝鮮，

在黃河兩岸，在大青山前，

用熱血，用正氣，

在沙漠上，保衛寧夏山陝，

教正義常在人間。

雪地冰天，蓮花開在佛殿，

佛的信徒，馬走如飛，

榮耀著中華，榮耀著成吉思汗！

來自孔孟之鄉的好漢，

仁者有勇，馳騁在紫塞雄關！

還有那英勇的伊斯蘭，

向西瞻拜，向東參戰！

都是中華的人民，都為中華流盡血汗！

炮聲，槍聲，歌聲，合成一片，

我們凱旋！我們凱旋！

熱汗化盡了陰山的冰雪，

紅日高懸，春風吹暖，

黃河兩岸，一片春花燦爛！

教這勝利之歌，

震蕩到海南，

傳遍了人間，

教人間覺醒，

中華為正義而爭戰！

弟兄們，再幹，再幹，

且先別放下刀槍，

去，勒緊了戰馬的鞍，

從今天的勝利，像北風如箭，

一口氣打到最後的凱旋！

中華萬歲！中華萬年！

老舍作為一位滿族作家，以往在作品裏較少表露自己的民族身份，而在抗戰時期，中華民族同仇敵愾抗日救亡的時代大潮，使他十分樂於表現少數民族對中華民族的認同，再如他的新詩《蒙古青年進行曲》（1940年1月《政論》

第 2 卷第 6 期）：

> 北風吼，馬兒歡，
>
> 黃沙接黃草，黃草接青天：
>
> 馬上的兒女，蒙古青年——
>
> 是成吉思汗的兒女，有成吉思汗的威嚴！
>
> 北風吹紅了臉，雪地冰天，
>
> 馬上如飛，越過瀚海，壯氣無邊！
>
> 蒙古青年是中華民族的青年！
>
> 國仇必報，不准敵人侵入漢北，也不准他犯
>
> > 到海南！
>
> 五旗一家，同苦同甘。
>
> 蒙古青年，是中華民族的青年，
>
> 快如風，人壯馬歡！
>
> 把中華民族的仇敵，東海的日寇，趕到東海邊！
>
> 蒙古青年，向前！
>
> 守住壯美的家園，成吉思汗的家園！
>
> 展開我們的旗幟，蒙古青年！
>
> 叫長城南北，都鞏似陰山，
>
> 中華民族萬年萬萬年！

臧克家也在一些作品裏強調中華民族的大團結，如散文《牆》（1942 年 8 月）中寫道：「牆，把一個人圈在一個小的天地裏。」「中國想要得救，第一應該先做拆牆工作，把許多人從小圈子裏解脫出來，使他們看看寬闊的天地，把胸懷放寬一點。『天下為公』，四萬萬五千萬中國人，應該是一個大圈子裏的弟兄。」1943 年 7 月，他在《路——作為紀念「七七」六周年》裏說，由於社會與文化的多重原因，使得一些國人「失掉了自尊心和自信心，在麻木中混年白頭，他們忘記了中國的歷史是黃金頁子，他們忘記了作為一個中國人的光榮。」「『七七』，一個霹靂投向了整個民族的心窩。」 「『七七』，像一隻喇叭，它向這些人吹出了新聲。」「『七七』這個日子的意義在這裡，它叫四萬萬人成了一個人。兄弟們恩怨的舊賬一筆勾銷了。我在一首叫做《憂患》的詩的結尾上寫道：『心和心緊靠攏，組成力，／促生命再度地向榮。』『七七』這個偉大的日子的意義在這裡：它不但掃清了人心上的汙沉，它更給中

華民族的未來指出了一條路——自由民主的大路。它把一個希望放得很遠，這個希望，在每一個中國人的眼裏發著金光。如是，人人追著它，把個人的苦難，甚至生命全不放在心上，為一個光明的明天，今天的艱苦算得了什麼？為了整個民族的未來，個人的生死又算得了什麼？」他在《把筆論英雄》中說，只有「不是為了自己，而是為了國家、民族、民眾爭命運，而終於轟轟烈烈以生命作犧牲，死一個帶響的死」，這樣才稱得起英雄豪傑。他的新詩《兵車行》有意借用杜甫《兵車行》的意象，但反其意而用之，因為抗日戰爭是保衛國家的正義戰爭：

> 汽笛嗚嗚，車聲隆隆，
> 壯士千里去遠征；
> 沒有爺娘妻子攔道哭，
> 到處是同胞的歡呼聲。
> ……
> 汽笛嗚嗚，車聲隆隆，
> 壯士千里去遠征；
> 不貪厚祿，不圖功名，
> 全為了祖國的生存！

（1937 年 8 月 13 日）

（1943 年 9 月 3 日《新蜀報·蜀道》）

臧克家以大量詩篇表現了悲壯的抗戰。《國旗飄在鴉雀尖》真實地表現了武漢會戰中的一次激戰，師長黃樵松預作國旗數面（二旅長，三團長，另外一面是他自己的），在戰局危急時，團長請求支援，師長「沒有兵力給他增援，／給他送去的是國旗一面，／另外附了一個命令，／那是悲痛的祭文一篇：／「有陣地，有你，／陣地陷落，你要死！／錦繡的國旗一面，／這是軍人最光榮的金棺。」「敵兵已經衝到了山前，／特務連裏十個決死隊，／一個命令跑下了山。／他用完了所有的兵，／而且，把他們放在必死的當中，／頭頂上懸起了同樣的國旗，／他從容地在聽候著電話的鈴聲。」置諸死地而後生，敵人終不得逞。詩篇真實地再現出鴉雀山殊死搏戰的緊張氛圍，由衷地讚美了我軍將士的愛國激情與犧牲精神。抗戰期間，臧克家所在的第五戰區吏治與軍紀都相對較好，贏得了民眾的信賴，尤其是國家的危難激發起民眾極大的愛國熱情，捨小家保國家的國家意識確立起來並化為行動。《鋤頭與槍桿》

（收入《泥土的歌》時改題爲《收成》）描寫農人們半夜收麥，他們「從旱澇裏，／從蟲子和黃丹的侵害裏，／從血汗和擔心裏」搶出來的收成，「一粒麥子，／是一顆汗珠／一顆黃金」，「可是，他們自己捨不得吃它，／一斗一斗地，／一石一石地，／往布袋裏裝，／他們那麼辛苦地／吝嗇地收進來；／這麼舒心地／慷慨地／拿去做軍糧。／千百萬大軍在火線上／手握著槍，／有更多的手把著鋤頭／在後方。」農人視麥子如孩子，但還是慷慨地送給國家作軍麥：「軍麥，孩子一樣，／一包一包／擠壓著身子，／和衣睡在露天的牛車上。」（《送軍麥》）《和駄馬一起上前線》主人公川人陳海清愛駄馬，以駄馬爲生，可是抗戰爆發，蔣委員長「下了命令，徵調駄馬上前線／去打日本兵」，他不像有的人那樣藏起駄馬，待日後做自己的好買賣；他也不像有的人那樣明明有三匹駄馬卻祇是拿一匹去應徵，他帶著全部家當——四匹心愛的駄馬，還有長工，一起投奔了軍營，當上了運輸連的馬夫。他的「飛毛腿」與「照夜白」被敵機炸死，「他牽著他的『老來嬌』、『一錠墨』，／隨著大軍，三個年頭，／走了三個省份。／他參加過保衛大長沙，／也曾經在漢江裏飲過他的駄馬，／他無法計算清，從他的馬背上，／卸下來的大炮彈，打死多少日本兵」。他眼看他的「老來嬌」又在敵人的迫擊炮底下丟了性命。最後一匹駄馬，他像愛獨子一樣愛他。「最後，他害怕的／活現了，／他心愛的／死去了，／陳海清，他的四匹駄馬／全獻給了國家，／剩了一條窮身子，／他的膽子變得更大！／他和他的長工／告別了駄馬隊，當了戰鬥兵。」父親在前方冒著生命危險，承受著接連失去愛馬的巨大創痛，但他寫家信說「我很好，駄馬也結實。」兒子來信說：「家裏一切都很安好，／爸爸在前線放寬心。／有兩件事他沒寫在紙上：／老祖母死了，家裏很窮困。」父子默契，爲了讓親人寬心，獨自忍受著艱難困苦。正是在這種壓抑中，民眾的國家意識、犧牲精神與堅忍的生活態度才表現得淋漓盡致、感人肺腑。

五、現代文學研究中「民族國家」理論運用的誤區與可行性

中國現代文學研究中「民族國家」理論的運用存在一些亟待澄清的誤區：

首先是背離了中國多民族一體的歷史實際，導論第一部分已經提及，不再贅述。

其次是模糊了政體與國體的界限。在一些論述中，談到自由主義作家的創作時，說是爲了建構現代民族國家；談到延安作家的創作時，也說是爲了

建構現代民族國家；談到民族主義作家時，還說是爲了建構現代民族國家。那麼，這三部分作家的創作目標究竟是不是一個「民族國家」呢？其實，「現代民族國家」的眞正指向是不同的，說到自由主義作家時，指的是英美式民主主義制度；說到延安作家時，指的是新民主主義乃至社會主義制度；說到民族主義作家時，指的是三民主義國家。三者之間的區別不是國體問題，而是政體問題。國體政體不分反映了論述者並沒有眞正搞清楚什麼是民族國家。

　　再次是混淆了國家性與國民性的區別。有的學者張冠李戴，把國民性問題歸入民族國家範疇。譬如，鴉片戰爭期間英國艦隊突破虎門要塞、沿江北上時，兩岸數以萬計的民眾觀看朝廷與英軍的戰爭，有的論者把這種情形的原因歸結爲當時尚未進入民族國家。其實，國民性與民族國家是兩個不同性質的問題，在世界反法西斯陣營中，也不乏此類事件。能以此來說明發生這類事件的國家不是民族國家嗎？抗日戰爭期間，中國民眾中也有袖手旁觀者、甚至事僞資敵者，能說中國尚未成爲民族國家嗎？至今仍有企業爲了一己利益，不惜犧牲國家整體利益，能說是直到現在中國仍未成爲民族國家嗎？中國是不是民族國家與國民有沒有國家意識不是同一個問題。有的論者在運用民族國家理論以及「形象學」方法時，把阿Q視爲中國形象，實在是大謬不然。如果簡單地把二者等同起來，豈不是說批判國民性即批判國家了嗎？實際上恰恰相反，國民性批判正是爲了喚醒民眾，改造國民性，重構國魂乃至救亡圖存。魯迅在逝世前二日所作《因太炎先生而想起的二三事》（未完稿）裏面說：「我的愛護中華民國，焦唇敝舌，恐其衰微，大半正爲了使我們得有剪辮的自由，假使當初爲了保存古迹，留辮不剪，我大約是決不會這樣愛它的。」對政治專制與文化弊端總是持批判態度，並不妨礙魯迅始終如一的愛國。

　　民族國家理論對於中國現代文學研究，並非「英雄無有用武之地」，而是可以有所作爲。

　　在我看來，至少在如下幾個方面可以有所借鑒、運用：

　　一是現代作家的民族國家認同問題。不要以爲既然中國是一個歷史悠久的民族國家，認同就不成其爲問題。古代的認同有各種各樣的歷史侷限性，近代以來也有各種各樣的問題。清末的革命最初是打著種族革命旗號進行的，所以在革命前驅者一代身上，打下了種族革命的烙印。章太炎在《中華民國解》中談到共和國構想時，曾經說：「以中華民國之經界言之，越南、朝鮮二郡，必當恢復者也。緬甸一司，則稍次之。西藏、回部、蒙古三荒服，

則任其去來也。」他的理由是，朝鮮、越南早在秦漢時期就已屬於中華王朝的郡縣，從住民的生活習慣和風俗來看，也基本上與中國相同，所用的漢字的發音近似漢語。明朝在緬甸實行過土司制度。這顯然有違現代民族國家理念。魯迅曾經師從章太炎，也曾參加過光復會，早期言論中有種族革命色彩。到了二三十年代，發生了重大的變化，在雜文中批評有的人還存有把越南朝鮮看作中華番邦的癡想，稱讚朝鮮越南的民族獨立精神。然而，在談到元朝問題時，仍然流露出有悖於多民族一體譜系的漢族一統意識。

二是可以從作家與作品尋找多民族文化共生的線索與風韻，這是多民族國家歷史的佐證，老舍、沈從文等少數民族作家對中華民族多元一體的認同與距離，理應屬於本題關注的範疇。

三是關係到國家尊嚴與統一的重大事件的文學反映也值得關注。如濟南慘案、中東路戰爭、長城抗戰、外蒙獨立問題、新疆問題、西藏問題等在文學中均有反映，都值得系統地考察。孫毓棠的敘事長詩《寶馬》就表現了文學家對新疆局勢與日本侵華步步進逼態勢的焦慮與重振民族雄風的渴求。

四是國家認同與政治認同的矛盾。20 年代末、30 年代上半期，發生了濟南慘案、中東路戰爭等一系列外交事件，包括魯迅在內的左翼作家，或保持沉默，或抨擊政府，批判「民族主義文學運動」；抗戰期間，傾向延安的作家被迫或主動地撤離正面戰場，左翼陣營批判戰國策派，等等，都存在著國家認同與政治認同的矛盾。

五是臺港澳文學問題。要把臺港澳文學真正納入文學史發展脈絡中，而不是簡單地加上一兩章以表姿態。要研究臺港澳文學究竟有怎樣的個性，個性的深層寓含著中華文化的哪些共性。文言所表達的民族立場，舊體詩詞、文言文學、各類散文與兒童文學等所見出的中華文化傳統，所承擔的向國族精神文化回歸的文化功能，現代詩、戲劇等藝術形式所內含的兩岸文學藝術的血脈聯繫，國語的推廣等等，都有很大的研究空間。

六是語言問題。近代以來，日語、俄語、英語等語言成分程度不同地進入漢語，並未動搖我們的國語——漢語——的地位，反而增添了活力，這在文學中有豐富的表現。這一點與中國作為民族國家的歷史有著深刻的淵源。

本來，凡是有生命力的學術話語應該成為人類共同的精神財富，從異域汲取學術話語本身決非罪過，相反，還是給中國學術乃至思想、文化、政治、經濟增添活力的重要渠道。佛教自魏晉以來大規模進入中土，它對中國思想

文化所起的作用，早已成爲人們不須特別理會的常識。清末以來，尤其是五四新文化運動開啓的新時代，西方話語給予中國社會以巨大的影響，這也是人所共知的事實。新時期重新打開封閉的大門，西方話語再次成爲啓動民族思維的動力，功不可沒。問題在於，隨著歷史的發展，我們不能停留在一味接受的階段，人家說什麼我們便鸚鵡學舌般地跟著說什麼，不能滿足於生吞活剝的照搬，祇是把中國的學術當作西方話語的演習課堂；而是要有精心的選擇，要做深層的轉化與吸收，要立足於中國的歷史與現實，尋覓學術生長點，開發出具有原創性的學術話語，建立本民族充滿活力的學術體系，以話語的多元性取代西方話語的一元性，以對話的平等性克服話語霸權性，爲人類文明做出中華民族所獨有的貢獻。否則，擁有五千年文明史的中華民族，沒有屬於自己的當代學術話語，豈不是莫大的恥辱與悲哀？

在剛剛過去的百年歷史中，曾經留下許多深刻的經驗教訓。魯迅早在 1929 年就對當時已露端倪的學術話語時髦化的現象有所批評：「新潮之進中國，往往只有幾個名詞，主張者以爲可以咒死敵人，敵對者也以爲將被咒死，喧嚷一年半載，終於火滅煙消。如什麼羅曼主義，自然主義，表現主義，未來主義……彷彿都已過去了，其實又何嘗出現。」（《現代新興文學的諸問題・小引》）令人遺憾的是，後來這種情況不止一次地重演。即以文學批評來說，20 年代末開始，就有一些激進者急切地搬用所謂「唯物辨證法」與「ィデォロギー」（意識形態）等時髦話語，作爲批評的利器，對作品恣意解剖，其文章不僅与文學十分隔膜，而且索然無味，當時就不能服人，過後更如過眼雲煙。眞正有生命力的文學批評，倒是出自魯迅與李健吾等人的手筆。他們都曾留學海外，有深厚的西方文化造詣，但他們並不把西方話語掛在嘴邊，而是有選擇地融入自己的知識結構，在廣闊的知識背景下，更注重歷史的體認與生命的感悟，這樣寫出來的文章至今仍然洋溢著充沛的生機與誘人的魅力。我們應該從中有所體悟，充分發揮個人的創造性與民族的主體性，推出富於靈性與大氣的學術成果。

第一章　現代文學中的辛亥革命

　　探討中國現代文學中的民族國家問題，首先面對的就是辛亥革命。辛亥革命雖然經受了嚴重的挫折，前驅者拋頭顱灑鮮血從滿清皇帝那裡奪取的政權一度被袁世凱所把持，勝利的成果距離革命黨人預期的政治民主與民族獨立目標尚遠，但是，它不僅結束了越到末期越是現出千瘡百孔的清朝統治，而且推翻了延續兩千多年的封建皇帝專制制度，使中國從君主帝國轉型為民主共和國。辛亥革命在中國歷史上的劃時代意義豐碑永駐，難以磨滅。這樣一場觸動中國社會基本結構的巨變，給國人心理乃至整個社會、文化帶來了巨大震動，也在文學中留下了豐富多彩的投影。本章旨在發掘現代文學中辛亥革命的多重映像，藉此考察書寫者的歷史態度，把握辛亥革命的風雨歷程、複雜性與歷史意義。辛亥革命的歷史時段界定，有廣義與狹義之分。廣義的辛亥革命歷史，從 1894 年興中會成立，直到 1916 年反袁勝利；狹義的辛亥革命，指辛亥年從黃花崗起義到民國成立之初。本文主要考察狹義上的辛亥革命題材。

一、辛亥革命的文壇反響

　　可以說，沒有辛亥革命，就沒有民國的創立，也就沒有今天我們所看到的中國現代文學，就此而言，現代文學應該對辛亥革命抱有感恩之心。現代文學在辛亥革命開闢的社會文化土壤中萌芽、生長，20 世紀一二十年代，現代文學的發展總是與捍衛辛亥革命成果的政治鬥爭相伴而行。現代文學第一代作家或在不同程度上參加過辛亥革命，或親身感受到辛亥革命的巨大動盪，如蔡元培、陳獨秀、魯迅、劉半農、郭沫若、郁達夫等，辛亥革命在其

生命中刻下了難以忘懷的烙印。由於這些緣故，表現辛亥革命簡直可以說是現代文學的天賦使命。

然而，在很長時間裏，學術界對現代文學表現辛亥革命的作品則缺少系統的梳理，少有的提及倒是對辛亥革命負面性的批評。如 1979 年出版的唐弢主編的《中國現代文學史》，在分析《阿 Q 正傳》時指出，這篇作品對於辛亥革命的批判，一是反映了縣衙門「換湯不換藥」的情形：「革命黨進了城，卻不見得有什麼大異樣：知縣大老爺還是原官，舉人老爺當了民政幫辦，帶兵的還是先前的老把總。」二是表現了對農民革命要求的扼殺，「『大團圓』的結局是阿 Q 的悲劇，同時也是辛亥革命的悲劇」。「辛亥革命的命運是和阿 Q 的命運緊密地聯繫著的，阿 Q 被送上法場，辛亥革命也同時被送上了法場，槍聲一響，這個革命的生命便和阿 Q 的生命一起結束了。」接著，徵引周揚的話說：「辛亥革命沒有給農民以真正的利益，沒有依靠農民，啓發他們的覺悟性和積極性，引導他們走上革命的道路，這就注定了辛亥革命的必然失敗。在這裡，魯迅對農民的弱點方面的批評，同時也正是對於辛亥革命的一個嚴正的歷史的評判。」這部文學史還認為，「辛亥革命並未給農村帶來真正的變革，這一點在《風波》裏也有間接的反映」。〔註 1〕時間過去了將近三十年，黃修己著《中國現代文學發展史》第三版對所謂「魯迅對『不准革命』和阿 Q 悲慘結局的描寫，是爲了批判辛亥革命的觀點提出了質疑，認爲「這不符合魯迅的創作意圖，不符合他的批判國民性的原意」；但又說「從小說真實描寫的生活圖景中，可以引出辛亥革命失敗的某一教訓」。〔註 2〕

如何認識《阿 Q 正傳》等作品對辛亥革命的表現，固然可以見仁見智，但是，更爲深層的問題則在於對辛亥革命究竟應該如何評價。自西元前 221 年秦始皇稱帝以來兩千餘年，封建王朝的更迭基本上有兩種：一是此姓取代彼姓當朝稱帝的改朝，二是同宗之內皇位遞嬗的換代。無論哪一種，都祇是皇帝的更換，封建皇帝專制的制度未曾有過根本性的動搖，農民起義也不過是這種「輪迴」中的一環。久而久之，人們習慣了有皇帝的日子，一代一代就這麼延續下來。鴉片戰爭以來，喪權辱國愈演愈烈，這才引起了人民對滿

〔註 1〕 唐弢主編《中國現代文學史》（一），人民文學出版社 1979 年 6 月第 1 版，第 116、117、100 頁。
〔註 2〕 黃修己：《中國現代文學發展史》，中國青年出版社 2008 年 10 月第 3 版，第 41 頁。

清統治乃至帝制本身產生了極大的憤懣與深刻的懷疑。加之西方思潮隨著列強的炮艦洶湧而入，使中國的仁人志士認識到君主專制的鐵幕之外，原來還有一片民主的明朗天地。革命者前仆後繼，流血犧牲，終於以五色旗取代了象徵著皇權的龍旗。雖然由於力量的對比等緣故，國家權力不能不暫且讓給袁世凱，但畢竟結束了延續了兩千餘年的帝制。「從此以後，任何違反民主的潮流，要在中國恢復帝制和建立獨裁統治的人和政治集團，都不能不遭到人民的反對而歸於失敗。」〔註3〕當袁世凱在民主共和國的招牌下，一步步加強他的獨裁統治時，有 1913 年反袁的「第二次革命」，待到袁世凱於 1915 年 12 月開始使用皇帝的稱號，全國一片反對聲，使得預定在 1916 年元旦舉行的「登極大典」沒敢如期舉行，而且一再推延，終於在 3 月 22 日自行宣佈撤消帝制。袁世凱不但皇帝夢只做了短短八十三天即宣告破滅，而且連他費盡心機竊取來的大總統位子也勢不可保，最後於 1916 年 6 月 6 日在一片討袁的呼聲與槍聲中一命嗚呼。梁啟超在《闢復辟論》中說：「國體違反民情而能安立，吾未之前聞。今試問全國民情為趨向共和乎為趨向帝制乎？此無待吾詞費，但觀數月來國人之一致反對帝制，已足立不移之鐵證」。軍閥張勳借進京調停黎元洪與段祺瑞的「府（總統府）院（國務院）之爭」的機會，於 1917 年 7 月 1 日，請出了廢帝溥儀，「重登大寶」，宣佈中國重新成為「大清帝國」。結果，這幕復辟醜劇上演了僅僅十二天就草草收場。1923 年 10 月，直系軍閥曹錕收買國會議員，以賄選得任中華民國總統，至 1924 年 11 月，也是以灰溜溜的失敗告終。復辟倒退者屢屢碰壁的歷史證明，民主意識已經逐漸深入人心，政治文化心理的巨大變遷不能不歸功於辛亥革命。

　　辛亥革命推翻了清朝統治，結束了長達兩千多年的封建帝制，創建了中華民國。在這個意義上，可以說辛亥革命完成了歷史使命，是一次成功的革命，不能因為有不足之處就判斷它是一次失敗的革命運動〔註4〕。古今中外，任何一場偉大的革命，都不可能一勞永逸地解決所有問題。以阿 Q 的悲劇來論證辛亥革命的失敗，在邏輯上是有瑕疵的。即使是成功的革命也可能伴隨著期盼者、參與者或觀望者的個人悲劇，況且一個中篇小說哪裡承擔得起對

〔註3〕　胡繩：《從鴉片戰爭到五四運動》，下冊，人民出版社 1981 年 6 月第 1 版，第 905 頁。

〔註4〕　參照張憲文等著《中華民國史》第 1 卷，2005 年 12 月第 1 版，《導論》第 9 頁。

辛亥革命全面評價的任務？要考察魯迅對辛亥革命的態度，也不應僅僅憑藉
一篇作品，而是應該把視野擴大到魯迅的整個生涯與全部作品。魯迅早在日
本留學期間就曾經參加過光復會活動，他尊重的師長章太炎、蔡元培是革命
領袖，他欽佩的友人秋瑾爲革命壯烈犧牲，雖然他本人沒有選擇暴力反抗、
而是走上了精神啓蒙的道路，但在心底顯然懷有對革命勝利的熱烈期盼。紹
興光復後，他興奮地帶領學生維持社會秩序，迎接革命黨人到紹興，接受王
金發爲首的紹興軍政分府委任，出任浙江山會初級師範學堂監督。當然，民
國建立後，現實與理想多有相悖之處，他不能不深感遺憾甚至不無怨艾，一
度苦悶地沉浸在抄古碑與整理古籍之中。但是，魯迅從來沒有忘卻辛亥革命
的功績，對革命先烈也總是保持著由衷的敬意。《藥》深切地緬懷革命前驅者，
爲不理解犧牲者的愚昧民眾而悲哀；《頭髮的故事》爲國民易於忘卻革命的紀
念而激憤；即使在《阿 Q 正傳》裏，在批評革命中魚龍混雜、基層政權換湯
不換藥、底層人民的生活未見明顯的改變等弱點的同時，也寫到畢竟剪去了
象徵著清朝統治的辮子，舉人老爺失去了昔日的威嚴，趙府感到了恐懼之後
「漸漸的都發生了遺老的氣味」。1926 年，在《范愛農》一文中，雖然也對紹
興光復後「還是幾個舊鄉紳所組織的軍政府」表示不滿，但緊接著又說「這
軍政府也到底不長久，幾個少年一嚷，王金發帶兵從杭州進來了，但即使不
嚷或者也會來」〔註5〕。後來，王金發被人捧殺〔註6〕，那是人性的弱點，而
非辛亥革命的弱點。同年，在《中山先生逝世後一周年》裏充分肯定地說：「只
要這先前未曾有的中華民國存在，就是他的豐碑，就是他的紀念。凡是自承
爲民國的國民，誰有不記得創造民國的戰士，而且是第一人的？」「但我們大
多數的國民實在特別沉靜……因此就更應該紀念了；因此也更可見那時革命
有怎樣的艱難，更足以加增這紀念的意義。」1927 年春，他在《中山大學開
學致語》中開篇就說：「中山先生一生致力於國民革命的結果，留下來的極大
的紀念，是：中華民國。」〔註7〕1927 年 3 月 24 日作《黃花節的雜感》，爲悲
壯劇「不能久留在」「久受壓制的人們」記憶裏而惋惜，甚至憤懣。接著說，
黃花崗起義雖然失敗，但十月就是武昌起義，第二年便出現了民國。「於是這

〔註5〕 《朝花夕拾·范愛農》，《魯迅全集》第 2 卷，人民文學出版社 1981 年版，第
313～314 頁。
〔註6〕 參照魯迅《華蓋集·這個與那個》，《魯迅全集》第 3 卷，第 141 頁。
〔註7〕 《集外集拾遺補編·中山大學開學致語》，《魯迅全集》第 8 卷，第 159 頁。

些失敗的戰士，當時也就成為革命成功的先驅，悲壯劇剛要收場，又添上一個團圓劇的結束。這於我們是很可慶幸的，我想，在紀念黃花節的時候便可以看出。」當然，「以上的所謂『革命成功』，是指暫時的事而言；其實是『革命尚未成功』的。」「不過，中國經了許多戰士的精神和血肉的培養，卻的確長出了一點先前所沒有的幸福的花果來，也還有逐漸生長的希望。」〔註8〕由此可見，魯迅對辛亥革命的基本肯定態度始終未變。

陳獨秀比魯迅要激進得多，堪稱革命的弄潮兒，早在 20 世紀初，就開始從事革命輿論工作，還參加過革命性質的暗殺團。在辛亥革命期間，他擔任安徽都督府秘書長，曾因不滿袁氏治下共和的有名無實而辭職，「二次革命」中回皖復任，失敗後逃亡到上海。眼見得革命成果遭袁世凱篡奪，科技與實業救國又不能立竿見影，陳獨秀認為只有進行精神啓蒙，才能救國救民。在掀起新文化啓蒙運動大潮之後不久，他又轉而走上了追求共產主義的革命道路。此後，他在自己的內心深處仍然為辛亥革命保留著一塊綠地。同盟會員朱執信在黃花崗起義中奮勇爭先、多處受傷仍堅持作戰的英雄事跡為人稱頌，當時幸得脫身，但於 1920 年不幸遇害。1921 年，陳獨秀為朱執信遇難一周年紀念會送輓聯：「失一執信，得一廣東，得不償失；生為人敬，死為人思，死猶如生。」對舊友的無限敬意包含著對辛亥革命的深深懷念。舊體詩《金粉淚五十六首》1934 年於南京老虎橋監獄寫成，第七首吟詠道：「五四五卅亡國禍，造反武昌更不該。微笑撚鬚張大辮，石頭城畔日徘徊。」以譏刺辮子軍大帥張勳來肯定武昌首義之功。

1910 年 8 月赴美留學的胡適，難以忘懷祖國的內憂外患，加之美國社會文化的新鮮刺激，使得天性愛動的他熱中於社會活動。1911 年 10 月 12 日，他得知武昌起義成功的消息，興奮地在日記中寫到：「聞武昌革命軍起事，瑞澂棄城而逃，新軍內應，全城遂為黨人所據。」17 日又記道：「相傳袁世凱已受命（接受清政府委任為陸軍總帥），此人真是蠢物可鄙。」之後，他充分發揮其英語程度好、又擅長講演之所長，在校內外各種講演會上向美國民眾講解中國革命的歷程及其偉大意義，並介紹革命領袖人物。胡適深受西方自由、民主理念浸淫，所以對辛亥革命的肯定更為自覺，更加富於理性色彩。1921年 10 月 4 日創作的《雙十節的鬼歌》，以辛亥革命先驅者的口吻表達對北洋政府背離辛亥革命民主目標的憤懣。1934 年 10 月 9 日所作《雙十節的感想》，

〔註8〕　《而已集·黃花節的雜感》，《魯迅全集》第 3 卷，第 409～410 頁。

則充分論證了辛亥革命的歷史必然性與開創新時代的偉大貢獻。文中說：「辛亥以後，帝制倒了，在積極方面雖然沒有能建立起真正的民主政體，在破壞的方面確是有了絕大的成績。第一是整個的滿洲親貴階級倒了，第二是嬪妃太監的政治倒了，第三是各部的書辦階級倒了，第四是許多昏庸老朽的舊官僚也跟著帝制倒了。這多方面的崩潰，造成了一個大解放的空氣。這個大解放的空氣是辛亥政治革命的真意義。……若沒有辛亥革命的政治大解放，也決不會有這十年來的種種革命。辛亥革命變換了全國的空氣，解除了一個不能為善而可以為惡的最上層高壓勢力，然後才能有各種革命的新種子在那個解放的空氣裏生根發芽。」文學革命、法律革命、教育革命、學術自由、婦女解放等諸多新氣象，無不可以溯源於辛亥革命。因此，胡適由衷地「感謝那許多為革命努力犧牲的先烈」，同時也為活著的人努力不夠、甚至「有不少的人自以為眼界變高了，瞧不起人權與自由了，情願歌頌專制，夢想做獨裁下的新奴隸」而「不能不感覺慚愧」。〔註9〕

1911 年正在讀中學的郭沫若，熱心參加四川保路運動，當成都將要宣佈獨立的消息傳到他所在的中學時，他欣喜若狂，首先把自己頭上那根象徵著屈辱和奴役的辮子剪去，並與激進的同學一道拿剪刀替那些怕事的老教員和學生剪掉辮子，連監督的辮子也被他們快意地剪掉。寒假期間回到家鄉，他寫的春聯中就有讚頌辛亥革命的，其中一副上聯為：「故國同春色歸來，直欲硯池滇渤筆崑崙，裁天樣大旗橫書漢字。」下聯為：「民權如海潮暴發，何難郡縣歐非城美澳，把地球員幅竟入版圖。」個中雖然不無濃重而幼稚的民族主義情感，卻也反映了辛亥革命帶給一個青年學生的喜悅與豪邁。但時事的變化，也讓敏感的青年格外傷感，寫於 1912 年冬的七律《感時》之七寫道：「兔走鳥飛又一年，武昌舊事已如煙。眈眈群虎猶環視，岌岌醒獅尚倒懸。」後來，他東瀛求學，詩壇放號，投筆從戎，流亡海外，無論身在何處，心中始終激蕩著辛亥革命的時代大潮。1929 年 8 月由上海現代書局出版的《反正前後》，以其當時在成都讀書期間的切身體驗，描寫了四川保路運動興起的細節乃至波瀾壯闊的宏偉氣勢：川漢鐵路公司股東大會上，鄧孝可帶有批評與反抗意味的報告開始激發起眾人的緊張情緒，羅綸的嚎啕大哭更是帶起了滿場痛哭，連同公司裏面跑動著的雜役、特意趕來的旁聽者都哭成一片，「會場怕足足動搖了二三十分鐘」。於是，「保路同志會」成立起來，保路運動風起

〔註9〕 《雙十節的感想》，《獨立評論》第 122 號。

雲湧。對光緒皇帝的同情與崇拜使得「大清德宗景皇帝之神位」與「庶政公諸輿論，鐵路准歸商辦」的口號一時間遍佈成都大街小巷，加強與擴大了輿論的聲勢。當趙爾巽調京而趙爾豐尚未到任時，暫時署理川務的藩臺王人文的溫和態度對保路運動起到了促進作用，而在朝廷的嚴令督促下，趙爾豐對於和平抗議之平民的血腥鎮壓徹底斷了當權者的後路，激起了人民不可遏止的武裝反抗，星星之火終成燎原之勢。關於保路運動及其引爆的武昌首義的記憶，一直被郭沫若視爲彌足珍貴的精神財富。全面抗戰爆發以後，已經成爲歷史學家的郭沫若，仍然不時援引辛亥革命的歷史資源進行抗戰動員，1937年10月9日爲紀念辛亥革命二十六周年而作的《惰力與革命》〔註10〕，開篇即肯定「辛亥革命是我國民主政治的要求戰勝了專制政治的序幕」。

　　比前述作家年輕的郁達夫，辛亥革命發生時，正在浙江富陽家中自修。他在《大風圈外——自傳之七》裏回憶道：「到了陰曆的七八月，四川的鐵路風潮鬧得更凶，那一種謠傳，更來得神秘奇異了」，八月十八（陽曆十月九日）的晚上，漢口俄租界裏革命黨人做實驗時炸彈爆炸，「從此急轉直下，武昌革命軍的義旗一舉，不消旬日，這消息竟同晴天的霹靂一樣，馬上就震動了全國。」「報紙上二號大字的某處獨立，擁某人爲都督等標題，一日總有幾起」。年少的郁達夫渴盼著革命軍的到來，「終於有一天陰寒的下午，從杭州有幾隻張著白旗的船到了，江邊上岸來了幾十個穿灰色制服，荷槍帶彈的兵士。縣城裏的知縣，已於先一日逃走了，報紙上也報著前兩日，上海已爲民軍所佔領。商會的巨頭，紳士中的幾個有聲望的，以及殘留著在城裏的一位貳尹，聯合起來出了一張告示，開了一次歡迎那幾十位穿灰色制服的兵士的會，家家戶戶便掛上了五色的國旗；杭城光復，我們的這個直接附屬在杭州府的小縣城，總算也不遭兵燹，而平平穩穩地脫離了滿清的壓制。」〔註11〕郁達夫當年只有十五歲，又並非處於成都、武昌、上海等革命的漩渦之中，所以只能「呆立在大風圈外」，難有什麼作爲，但是，後來他以作家的筆觸逼眞地勾勒出浙江富陽縣城，從「山雨欲來風滿樓」的緊張終於迎來了光復易幟的經過，也算沒有辜負辛亥革命帶給他的震動。1938年，他還賦詩紀念黃花崗烈士：「年年風雨黃花節，熱血齊傾烈士壇。今日不彈閒涕淚，揮戈先草冊倭文。」〔註12〕詩中的思路與郭沫若的《惰

〔註10〕初收 1938 年上海北新書局駐粵辦事處版《全面抗戰的認識》。
〔註11〕1935 年 4 月 20 日《人間世》第 26 期。
〔註12〕郁達夫：《廿七年黃花崗烈士紀念節》，1938 年 4 月 6 日廣州《救亡日報·文

力與革命》完全一致，都是以辛亥革命作爲抗戰的力量源泉。辛亥革命在現代文學先驅者心中的位置由此可見一斑。

若論辛亥革命的文學反響之早，自然首推前述胡適、郭沫若等人的日記、對聯與後面將要論及的革命者的詩詞、祭辭等；然而，若論反響既早且廣者，則當屬歌曲。正所謂「情動於中而形於言，言之不足故嗟歎之，嗟歎之不足故永歌之……」〔註13〕，19 世紀末以來，在海外歌曲影響下萌生、成長並迅速流行開來的新式歌曲、尤其是學堂樂歌，辛亥前後紛紛表現革命題材。如歌唱黃花崗起義的有：佚名詞、趙元任曲《黃花歌》，佚名詞、蘇格蘭民歌曲調《黃花崗烈士殉國紀念》，劉質平詞曲《黃花崗》〔註14〕，佚名詞曲《黃花崗烈士紀念》，佚名詞、黃友棣曲《七十二烈士墓》，周玲蓀詞曲《黃花崗七十二烈士紀念》〔註15〕，等等。《七十二烈士墓》謳歌先烈的精神：「崗上的黃花盛開，地下的白骨長埋。看了這七十二烈士的墳墓，禁不住湧起深切的悲哀。可敬的烈士啊！你們是何等偉大；拼去了自己的頭顱，造成了民主的中華。可愛的烈士啊！你們是革命的萌芽，灌溉了淋漓的熱血，開遍了自由的鮮花。千古不朽的烈士啊！你們是最好的榜樣；我當踏著你們的血跡前進，把你們的志願光大發揚。」歌詞完全是自由體詩，較之胡適後來「解放腳」似的「嘗試」，意蘊與形式均更富現代色彩。民謠體的《黃花歌》——「黃花黃，黃花黃，黃花黃時清朝亡。」「黃花黃，黃花黃，黃花黃時民爲王。」唱出了黃花崗起義的重要意義，其中也很容易見出唐代黃巢《菊花》詩的餘韻。華航琛詞、美國福斯特曲《追悼先烈歌》〔註16〕，追思「十七次的革命風浪，流血眞無量」〔註17〕，猶如音樂史上的「人民英雄紀念碑」。

再如歌頌武昌起義與民國成立的有：佚名詞、日本歌曲曲調《中華大紀

化崗位》。

〔註13〕《毛詩序》，郭紹虞主編《中國歷代文論選》第一冊，上海古籍出版社 1979 年 8 月第 1 版，第 63 頁。

〔註14〕以上三首初收《革命新歌》油印本，1913 年，參照陳一萍編《先行者之歌——辛亥革命時期歌曲 200 首》，武漢大學出版社 2009 年 1 月第 1 版。

〔註15〕以上三首初收《戰地新歌》，1913 年版，參照陳一萍編《先行者之歌——辛亥革命時期歌曲 200 首》。

〔註16〕初收華航琛編《共和國民唱歌集》，商務印書館 1912 年版，參照陳一萍編《先行者之歌——辛亥革命時期歌曲 200 首》。

〔註17〕辛亥革命歌曲引文，主要參照陳一萍編《先行者之歌——辛亥革命時期歌曲 200 首》，部分作品亦參照錢仁康《學堂樂歌考源》，上海音樂出版社 2001 年 5 月第 1 版。

念》，華航琛詞、沈心工曲《光復紀念》，沈心工詞曲《革命軍》〔註18〕，參加起義的第八標軍歌《行軍歌》，佚名詞、美國梅森曲《革命紀念》，等等。《中華大紀念》猶如一首敘事詩，唱出了從武昌首義到民國成立的歷史進程：「十月十號義旗揚，革命軍隊起武昌，霹靂一聲江漢平，漢口漢陽樹漢旌。各省聞風爭回應，秦晉滇粵皆反正，江浙聯軍半金陵，大江以南無膻腥。十七省代表，選舉到江寧。元帥黃興黎元洪，組織政府討虜廷。虜廷聞之心膽驚，遣使求和到滬濱。和議不成戰禍緊，孫文歸國民氣振。共和元年元旦辰，孫大總統履任到南京。中央政府告成功，誓師北伐搗黃龍，黃龍指日平，四萬萬人人多安寧。」《光復紀念》還勾勒出清朝官員失魂逃生、怯懦畏戰的嘴臉：「八月十九武昌城，起了革命軍，張彪與瑞澂紛紛出城去逃生。都督黎元洪，黃興總司令，渡江收復漢口鎮，漢陽龜山樹漢旗。文明，文明，雞犬不驚武漢平。清廷嚇得心膽驚，遣將帥，發救兵，陸軍派蔭昌海軍薩鎮冰，屯兵不敢進，三戰三敗笑殺人。中原十數省，不月皆反正，漢水漢水清，歷史增榮名。」

　　儘管辛亥革命成功之後，尚多有不盡如人意之處，但富於歷史良知的文藝工作者沒有忘記為民主共和事業拋頭顱灑鮮血的革命先驅者，而是以多種形式表現歷史、追懷先烈。粵劇《溫生才打孚琦》1911 年創作並首演於香港。新劇家團 1911 年 12 月首演任天知作十二幕《共和萬歲》，表現革命軍打敗張勳、攻佔南京後，朝廷惶恐，南北議和，清帝遜位，各級官吏無奈剪掉髮辮，合眾大公園掛「共和萬歲」橫幅，孫文銅像端立，各國旗幟懸於四周。進化團 1912 年初首演的十三幕新劇《黃鶴樓》，描寫了武昌起義過程。《武昌光復》、《孫文起義》、《新華夢》等大量時裝新戲也走上舞臺。

　　五四文學革命之後，辛亥革命題材仍不時表現於各種文體之中。雙雙作二場劇《國慶日》（載《小說世界》12 卷 6 期，1925 年 11 月 6 日）裏，幾個孩子講述自己的國慶節見聞：智生看見的是「人人都非常高興」，國立大學彩車上五個姑娘身穿紅、黃、藍、白、黑，象徵著五族共和；美生講的是，有兩個老婆婆在「歡喜之中含著淒悲，原來她們的兒子是為共和犧牲的」。玉薇四幕劇《生命與國家》（《小說月報》17 卷 2 號，1926 年 2 月 10 日）中，青年劉永明參加武昌起義，被捕死在獄中，妻子慧音悲痛自殺，但革命終於獲

〔註18〕以上三首初收華航琛編《共和國民唱歌集》，1912 年版，參照陳一萍編《先行者之歌——辛亥革命時期歌曲 200 首》。

得成功，門外傳來了「民國萬歲」的口號。熊佛西三幕劇《孫中山》（又名《救星》，1928 年 7 月 23 日《大公報》），富於寓言色彩。田漢五幕劇《黃花崗》描寫黃花崗烈士林覺民，1925 年 5 月 27、29、31 日、6 月 4、7 日連載於長沙《大公報》，因故未完。田漢的另一部劇《孫中山之死》（《南國月刊》第 1 卷第 1 期，1929 年 8 月 1 日），懷念民國創建者的重要代表孫中山。中大實小師生合作兩幕劇《黃花崗》（載於華歐等編《新劇本》，世界書局 1931 年 4 月版）描寫黃花崗起義失敗，劉元棟身負重傷犧牲，林覺民被捕，黃興負傷手術後入夢，夢見林覺民等烈士犧牲。通俗小說方面，姚鵷雛的《恨海孤舟記》（1915 年）、許嘯天的《民國春秋演義》（1929 年）、濯纓的《新新外史》（1920 〜1932 年）等，對辛亥革命也有直接或間接的表現。

二、辛亥革命前驅者的激情書寫

以往的現代文學史敘述對辛亥革命題材的忽略，也與現代文學史的畫地為牢有關。現代文學史，通常從 1917 年《新青年》倡導文學革命講起，認定「現代文學是新民主主義革命時期現實土壤上的新的產物」〔註 19〕，帶上了無產階級領導的人民大眾反帝反封建的新民主主義歷史的印記。這樣一來，時段上，把辛亥前後的文學推給了近代文學史；文體上，以新文學代替現代文學，排除了傳統詩詞、通俗小說及歷史文本；政治上，要強調新民主主義革命的必然性與合理性，就要批判包括辛亥革命在內的舊民主主義革命的不徹底性。今天，只要我們打開眼界，以大歷史觀打通近現代，以大文學觀考察新文學、傳統詩詞、通俗小說、民間曲藝、地方戲曲，甚至一些具有文學色彩的歷史文本，以馬克思主義的歷史唯物論與實事求是的民族傳統客觀地考察歷史，就會發現大批表現辛亥革命的作品，像滿天星斗一樣閃爍著熠熠光輝。其中，不少作品出自辛亥革命前驅者的筆下。

1911 年 4 月 27 日（農曆辛亥年三月廿九日）爆發的黃花崗起義，在領導機構、募集錢款、購買軍械、組織「選鋒隊」、進攻路線、粵內外配合等方面做了相當充分的準備。但由於同盟會員溫生才提前單獨行動，槍殺了清署理廣州將軍孚琦等原因，原定 4 月 13 日起義的計劃不得不推遲。又因內奸告密，清政府全城戒嚴，搜捕革命黨人。起義部署被打亂，原定十路進兵改為四路

〔註 19〕唐弢主編《中國現代文學史》（一），人民文學出版社 1979 年 6 月第 1 版，第 1 頁。

進兵〔註20〕。敵眾我寡，且當局已有準備，起義失敗，86 位革命者壯烈犧牲〔註 21〕。革命黨人堅信創立民國的目標一定會實現，但亦知生死難料，遂於起義前夕，給親人、同志留下絕筆信。歸國華僑余東雄、郭繼枚在絕筆書中寫道：「弟既屬克強君指揮，無論如何猛進一往向前，誓無返顧。儻目的能達，與公等羊垣握手或有其時，否則敵眾我寡，萬一失敗，雖戰剩我繼妹（枚）、東雄二人，或受千槍百劍，手無寸鐵，猶必奮臂殺賊，死而後已……前仆後繼，方顯吾黨中大有人在，視死如歸，弟之素志但求馬革裹屍以為榮耳。」〔註22〕羅仲霍從南洋歸國參加起義活動前夕作《辛亥春返國留別諸同志》：「隕霜殺草一何悲？赤子扶扶捧首啼。忍見銅駝臥荊棘，神州遍地劫灰飛。英雄老至忽如電，世事雲翻雨覆時。漫把先鞭讓祖逖，黃龍置酒豈無期！公等健兒好身手，愧余一介弱書生。願將鐵血造世界，亞陸風波倩汝平。」詩中先用《晉書‧索靖》「銅駝荊棘」典，寫民族壓迫與國家蒙難之痛，繼而用《晉書‧祖逖傳》裏愛國志士劉琨與祖逖的典故激勵自己，最後把希望寄託於眾人的奮鬥。在黃花崗起義中，他們均以英勇的犧牲證明了慷慨激昂的詩文決非空言。擔任過同盟會福建支部部長的方聲洞，在起義前夕，也給父親寫了絕筆信，表示「奮鬥而死，亦大樂也。且為祖國而死，亦義所應爾也」〔註 23〕。起義中，方聲洞「孤身被圍，容無懼色，猶揮彈突擊，計殺哨弁兵勇等二十餘人。背血叉，身中槍，血流遍體而氣不衰，彈盡力竭而死」〔註24〕。後來，黃興作《書贈方聲洞烈士家屬》：「破碎神州幾劫灰，群雄角逐不勝哀。何當一假雲中守，擬絕天驕牧馬來。」詩中既有劉克莊《挽李卿儔老二首》「賦招魂」式的緬懷，也有王維《老將行》「莫嫌舊日雲中守，猶堪一戰取功名」那

〔註20〕　參照章開沅、林增平主編《辛亥革命史》（中），中國出版集團東方出版中心 2010 年 2 月第 1 版，第 705～712 頁。

〔註21〕　參加這次戰鬥的 130 人中，除少數幸存外，戰死和被捕殘殺的革命黨人有 86 名，遺體身肉模糊，陳屍街頭示眾，慘不忍睹。1911 年 5 月 3 日，同盟會人潘達微先生冒險挺身而出，以《平民日報》記者的公開身份，通過善堂出面，組織了一百多名收屍人，把散落並腐爛的 72 位烈士的遺骸收殮，合葬於廣州黃花崗，史稱「黃花崗七十二烈士」。

〔註22〕　同注 20，第 713 頁。

〔註23〕　蕭平編、吳小如注《辛亥革命烈士詩文選》，中華書局 1962 年 12 月第 1 版，第 167～168 頁。

〔註24〕　《方聲洞傳》，林森、鄒魯合編《黃花崗七十二烈士事略》；參照章開沅、林增平主編《辛亥革命史》（中），中國出版集團東方出版中心 2010 年 2 月第 1 版，第 710 頁。

樣對愛國壯士的稱頌之意，還有對早日戰勝強敵、安邦興國的期待，頗具王昌齡《出塞》「但使龍城飛將在，不教胡馬度陰山」的韻味。

黃花崗起義，可謂武昌首義的前哨戰。孫中山在《黃花崗烈士事略序》中高度評價此役之意義：「革命黨人歷艱難險阻，以堅毅不撓之精神，與民賊相搏，躓踣者屢，死事之慘，以辛亥三月二十九日圍攻兩廣督署之役為最。吾黨精華，付之一炬，其損失可謂大矣。然是役也，碧血橫飛，浩氣四塞，草木為之含悲，風雲因而變色。全國久蟄之心，乃大興奮，怒憤所積，如怒濤排壑，不可遏抑。不半載而武昌之大革命以成，則斯役之價值，直可驚天地，泣鬼神，與武昌革命之役並壽。」1912 年 5 月 15 日，孫中山在廣州親自主持了黃花崗起義第一次公祭大典，宣讀祭文：「……寂寂黃花，離離宿草，出師未捷，埋恨千古。……」關於這一可歌可泣的壯舉，曾有多人吟誦過激情飽滿的詩篇。在起義中身先士卒、冒死衝殺、英勇負傷的副總指揮黃興，作有《蝶戀花·辛亥秋哭黃花崗烈士》：「轉眼黃花看發處，為囑西風，暫把香籠住。待釀滿枝清豔露，和風吹上無情墓。回首羊城三月暮，血肉紛飛，氣直吞狂虜。事敗垂成原鼠子，英雄地下長無語。」作品在謳歌戰友氣壯山河之精神的同時，也含有對黃花崗起義時陳炯明一路擅自撤出的激憤與鄙夷。黃興還為黃花崗烈士撰寫對聯：「七十二健兒酣戰春雲湛碧血，四百兆國子愁看秋雨濕黃花。」陳更新（字鑄三）在黃花崗起義中因彈盡力竭被俘，面對清朝官吏的審訊，毫無懼色，慷慨陳詞，從容就義。宋教仁在《哭鑄三盡節黃花崗》中把他比作被俘後罵賊而死的唐代常山太守顏杲卿：「孤雲殘月了一生，無情天地恨何平！常山節烈終呼賊，崖海風波失援兵。特為兩間留正氣，空教千古說忠名。傷心漢室終難復，血染杜鵑淚有聲。」蔡元培《題王浴遠所作〈黃花崗憑弔圖〉》，借古代萇弘典讚頌黃花崗烈士：「碧血三年化，黃花終古香。為群直犧己，後死盡知方。」吳祿貞也曾寫有《黃花崗歌》：「黃花之崗何其壯，天際血雲排作浪。萬里精靈卷地來，橫海樓船正浩蕩。……」武昌起義爆發後，吳祿貞在北方積極回應，不幸遇害，他以自己的鮮血彙入到排山倒海的革命巨浪之中。

武昌首義作為辛亥革命的核心標誌，更是在文學中留下了多彩的樂章。革命黨人趕配炸藥發生爆炸的意外變故迫使起義於 10 月 10 日舉行。彭楚藩、劉復基、楊宏勝被捕，英勇就義，成為首義中率先犧牲的烈士。胡石菴作《三烈士贊》、《悼三烈士》詠之，《三烈士贊》之一有：「龜山蒼蒼，江水泱泱，烈士一死滿清亡。擲好頭顱報軒皇，精神栩栩下大荒，功名赫赫被武昌。」

胡石菴早年即投身革命，一生備受磨難。武昌起義爆發，他異常振奮，起義第二天即手書《大漢報》，上街張貼，1911 年 10 月 15 日，在漢口創辦起首義以來革命黨人第一份報紙《大漢報》，社址在戰火中幾度被毀，胡石庵矢志不移，火線奔波，夤夜操勞，及時報導前線戰事、各地光復消息與「軍政府緊要新聞」，發表評論，起到了傳播資訊、鼓舞士氣、闢謠與安定民心的作用，廣受歡迎。漢陽激戰時，石庵親赴火線採訪，並留下一首敘事長詩《甘侯行》，描述甘侯（甘緝熙，字茂卿，一作穆卿）率陸軍學生及輜重營、工程營士兵共一百零八人英勇作戰的事跡：

> 墨雲壓天黑風吼，百八健兒銜枚走。雄獅一奮萬怪逃，笑把芙蓉握兩手。如斯壯劇問誰能，偉哉甘侯名穆卿！大志直欲傲宗慤，問年年恰儷終軍。江豚吹起浪如花，相偕一舸起荊沙。清談不借李邕酒，小坐同傾顧渚茶。爲言十月初六日，羽書飛馳戰甚亟。仙女、美娘皆易人，磨子、扁擔相繼失。黃總司令但悲惶，李參謀已離漢陽。士無鬥志群思遁，敵勢猖獗如虎狼。甘侯爾時在武昌，聞之憤氣溢胸膛。投袂而起出城走，扁擔飛渡長江長。晚風吹卷九星旗，甘侯已至昭忠祠。大聲疾呼告奮勇，東奔西馳覓男兒。斜陽如血暮煙森，百八兒郎已起行。前進前進復前進，誓與諸山共死生。甘侯言已眾皆喜，甘侯前驅眾尾馻。更有朱韓二君奇，獨能相偕作耳語。夜色暮天無寸光，冷風沁骨骨欲僵。鬼影搖搖山影寂，驚心動魄此戰場。甘侯處之若無有，精進直前不少阻。白刃相接大激戰，智勇絕倫爲眾首。君不見磨子之山突且兀，甘侯取之如取物。數十敵兵半死亡，惟餘殘酒與殘燭。又不見扁擔之山高插天，甘侯三呼躋其巔。敵軍數百鳥獸散，甘侯大笑聲琅然。二山既得晨光起，甘侯傷頭復傷指。猶能力守待援師，熱血定多一斗許。援師至，甘侯歸，風卷征塵落征衣。但知沙場有奇樂，不問人生幾往回。豈意歸途未及半，漢幟忽又趙幟換。竟夕奇勳付水流，欲哭無聲只長歎！甘侯言已情脈脈，似有牢騷難再說。我聞其言已黯然，更念浮生同惻惻。籲嗟呼！異族憑陵二百秋，端賴男兒挽逝舟。寶刀劃墮天邊月，鐵笛吹開海上樓。奈何臨戰輒逃去，至死不脫奴隸氣。辜負甘侯一片腸，辛苦奪來輕易棄。甘侯、甘侯勿消磨，我爲甘侯作長歌。人生百年一彈指，仗有浩氣亙山河。君不見萇弘之血、子

胥之睛，身死猶使賊虜驚，百千年後黃塵白骨皆奇馨！〔註25〕
長詩用典自然，敘事質實，感情飽滿，英雄性格呼之欲出；節奏明快，鏗鏘
有力，有唐代邊塞詩之張力，也有《木蘭詩》之明快，還有黃遵憲近代樂府
詩之平易，張維屏《三將軍歌》與朱琦《吳淞老將歌》之氣概。

　　參與湖北軍政府領導工作的譚人鳳，武昌危急之際，到長沙邀新軍援鄂，
在出發前的誓師會上，他當場作軍歌鼓舞士氣：「湖南子弟善攻取，手執鋼刀
九十九；電掃中原定北京，殺盡胡人方罷手。」譚人鳳擔任武昌防禦使兼北
面招討使，誓言與城共存亡，為武昌革命軍站穩腳跟卓立戰功。黃興在香港
聽到武昌起義的消息後賦詩《和譚人鳳》：「懷錐不遇粵途窮，露布飛傳蜀道
通。吳楚英豪戈指日，江湖俠氣劍如虹。能爭漢上為先著，此復神州第一功。
愧我軍來頻敗北，馬前趨拜敢稱雄。」

　　武昌揭竿而起之後，各地紛紛回應，戎馬倥傯的革命黨人亦在文學作品
裏表現出大江南北革命風起雲湧的局面。在新軍第九鎮中擔任營官的同盟會
員林述慶在江蘇鎮江宣佈獨立，聯合江、浙等地的革命武裝組成聯軍，於 1911
年 11 月 23 日發起對南京的攻勢，11 月 30 日大戰一天，攻佔南京的門戶天保
城，12 月 2 日攻克南京。《入天保城口占》，抒發了他勝利在望的心情：「降幡
高拂石頭城，日照雄關萬角聲。如此江山收一戰，依然還我漢家營。」

　　南社葉楚傖在辛亥革命時投筆從軍，任粵軍北伐軍參謀長，北伐途經上海，
柳亞子賦詩《送楚傖北伐》七律二首送別，其一云：「投筆從戎信可兒，儒冠誤
我不勝悲。中原胡馬橫行日，大陸潛龍起蟄時。百粵河山秦郡縣，三吳子弟漢
旌旗。……」其二有「圖南此日聯鑣返，逐北他時奏凱回。……佇看直搗黃龍
日，拂袖歸來再舉杯。」葉楚傖作《與亞子亞雲別後軍隊已陸續出發余亦不日
渡江因賦此詩》：「帝城萬堞拂朝曦，大將樓船命出師。一幅河山迎送畫，隔江
煙樹主軍旗。佳人此去成奇遇，殺敵歸來更可兒。河洛即今生浩劫，好憑撻伐
濟仁慈。」中國文人詩詞唱和的傳統此時染上了濃重的革命色彩。

　　星星之火，漸成燎原之勢，但清朝統治正所謂百尺之蟲死而不僵，竭力
做最後的掙扎，給北方的革命帶來了重重困難。白毓崑是同盟會在天津的主
要負責人之一，先是奔走於北京、天津、張家口之間，多次策劃起義，均未

〔註25〕關於胡石庵的事迹與作品出處，參照詹驍勇《警世鐘聲傳遠邇，自由花種遍
　　　　江湖——胡石庵詩淺說》（新浪博客 2011 年 3 月 30 日）與白維山《胡石庵與
　　　　大漢報》（辛亥革命網 2011 年 3 月 24 日）。

成功。在吳祿貞遇害後，他毫無畏懼，前仆後繼，1912 年 1 月 3 日（農曆辛亥年十一月十五日）在灤州發動起義，宣佈獨立，成立北方軍政府，推王金銘爲都督，白毓崑任參謀長。但是，外有袁世凱爪牙破壞，內有蛀蟲出賣，使革命軍遭到鎮壓，王金銘、施從雲等先後犧牲，白毓崑化妝出走，未能脫身，被捕殉難。1912 年 1 月，白毓崑就義前做《絕命詩》表達出對革命事業的堅定信念：「慷慨吞胡羯，捨南就北難。革命當流血，成功總在天。身同草木朽，魂隨日月旋。耿耿此心志，仰望白雲間。悠悠我心憂，蒼天不見憐。希望後起者，同志氣相連。此身雖死了，主義永流傳。」灤州獨立時擔任起義軍敢死隊隊長的熊朝霖，英勇抵抗清軍的反撲，不幸被俘。就義前，他也留下《絕命詩》：「夷禍紛紛愧伯才，天荒地老實堪哀。須知世界文明價，盡是英雄血換來。」「男兒死耳果何悲，斷體焚身任所爲！寄語同胞須努力，燕然早建蕩夷碑。」英雄視死如歸，氣貫長虹。

　　自興中會成立以來，革命黨人推翻清朝統治的武裝鬥爭，除了武裝起義之外，還有暗殺。暗殺固然有成功的時候，也確有震懾力，但是，成功的幾率並不高，反而給革命黨人帶來損兵折將的重要損失。革命黨內部有人意識到暗殺的兩面性，林天羽就曾作《失題》對暗殺手段做了反省：「吾儕既救國，捨身殉主義。豈惟有生艱，一死亦不易。生固我所欲，死亦安得避！生死了不關，期於事有濟。頗傷我同類，一奮矜血氣。狙擊復暗殺，前仆後者繼。究其所結果，不與自殺異。此輩寧盡誅，徒令喪壯士。我今語同志，幡然變大計。古今英偉人，其妙在任智。宣尼訓好謀，孟子譏疾視。庶幾捐小勇，可以集大事。」林天羽主張改換鬥爭方式，是爲「任智」「集大事」著想，其本人並非貪生怕死之流。1906 年他曾參加湖南醴瀏起義，失敗後逃亡海外。武昌首義後，他積極回應，1912 年 1 月在山西兵敗犧牲。暗殺雖然要付出沉重的代價，有時也實在不得不冒此風險。辛亥革命期間，武裝起義如火如荼，間或也有暗殺行動。革命黨人黃之萌看出袁世凱兩面派嘴臉掩藏著野心，決心與戰友一道除掉這個禍根。1912 年 1 月 16 日晨，黃之萌等十八人埋伏在東安市場附近，等袁世凱下朝路過時，向其乘坐的馬車投擲炸彈，惜僅有衛士死傷，而袁世凱竟然逃過一劫。黃之萌被捕遇害。作絕命詩：「朔風砭骨不知寒，幾次同心是共甘。在昔頭皮拼著撞，而今血影散成斑。天悲卻爲中原鹿，友死猶存建衛蠻。紅點濺飛花滿地，層層留與後人看。」辛亥革命是雙重革命——種族革命與民主革命，種族革命以多民族之共和取代滿族一族的獨

斷，以民主政體取代專制政體。革命初期，種族革命色彩鮮明，愈往後，民主革命的色彩愈強烈。辛亥革命先驅者的激情之作，因鮮血澆灌而分外耀眼。

辛亥革命前驅者的文學書寫，不僅有詩詞、聯語、書信、演講、戰地通訊、時事評論乃至帶有感情與文采的公文，而且有革命之後的歷史著述，如胡石菴的《湖北革命實見記》，容量最大者當屬馮自由的《中華民國開國前革命史》與《革命逸史》〔註26〕。馮自由14歲時即隨父親馮鏡如一同加入興中會，追隨孫中山從事革命，後成為同盟會首批會員。他參與多次起義活動與三民主義理論建構及民國初期建設，對辛亥革命史了然於心。其著述披露了大量珍貴的歷史資料，勾勒出辛亥革命的前因後果、一波三折的歷史進程，呈現出中心地區與邊地及海外華人，武裝鬥爭與媒體宣傳、文化鼓動的革命全景。馮自由視野開闊，歷史脈絡與整個形勢大處著眼，勾勒清晰；但又有一副細膩的筆觸，栩栩如生地描繪出革命中的奇詭情境與革命黨人的豐富性格，如《女醫士張竹君》在刻畫張竹君的傳奇經歷與卓絕性格時，也描述了武昌首義後黃興之所以能夠通過清軍的封鎖線、到前線擔任革命軍前敵總司令，全賴張竹君以組織紅十字救傷隊為名，讓黃興夫婦喬裝隊員與看護婦，才抵達漢口。再如《湖南都督焦達峰》寫革命黨人為籌革命經費，竟動念盜取蘄州洗馬坡達城廟供奉的金菩薩，終因寺僧看護甚嚴、鳴鑼報警而未能如願。武昌革命軍突起，焦達峰在湘舉事回應，被公推為軍政府大都督，力辭未成，就任。派出生力軍支援武漢。君憲黨製造散佈謠言，煽動擠兌風潮，詭請都督親往彈壓，先殺害前往查處的副都督陳作新，繼而變兵殺進都督府，焦達峰從容應對，勸慰變兵「諸君幸勿擾亂秩序」，結果慘遭刺死，年僅25歲。「民元孫大總統追贈達峰大將軍，其後章太炎為作贊曰：達峰年少蹶起，義屈元耆；而其言卒中，智勇仁疆，實出儕輩上，故能平行湘漢，制其縮轂，粲然為義師樹標，盛哉。」〔註27〕

三、辛亥革命複雜性的如實表現

辛亥革命乃大勢所趨，各種力量參與其中，有旗幟鮮明的同盟會員與贊同革命的新軍，也有態度曖昧的立憲黨人，還有民間會黨與為革命所感召的

〔註26〕馮自由《革命逸史》有民國版、臺灣商務版、中華書局版，本章據新星出版社2009年1月版上中下三卷本。

〔註27〕馮自由：《革命逸史》上，第363～364頁。

各界民眾，成分複雜，關係錯綜，有聯合，也有隔閡與紛爭；敵對陣營有江河日下的頹勢，也有垂死掙扎的頑固，因而革命歷程一波三折，險象環生。馮自由的歷史敘事以冷峻的筆觸，通過大量史料呈現出辛亥革命的複雜性。

　　如《革命逸史》中卷裏的《辛亥革命貴州光復紀實》寫道，早在同盟會成立之初，貴州的留日學生就有人黨參與革命者，而後，一直在貴州軍界、警界、學界與會黨中發展組織，蓄勢待發。貴陽光復後，「各府縣謠言百出，人心惶駭」，張百麟等黨人極力調和黨見，平其爭端。「郎岱廳屬扁坦山夷人十數萬聞軍政府號稱大漢，因起種族誤會，有暴動消息。百麟乃領社員深入其巢，招致酋長，宣導德義，夷族之反側以安。」這種對辛亥革命中邊地民族關係的敘述十分難得，頗具歷史價值。革命黨人以誠待人，不想君憲派暗中作祟，以重金賄買軍人，刺殺黃澤霖，煽動哥老會謀亂暴動，逼走張百麟、陳永錫。又派人赴滇造謠構陷，欺騙都督蔡鍔派兵襲貴，屠殺革命黨人與光復有功者。「君憲黨遂與滇省客軍互相利用，朋比為奸，黔人備受苛政慘無天日者十餘載。直至國民革命統一全國，黔人始漸脫離君憲黨之桎梏。」〔註28〕貴州首義發難者楊樹青先發制人，冒死發難。且有勇有謀：「初，新軍老兵見疑於巡撫沈瑜慶，調防仁懷長寨等處。留省者皆新兵，程度低下，未易以大義感化。樹青從友人假得銀塊多枚，時出摩挲。眾詢所自來，以革命黨酬報對，眾涎之。樹青乃與約，若聽我指揮，有利益當同享。以故新兵附從樹青者尤夥云。」但是，為君憲黨所不容，當樹青援川、彈壓重慶暴動，又率兵討平資州匪亂，軍律嚴整，為資州人所稱頌。君憲黨派人說「君起義首功，且援川有名，相待決無惡意」，然而，楊樹青回到貴陽，即被褫奪兵權，委以軍警局諜察科科長，入局之夕，即被殘忍殺害，肢裂數十段，埋在局後荒園中。殉難時，年僅二十一歲。在馮自由的筆下，人物性格栩栩如生，結局凸顯出悲劇色彩。貴州革命黨人自治學社社長鍾昌祚、軍政府代都督趙德全、巡防營總統黃澤霖遇害經過也在冷峻的描寫中蘊含著壓抑的悲憤，呈現出革命的磨難。〔註29〕關於廣州總兵兼全省水師提督李準的描述也見得出革命的複雜。李準曾經多次鎮壓起義，黨人恨之入骨。但是，武昌革命軍起，各省群起回應，李準看出清朝氣數已到，便「思緩和革命黨人之仇視，時向黨人暗送秋波」，得到黨人確保其生命財產的允諾後，集中艦隊於省河，脅

〔註28〕馮自由：《革命逸史》中，第778～782頁。
〔註29〕馮自由：《革命逸史》中，第783～790頁。

逼粵督張鳴岐反正，又約統制龍濟光參加義舉，得到回應，農曆九月十九日晨，李準下令軍艦炮臺改懸民國國旗，尚懷觀望的張鳴岐不得不倉皇離粵。同盟會所屬民軍首領雖能夠不念舊惡，但是，其他系統的民軍統領仍多宣言必爲死友復仇，且有運動李準部下伺機暗殺者。李準不得不悄然赴港。〔註30〕

在辛亥革命的進程中，四川保路運動具有不容忽略的重要意義。朱德作爲辛亥革命的參加者，在《辛亥革命雜詠》中吟頌道：「群眾爭修鐵路權，志同道合會全川。排山倒海人民力，引起中華革命先。」〔註31〕如果說此前的十幾次起義、尤其是黃花崗起義爲辛亥革命填足了炸藥的話，那麼可以說四川保路運動是點燃了辛亥革命的導火索。對四川保路運動表現得最爲眞切也最爲全面的，當屬李劼人的長篇小說《大波》。親歷過辛亥革命的李劼人雖未完成以辛亥革命爲中點、前後各分三小段、描繪現代歷史進程的全部計劃，但辛亥革命前的三個階段的歷史描寫通過《死水微瀾》（上海中華書局 1936 年 7 月初版）、《暴風雨前》（上海中華書局 1936 年 12 月初版）與《大波》（上、中、下卷，上海中華書局 1937 年 1、4、7 月）基本完成。其中《大波》〔註32〕對保路運動的描寫十分成功，藉此也能見出整個辛亥革命的必然性與複雜性。

描寫 1901 年至 1909 年歷史風雲的《暴風雨前》已經預示出山雨欲來風滿樓的緊張態勢。《大波》接下來描寫了辛亥時期川江上下的歷史巨瀾：保路同志會宣告成立，罷市罷課，省諮議局正副議長蒲殿俊、羅綸等六人被拘，四川總督衙門前發生槍殺和平請願群眾的「開紅山」血案，革命黨人發「水電報」傳播消息，同志軍、學生軍揭竿而起，龍泉驛兵變，三渡水陳錦江部慘遭屠殺，重慶反正，湖北新軍起義殺死欽命接替總督大任的端方，趙爾豐假獨立，東校場點兵發餉銀時巡防軍嘩變，洗劫省城，少壯派川籍軍官尹昌衡乘機奪權，改組軍政府，自任都督，成立四川軍政府……四川從保路風潮初興到同志軍風起雲湧、再到革命結出果實的歷史進程，及其對武昌首義所起的契機作用，被眞實清晰地再現出來。在這一歷史演進中，立憲黨人、革

〔註30〕馮自由：《革命逸史》中，第 790 頁。
〔註31〕《人民日報》1961 年 10 月 10 日。
〔註32〕本文所論《大波》據作家出版社 1962、1963 年修訂本，儘管修訂本有些人物的性格失去了原有的豐富性，諸如開會之類的社會場景的描寫在藝術性上仍有欠缺，但由於作者又下了大量的資料調查功夫，加上歷史認識的深化等緣故，從整體看來，歷史的視野更爲廣闊，對歷史的反映更爲眞實，對歷史脈絡的把握也更爲準確。出自初版本的將在注釋中說明。

命黨人等各種政治力量的矛盾衝突與相依相生，革命黨與袍哥對軍事力量的滲透與爭取，同志軍、團防、義軍，陸軍、巡防軍等多種軍事力量的分化、重組、聯合或衝突，官場上的爾虞我詐、勾心鬥角，滿清官吏在四面楚歌之際的垂死掙扎，各種社會關係犬牙交錯的複雜局面，不同社會力量在歷史舞臺的登場表現，都得到相當充分的展示。

歷史在這裡，呈現出接近原生相的豐富性，也就是說，沒有為教科書式的揭示必然性而忽略偶然性的事件，而是如實地表現出當社會怨憤積累到一定程度，只要一點火星的偶然迸發就能引起燎原大火。彭縣風潮的發生，其導火索緣於營務處總辦的女兒田小姐的妖冶招搖。田小姐是兩任總督太太的乾女兒，又是兩個總督公子的相好。她在把一個制臺衙門攪成一塘混水後，尊乾媽之命嫁給一個光杆候補知縣，於是那候補知縣被派到彭縣得了個經徵局局長的肥差。風流成性的田小姐在彭縣土地會看戲時，故意在看臺上扭來扭去，被一些人當作監視戶（妓女），要她陪酒燒鴉片，局長命局丁開槍，激怒百姓，上千人衝進經徵局，見人就打，見東西就搶，搶不走的砸得稀爛。新繁縣知縣余愼在步出衙門要上街巡查時，忽聞一聲震耳爆響，循聲逮到一個約摸十二歲的又髒又爛的放爆竹惡作劇的娃娃，知縣不願在一個調皮娃娃面前失去威風，命人用刑，打得皮開肉綻，一個當地袍哥的舵把子挺身而出，知縣要把他拿進衙門去重辦，結果激起民變，百姓跟著袍哥一起動手，打跑了官吏，索性擡出了同志軍的招牌，趁勢招兵買馬，霸佔了城池。敘事者評論說：「新繁縣的亂子，幾乎同好多州縣的亂子一樣，都是由於一二樁小事情鬧起來的。」作品在偶然性事件的生動描寫中，揭示了從保路到革命的歷史必然性，也寫出了個體由於共同或相近的利益要求，怎樣由自發無為的行動彙成洶湧澎湃的時代激流。作品中的人物王文炳對立憲派召開的市民大會的感受，就是一個象徵：「大家坐在一堂，你一言，我一語，三下兩下，人的話就變成了一股風。風一起，人的感情就潮動了。風是越來越大，潮是越動越高。於是潮頭一卷，……連自己也不知不覺隨波逐流起來」。

保路風潮有旗幟鮮明的進擊，也有不無狡點的策略，譬如所謂「郭烈士」跳井的「壯舉」，就是「借雞下蛋」式的變形張揚。四川提法使江毓昌開辦了一所法官養成所，各州縣遵命保送人員竟達千餘人，引起司法學堂方面的抗議，向諮議局彈劾。新任提法使周善培要搞甄別考試，32 歲的秀才郭煥文因擔心自己被篩選下來而憂心忡忡，再加上在周善培點名接見時，他從門旁缺

口爬進去，受到周善培一頓尖酸刻薄的譏刺，便患上了被迫害狂，不管白天黑夜，老是找同鄉重複他的執見：賣國的奸臣盛宣懷與賣川的奸臣周善培勾結起來，就只爲了害他一個人。他一連兩三天沒吃過東西，兩三夜沒上床睡過覺，在考試前一夜鬧得格外屬害，跑遍每個同鄉的房間，嘴裏不停地吵著。兩天後在井裏發現了他的屍體。爲了擴大宣傳的聲勢，學生在傳單上說他是爲了愛國而死，還煞有介事地編出一段烈士殉難的動人故事：「郭君聞盛宣懷賣路事，憤極大病。二十八夜，出大廳哭且呼曰，吾輩今處亡國時代，幸我蜀同志諸君具熱忱，力爭破約保路！但恐龍頭蛇尾，吾當先死，以堅諸同志之志！」此計果然奏效，使原本對國事川事不感興趣的一些市民被深深打動，也都情緒亢奮地投身到風潮中去。

作品沒有一味渲染革命的勢如破竹，而是尊重歷史，還原歷史，眞實地表現革命過程中的波折與盲目。如龍泉驛兵變，一般記載說是出於夏之時有計劃的領導，而據作者的深入調查與研究，認爲「也衹是因緣湊合，並非出於夏之時的預定計劃」〔註33〕。於是描寫了這一人物不期然而然地被推上了英雄位置的歷史實情，以及他在緊要關頭的惶惑與振作。立憲黨人與革命黨人在推進中國近代化的進程中，有矛盾衝突，也有攜手共進，不少歷史著作與文學作品在突出革命黨人作用的同時，往往貶低立憲黨人的影響，李劼人在《大波》裏，本著歷史主義的態度，如實反映兩種力量在歷史上的作用。肯定了立憲黨人順應民心、體察民意、發動並領導保路運動的功績，也對其幼稚與軟弱有所批判，如東校場發餉銀激起兵變，就與立憲黨人有著直接的關聯。對四川革命黨人也沒有去刻意拔高，而是既寫出他們的勇敢無畏精神，又寫出他們的「一盤散沙」與準備不足、倉促上陣。

《大波》充分揭示了從保路風潮到辛亥革命的正義性，也沒有迴避革命過程中常常不甘缺席的殘酷性。譬如陳錦江遇害事件，有些回憶錄和歷史著作把這件事說成是同志軍的戰績，宣揚「伏兵一齊突出，清軍投江和被擊斃者八九十人，軍官全被打死，無一幸存」，「革命聲威從此大振」〔註34〕。李劼人則在下了一番紮紮實實的調查功夫之後，再現出歷史的眞實。六十八標督隊官陳錦江率領陸軍第十七鎮第三十四協第六十七標第一營第二隊 130 餘

〔註33〕《〈大波〉第三部書後》，作家出版社 1963 年版。
〔註34〕轉引自李士文：《李劼人的生平和創作》，四川省社會科學院出版社 1986 年版，第 240 頁。

名官兵，和四百多名腳夫，運送四十萬顆子彈，前往崇慶州接濟被同志軍圍困的官軍，渡過一條大河之後，剛要整隊前行，便傳來了一片驚人的過山號聲與倒海翻江的呼嘯聲。陳錦江急忙亮出自己的革命黨身份，向襲來的同志軍提出「和平交涉」，對方要其投降，陳錦江以保全全隊生命、然後一道攻打趙爾豐爲條件，率隊繳械投降。同志軍首領孫澤沛卻爲了獲取武器裝備與炫耀「戰果」而背信棄義，並且在明知陳錦江的革命黨人身份的情況下，大開殺戒。作品渲染了三渡水河岸邊那幅殘酷的景象：「三株老黃桷樹的四周，幾乎遍地都是用馬刀，用腰刀，用各種刀，斫得血骨令當的死屍。絕大多數的死屍都被剝光衣服，有的尚穿著黃咔嘰布的軍褲，有的卻是把褲腳拽到腿彎上的大褲管藍布褲。而且都是用各種找得到的繩子——麻的、棕的、裹腿布一破兩開扭成的，把兩隻手臂結結實實反縛在背上。就這樣，也看得出臨死時的那種掙扎鬥爭痕跡。因爲每個死屍都不是一刀喪命的，從致命的腦殼、肚腹、兩協、腰眼這些地方，無一具死屍不可數出十幾處刀傷，或者梭鏢戳的窟窿。因此，流的血也多，到處都看得出一窪一窪尚未凝結的鮮紅的人血。」瘋狂的殺戮之中，五十多名挑子彈匣和挑行李的精壯民夫一併罹難。甚至同志軍中的馮繼祖，也被殺得眼紅的自家人兩刀斫死。新軍中的革命黨人姜登選等，奉命進攻新津，本想虛應其事，以佯攻援助同志軍，但因陳錦江及所部遇害激起義憤，猛烈攻擊，攻陷了新津城，使同志軍遭受了本來可以避免的損失。敘事者以陳部橫遭屠戮的慘象與新津的戰局，揭露孫澤沛的兇狠殘暴與目光短淺尚嫌不夠，還借學生彭家騏之口，直指「草莽英雄」之流的要害說：「孫澤沛、吳慶熙這般袍哥，到底不是革命黨。所以這般人要是得了勢，當然不會有啥子文明舉動的。」

初版本對武裝起義的評價偏於冷靜：「全川的亂事，誠然以爭路事件做了火藥，以七月十五日逮捕蒲、羅事件做了信管，但是在新津攻下的前後，變亂性質業已漸漸變爲與爭路與蒲、羅不大有關的匪亂……及至武昌舉義，自太陽曆十月十日、太陰曆七月十九之後，革命消息傳將進來，四川亂事的性質，又爲之一變。這一變就太複雜了，仔細分析起來：正宗革命者，占十分之一；不滿現狀而想藉此打破，另外來一個的，占十分之一；趁火打劫，學一套成則爲王、敗則爲寇的舊把戲的，占十分之二；一切不顧，祇是爲反對趙爾豐，並無別的宗旨的，占十分之二；純粹是土匪，其志只在打家劫舍，而無絲毫別的妄念的，占十分之三；天性喜歡混亂，唯恐天下太平，而於人

於己全無半點好處的，又占十分之一。」新版本對這種略嫌消極性的分析做了消減，但對革命的複雜局面的分析性描寫仍有保留與發展，反映了當時客觀存在的假革命之名、行利己之實的情形。那邊同志軍正與官府的巡防軍苦戰之際，卻也有「一些流氓痞子便乘機而起，公然宣稱為同志軍借糧借餉，挨家挨戶地搜米派款，一次未了，二次又來，把一般二簸簸糧戶嚇得都朝省城內搬。」有些鄉鎮先前潛伏的袍哥公開亮相，奪得了當地的事權，一時間地方秩序大亂，「賭博不消說是公開了；看看快要禁絕的鴉片煙，也把紅燈煙館恢復起來；本已隱藏了的私娼，也公然打扮得妖妖嬈嬈招搖過市」。即便是同志軍，也是魚龍混雜，周興武就不是真正的同志軍，而是棒老二。他本是威遠一帶出名的渾水袍哥大爺，平日就派出弟兄四處搶劫，提起他來，無論是住家人戶，還是行商坐賈，抑或地方紳糧，各個害怕。七月十五以後，他忽然打出同志軍旗號，人們希望他改邪歸正，反對趙爾豐。於是，大家都盡力支援他，出錢出糧出人。可是，隊伍擴大、錢糧備足之後，他卻不肯同趙爾豐的巡防軍打仗，甚至更其明目張膽地幹著他那打家劫舍、橫不講理的勾當。忠於趙爾豐的巡防軍趁著蒲都督發放餉銀之機，驟然兵變。半天一夜的暴動，使得成都面貌全非。十一營巡防軍帶頭嘩變，四營才由雅洲開到不久的邊防軍繼起嘩變，跟著嘩變的還有幾營陸軍、千餘名武裝巡警、治安警察。消防隊、衙門差役和散住在各廟宇、各公共場所的同志軍，也有不少人捲入了這場風暴。一夥游手好閒、掌紅吃黑、茶坊出、酒館進、打條騙人、專撿魁頭的流痞和哥老會的弟兄，也像嗅到腥氣的蒼蠅，成群結隊地湧到藩庫，前去「沾光」的還有難以數記的窮苦人，男女老少，甚至連一些疲癃殘疾和臥病在床的男女，也帶起寧可不要命的架勢，拖著兩腿爬了起來。暴動後首先遭殃的，是幾家新式銀行及三十七家銀號、捐號和票號。遭殃最烈的，是藩庫與鹽庫，被搶得精光，分別損失五百多萬元、二百萬元，連同各銀行、銀號、捐號、票號，公私共損失的現金，達八百多萬元，還不計入十餘家金號的金葉子、金條子、金錠子，以及正待熔鑄的若干袋沙金。遭殃輕重不等的，還有十多條繁華街道上的商家。接著從繁華街道擴展到尋常街道，從商號擴展到大公館、大住宅，及至搶到當鋪，才算登峰造極。與搶者有積怨的公館，損失更慘，能拿走的，一件不留，不能拿走的，如穿衣鏡、楠木傢具等，便用石頭砸碎，用馬刀斫破，連壁上懸掛的時賢字畫，也撕成碎片。藩庫和十來家當鋪的火光照紅了天空。作品描寫了半天整夜的兵變與洗劫給這

個歷史上素有富庶安樂之稱的錦官城的慘樣，其意義遠遠超出了對嘩變軍隊及其背後的腐敗官僚集團的抨擊，而且寓含著對歷史根源與現實基礎十分深厚的盲目暴亂的清算。

《大波》也包容著豐富的心理內涵。當保路風潮乍起時，同志會通知每家須在門首顯著處供奉先皇牌位，後來幾百個平民百姓聚到總督衙門口去請願，每個人都拿著一片黃紙──各家貼在鋪門上的先皇牌位。這一帶有地方色彩的奇特舉措，暴露出民眾心理深層還保留著怎樣的愚昧。當初滿清統治者以殺頭（「留髮不留頭，留頭不留髮」）爲要挾，在製造了無數因不從滿俗而人頭落地的慘劇之後，使男人留起了辮子（四川俗稱帽根兒）。這種習俗一旦形成，便與保守、因襲的傳統心理發生了粘合作用，變得相當固著，留學生歸國以後爲了生活的方便與生存的安全，不得不裝上了假辮子。辛亥革命發生之後，一部分學生率先剪去了帽根兒，還要受到一般民眾的驚異甚至嘲笑。就連對革命拍手稱快的製傘鋪主傅隆盛，儘管知道帽根兒早晚都要剪，但「覺得在自己身上生長了六十幾年的東西，一下把它去掉，雖然不癢不痛，但心上總有點不大自在」，所以還是「想等大家都剪掉了，再剪不遲」。爲了能進皇城開會，聰明的傅隆盛想出了一個萬全之策──拿簪子把帽根兒別在腦頂上，用帽子一扣。這很像《阿Q正傳》裏未莊人的「聰明」之舉，也許他們的動機並不完全相同，但保守這一點則別無二致。社會的進步從來都是伴隨著風俗的演化與心理的變革，並且後者往往更爲艱難與緩慢，因而，李劼人在大幅度地展開社會場景與風俗場景的同時，也探入了幽深曲折的心理場景。

四、從革命排滿到五族共和

辛亥革命的早期，帶有濃鬱的種族革命色彩，隨著革命的演進，排滿的成分漸漸弱化，五族共和終成革命黨乃至全民族的共識。

早在 1893 年冬，孫中山在廣州與陸皓東、鄭士良等友人聚談時，便即席提出籌組興中會，以「驅除韃虜，恢復華夏」爲宗旨。1894 年 11 月，興中會在檀香山正式創立，「驅除韃虜，恢復中國，創立合眾政府」作爲入會後必須信守不渝的奮鬥目標，列進入會誓詞〔註35〕。1904 年 11 月在長沙成立的華興會，也提出「驅除韃虜，復興中華」，作爲掩護的「華興公司」還

〔註35〕參照章開沅　林增平主編《辛亥革命史》（上），東方出版中心 2010 年 2 月第
　　　　1 版，第 53～59 頁。

提出了兩句口號：「同心撲滿，當面算清。」生意經隱含著撲滅滿清的革命內涵〔註36〕。1904年成立於上海的光復會，誓詞爲：「光復漢族，還我山河，以身許國，功成身退。」1905年成立於東京的同盟會，「以驅除韃虜，恢復中華，創立民國，平均地權」爲宗旨。革命黨人的宣傳中，「革命」與「排滿」、「仇滿」、「復仇」緊相依傍。印書館印行的書籍有《陸沉叢書》、《蕩虜叢書》（1903年）。1909年，清廷改元宣統。香港《中國日報》所刊己酉（1909年）之月份牌附聯曰：「漢家何日重頒曆；滿族於今又改元。」「是年春清攝政王載灃重用滿宗室良弼、舒清阿、鳳山等，屬行排漢政策，時《中國日報》特向閱者徵聯求教。聯首爲『未離乳臭先排漢』」，「海內外應徵者極形踴躍，統計所收對聯在十萬以上」。如「將到毛長又剪清」、「橫掃膻腥獨立旗」、「一洗辮汙大革新」等。緬甸仰光《光華日報》亦徵聯曰：「攝政王興，攝政王亡，建虜興亡兩攝政。」應者冠軍聯爲：「驅胡者豪，驅胡者傑，漢家豪傑再驅胡。」〔註37〕魯迅1925年在《雜憶》裏回憶說，「時當清的末年，在一部分中國青年的心中，革命思潮正盛，凡有叫喊復仇和反抗的，便容易惹起感應。」因而翻譯介紹較多的有援助希臘獨立的拜倫，還有波蘭的復仇詩人密茨凱維支、匈牙利的愛國詩人裴多菲，被西班牙政府所殺的菲律賓文人黎沙路；「別有一部分人，則專意搜集明末遺民的著作，滿人殘暴的記錄，鑽在東京或其他的圖書館裏，抄寫出來，印了，輸入中國，希望使忘卻的舊恨復活，助革命成功。於是《揚州十日記》，《嘉定屠城記略》，《朱舜水集》，《張蒼水集》都翻印了」。「儻說影響，則別的千言萬語，大概都抵不過淺近直截的『革命軍馬前卒鄒容』所做的《革命軍》。」〔註38〕吳玉章後來在《紀念鄒容烈士》一詩中吟誦道：「少年壯志掃胡塵，叱吒風雲《革命軍》。號角一聲驚睡夢，英雄四起挽沉淪……」鄒容的《革命軍》（1903年）在闡述革命的正義性、必要性的同時，也主張「革命必剖清人種」。革命初期，之所以有強烈的種族革命色彩。是因爲在一般民眾心理上，傳統的夷夏之辨還占

〔註36〕原出黃一歐《回憶先君克強先生》，《辛亥革命回憶錄》第1集，中華書局1961年版，第609頁，參照張憲文等著《中華民國史》第1卷，南京大學出版社2005年第1版，第59～60頁。

〔註37〕馮自由：《〈中國日報〉徵聯之大觀》，《革命逸史》上，新星出版社2009年第1版，第142頁。

〔註38〕魯迅：《雜憶》，初刊《莽原》周刊第9期，1925年6月19日，收《魯迅全集》第1卷，1981年版，第221頁。

相當分量，天下意識不讓於國家意識，種族革命的口號易於鼓動人心。譬如
《阿 Q 正傳》裏，辛亥革命爆發後，紹興府宣佈光復的農曆辛亥九月十四
日，未莊關於革命黨的傳說就是「個個白盔白甲：穿著崇正皇帝的素」（「崇
正」為未莊人對「崇禎」的訛稱）。見到革命使得百里聞名的舉人老爺害怕，
阿 Q 便不免有些神往起來，但他躺在土谷祠半睡半醒時的想像裏，也是「來
了一陣白盔白甲的革命黨，都拿著板刀，鋼鞭，炸彈，洋炮，三尖兩刃刀，
鉤鐮槍，走過土谷祠，叫道，『阿 Q！同去同去！』於是一同去。……」趙
家遭搶之夜，阿 Q 去趙家打探，「仔細的聽，似乎有些嚷嚷，又仔細的看，
似乎許多白盔白甲的人，絡繹的將箱子攛出了，器具攛出了，秀才娘子的寧
式床也攛出了，但是不分明」。「這一夜沒有月，未莊在黑暗裏很寂靜」，搶
趙家的強盜是否真穿戴著白盔白甲，很難說，大概是阿 Q 的想像成分居多，
直到他摸黑回到更漆黑的土谷祠，躺了好一會，還在為「白盔白甲的人明明
到了，並不來打招呼」而忿忿不平。反清復明曾經一再被作為反抗清廷的動
員口號，白盔白甲成為種族革命的象徵。

　　但是，反滿主要是因為國家在滿清手裏日益衰敗、屢被列強侵奪，已經
瀕臨亡國的邊緣，反滿歸根結底是為了整個中國的救亡圖存。種族革命與維
護國體的矛盾從開始就已存在。1903 年問世的《革命軍》與陳天華的《猛
回頭》、《警世鐘》，既鼓吹種族革命，也指向民主共和，還有強調救亡圖存
的《瓜分慘禍預言記》。《光復軍告示》稱：「誓掃妖氛，重建新國，圖共和
之幸福，報往日之深仇。」1904 年檀香山會上通過的《興中會章程》說「中
國積弱非一日矣！上則因循苟且，粉飾虛張；下則蒙昧無知，鮮能遠慮。近
之辱國喪師，蠶藩壓境。堂堂華夏，不齒於鄰邦，文物冠裳，被輕於異族。……
是會之設，專為振興中華，維持國體起見……」章程裏面，維持國體、振興
中華的主旨十分鮮明，「異族」指的顯然是鄰邦，但是，因為「庸奴誤國」，
所以「誓詞」裏蔑稱其為「韃虜」，要加以「驅除」。所謂「驅除」，並非要
驅除出境，而是驅除出皇位，進而連同皇權一道驅除，創立共和國體、民主
政府。

　　同盟會成立時，雖然入會誓詞裏「韃虜」與「中華」是對舉的，但孫中
山反對把組織的名稱定為「對滿同盟會」，他指出：「我們革命的理由是因為
滿洲政府的腐敗。如有同情我們的滿人，應當允許其入黨。」〔註39〕到 1906

〔註39〕吳雁南等主編《清末社會思潮》，福建人民出版社 1992 年版，第 189 頁，轉

年，孫中山在《民報》創刊周年紀念會上指出：「民族主義，並非是遇著不同種族的人，便要排斥他。」後來，這種思想發展爲漢、滿、蒙、回、藏「五族共和」、「五族平等」的政治主張。中華民族素有倡導以德報怨的傳統，各地在光復的過程中，除了西安、福州等個別地方有報復性的殺戮〔註40〕之外，大多數地方沒有不分青紅皂白地殺戮已經放下武器或根本就沒有反抗能力的滿人。四川軍政府與成都少城滿營達成和平解決的協定，避免了血腥仇殺。南京光復時，革命軍攻勢凌屬，勝利已成定局，清營張人駿、鐵良派胡令宣由雨花臺至革命軍劉統領處議和，要求四事：「一不傷人民性命，二不殺旗人，三准令張勳率所部北上，四准令張人駿鐵良北上。劉統領轉知徐總司令，徐總司令以一二四件，均可許之，惟第三件萬難應允。」〔註41〕仇殺慘劇亦得避免。魯迅在《雜憶》中以自己的見聞提供了佐證：「待到革命起來，就大體而言，復仇思想可是減退了。我想，這大半是因爲大家已經抱著成功的希望，又服了『文明』的藥，想給漢人掙一點面子，所以不再有殘酷的報復。」南京滿人駐在處一片瓦礫，然而並非「漢人大大的發揮了復仇手段」，而是聽說「革命軍一進城，旗人中間便有些人定要按古法殉難，在明的冷宮的遺址的屋子裏使火藥炸裂，以炸殺自己，恰巧一同炸死了幾個適從近旁經過的騎兵。革命軍以爲埋藏地雷反抗了，便燒了一回，可是燹餘的房子還不少。此後是他們自己動手，拆屋材出賣，先拆自己的，次拆較多的別人的，待到屋無尺材寸椽，這才大家流散，還給我們一片瓦礫場。」〔註42〕

1912 年，孫中山在《臨時大總統就職宣言》中明確指出：「國家之本，在於人民，合漢、滿、蒙、回、藏諸地爲一國，如合漢、滿、蒙、回、藏諸族爲一人，是曰民族之統一。」〔註43〕民國創立前後，關於國旗曾有多種設計，如興中會之青天白日旗，同盟會之紅藍白三色旗，潮惠革命軍之青天白日滿地紅旗，武漢義師之十八黃星旗，江蘇軍政府之五色旗，等等。民國建立後，

引自王珂《民族與國家：中國多民族統一國家思想的系譜》，中國社會科學出版社 2001 年版，第 190 頁。

〔註40〕原出尚秉和《辛壬春秋》，參照關紀新《老舍與滿族文化》，遼寧民族出版社 2008 年版，第 33 頁。

〔註41〕參照郭孝成《江蘇光復紀事》，中國史學會主編《辛亥革命》（七），上海人民出版社、上海書店出版社 2006 年版，第 16～17 頁。

〔註42〕《魯迅全集》，第 1 卷，第 頁。

〔註43〕《臨時大總統宣言書》，《臨時政府公報》第 1 號（民國元年元月 29 日）。轉引自章開沅　林增平主編《辛亥革命史》，中卷，第 479 頁。

「參議院既遷北京，為國旗方式問題，嘗發生劇烈之爭議，最後乃採納折衷派意見，議決以滬軍都督府所用紅、黃、藍、白、黑五色旗，足以代表漢、滿、蒙、回、藏五族，最為普遍，確定為中華民國國旗。」〔註 44〕雖然後來袁世凱的專制行徑令革命黨人大失所望，1913 年孫中山於東京組織中華革命黨，用青天白日滿地紅為國旗，至 1927 年 4 月 18 日南京民國政府成立，青天白日滿地紅國旗得以確認，1928 年北伐戰爭大獲全勝，中國大陸統一，青天白日滿地紅國旗在中國大陸境內取代了五色旗。但是，不能否認，在民國建立之初，五色旗的確標誌著中國革命從種族革命階段邁進了五族共和的新時代。黃興 1912 年 9 月 15 日在蒙藏統一政治改良會歡迎會上演說時也說：「此次共和告成，自武昌起義，未及百日，即已南北統一，是五大民族同心合力構造而成。就此點看來，我五族是最親愛的。第因久受專制，使蒙藏諸同胞情勢隔絕。今專制推翻，從此親愛之情可以聯絡。……現在五族一家，必思聯合進行，使我五族同立於五色旗下。」〔註 45〕民國初年的作品中，五色旗迎風招展，滿漢對立被五族共和所取代，漢族的強調讓位於中華民族的共名。如佚名借英國曲調填詞的《愛我中華》：

> 愛我中華民國，立於世界大陸，中華我國萬里河山廣漠，漢滿蒙回
> 藏族，共用平等幸福，中華我國。
> 喜我中華自由，堂堂大好神州，中華自由從公佈政優游，萬民百祿
> 是道，自由鐘聲永留，中華自由。
> 願我中華國旗，永樹東亞大地，中華國旗我今託賴上帝，共和建立
> 鴻基，五色高出雲際，中華國旗。
> 祝我中華國民，萬眾努力同心，中華國民偉大事業造成，歷史記載
> 光明，友邦相慕相欽，中華國民。〔註 46〕

自 1894 年興中會成立以來，革命黨人策動的起義經歷了一次又一次挫折，進入 1911 年，革命高潮疊起，從黃花崗起義到保路運動再到武昌首義及全國回應，辛亥革命終於創立了中國歷史乃至亞洲歷史上第一個民主共和國。辛亥革命雖然留下了慘痛的歷史教訓，但它畢竟開啓了 20 世紀中國社會革命與文

〔註44〕馮自由：《中華民國旗之歷史》，《革命逸史》上，第 28～29 頁。
〔註45〕轉引自《辛亥革命史》中卷，第 524 頁。
〔註46〕《中外學校唱歌集》，商務印書館 1914 年版，引自陳一萍編《先行者之歌——辛亥革命時期歌曲 200 首》，武漢大學出版社 2009 年第 1 版，第 22 頁。

化建設的先河。就此而言，辛亥革命烈士的鮮血沒有白流，中國近現代文化史乃至整個歷史將永遠銘記辛亥革命的開拓之功。文學為辛亥革命留下了寶貴的歷史記憶，我們應該珍惜這份歷史遺產。

第二章　現代文學與民國史視角 [註1]

　　中國現代文學，是在民國的歷史時空中發生發展的。無論是對現代文學史的梳理，還是對作家作品的解讀，都應當引入民國史的視角，予以民國文學生態環境、生態結構與生態要素的還原。但是，在很長時間裏，現代文學的歷史敘述卻自覺不自覺地迴避或排斥民國。現代文學的內容剛剛進入歷史敘述時，因爲屬於「現在進行時」，還沒有正式的名分。胡適 1922 年所作《五十年來中國之文學》，陳子展 1929 的《中國近代文學之變遷》、1930 年的《最近三十年中國文學史》，都是把新興文學附在歷史流脈的末端。從 1932 年開始，「新文學」成爲周作人的《中國新文學的源流》、王哲甫的《中國新文學運動史》、伍啓元的《中國新文化運動概觀》等文學史著述的醒目標誌，而民國則成了毋需特別標明的常識。等到中華人民共和國成立，初名爲「中國新文學史」的現代文學學科正式創建，又把民國視爲過往的歷史〔。註2〕按說要對現代文學的歷史進行研究與敘述，理當正視民國史背景。但是，在長達半個多世紀的學科史上，民國彷彿一個幽靈，要麼隱身不見，要麼妖形怪狀，結果現代文學的歷史敘述出現了一些愧對歷史的空白與扭曲。究其原因，自然不止一二，主要的恐怕是在於人們的意念中把國家等同於政府，正視民國史似乎意味著認同被推翻了的民國政府，於是，避之唯恐不及，哪個人還會

〔註 1〕　作者自 2006 年起以民國史視角考察現代文學，第一篇論文爲《從民國史的視角看魯迅》，載《廣東社會科學》2006 年第 4 期：第二篇論文爲《現代文學的歷史還原與民國史視角》，載《湖南社會科學》2010 年第 1 期，其增訂稿收《2010年海峽兩岸華文文學學術研討會論文選集》，（臺灣）秀威公司 2010 年 9 月版。
〔註 2〕　國民黨退守臺灣，雖然沿用「民國」之名，但其政府實際上只是一個特殊的地方政權。

斗膽以民國史視角來闡釋與敘述現代文學。

然而，政府祇是國家主權的代表，並不能涵蓋國家政治、經濟、文化、教育等全部社會生活，一個政權的最終敗亡也並不意味著它由始至終一無是處，民國在中國社會文化的現代化轉型中所起的作用，在抵禦外敵侵略、捍衛國家民族的戰爭中的功績，是不應也無法抹殺的。民國不單是一個充滿坎坷的歷史時期，更是一種具有「民國機制」〔註3〕的國家形態。事實上，民國的政治、法律制度，民國的經濟、教育、新聞出版等，給文學發展提供了動力與舞臺，正是在民國的社會文化生態環境中，才生長出生機勃勃的現代文學，作家的生存方式與作品的內蘊外型，無不折射出民國的要素。在現代文學研究與敘述中引入民國史視角，絕非為敗走之政府召喚遊魂，而是為了還原現代文學的真實面貌、歷史脈絡與豐富內涵。

一、民國文學的生態環境

1912 年 1 月 1 日起，南京臨時政府改用西曆，《臨時大總統改曆改元通電》宣佈：「以皇帝紀元四千六百九年十一月十三日，為中華民國元年元旦。」在傳統社會，曆法是作為天子與上天聯繫的重要標識，每逢改朝換代都要重新頒定年號，計算曆法，稍有差池，承辦者將有殺頭之禍。這次改曆改元同有史以來的任何一次截然不同，以擁有五千年文明史的堂堂中國，竟然放棄老例，認同西曆，這反映出皇帝專制的徹底坍臺，傳統文化向現代的全面過渡與轉化。南社詩人蔣信在除夕夜賦詩《餞除》中就熱情歌頌道：「留得統曆編推表，喜聽雄雞唱曉天。」的確，改曆改元是一個信號，也是一個象徵，民國自初年起便出現了很多新的社會文化景觀。

民國史若以政府為標誌，大致可以劃分為三個階段：一是南京臨時政府階段（1912 年 1 月～1912 年 3 月），二是北洋政府階段（1912 年 4 月～1928 年 6 月），三是南京政府階段（1927 年 4 月 18 日～1949 年 9 月 30 日）。〔註4〕無論民國存在著多少缺陷，也無論三個階段的政府存在著怎樣的稚嫩、弊端、甚至是致命傷，但是，民國畢竟是中國歷史上、也是亞洲歷史上的第一個民

〔註3〕 李怡：《「民國機制」：中國現代文學的一種闡釋框架》，《廣東社會科學》2010 年第 6 期；《從歷史命名的辨證到文化機制的發掘——我們怎樣討論中國現代文學的「民國」意義》，《文藝爭鳴》2011 年第 7 期。

〔註4〕 南京政府於 1927 年 4 月 18 日舉行成立典禮，「安國軍大元帥」張作霖於 1928 年 6 月 3 日離開北京，南京國民政府於 1928 年 6 月 15 日宣佈統一完成。

主共和國。

辛亥革命結束了二百多年的清朝帝制，而且推翻了延續兩千多年的封建皇帝專制制度。如果說辛亥革命是對民眾民主精神的最現實的啓蒙，那麼可以說民主共和制度則是社會發展的基本保障。1911 年 12 月 29 日，17 省代表，在三名候選人中投票選舉孫中山擔任中華民國臨時政府首任臨時大總統。在 1912 年 1 月 1 日舉行的臨時大總統就職典禮上，孫中山在《就職宣言書》中明確提出建國之根本方針：「國家之本，在於人民，合漢、滿、蒙、回、藏諸地爲一國，即合漢、滿、蒙、回、藏諸族爲一人。是曰民族之統一。」後述「領土之統一」、「軍政之統一」、「內政之統一」、「財政之統一」均建立在第一個統一基礎之上。翌日，各省代表會修正並頒佈《中華民國臨時政府組織大綱》，然後據此組織立法機關參議院〔註5〕。3 月 11 日頒佈的《中華民國臨時約法》又對參議院的構成、職權與議事細則等做了進一步修訂，使之趨於完善〔註6〕。雖然在民主共和建設的進程中險阻重重，不少美好的設想大打折扣，但正如胡繩所指出：「從此以後，任何違反民主的潮流，要在中國恢復帝制和建立獨裁統治的人和政治集團，都不能不遭到人民的反對而歸於失敗。」〔註7〕當袁世凱在民主共和國的招牌下，一步步加強他的獨裁統治時，有 1913 年反袁的「第二次革命」，《民國日報》也連載錢病鶴的百餘幅《老猿百態》，把袁世凱比擬爲「老猿」，揭露了袁氏專制的醜惡嘴臉。待到袁世凱於 1915 年 12 月開始使用皇帝的稱號，全國一片反對聲，使得預定在 1916 年元旦舉行的「登極大典」未敢如期舉行，而且一再推延，終於在 3 月 23 日自行宣佈撤消帝制。所謂舉國一致擁戴帝制的「民意」，不過是袁氏父子以及企圖沾光者自欺欺人的把戲，他們誤以爲只要龍袍加身，就會自然得到黎民百姓的擁戴。殊不知經歷了辛亥革命，黎民百姓發現沒有皇帝的日子不但能過，而且還可以過得更加自在。因此，自然不會怎麼去膜拜無論是誰重新披掛起來的皇袍。結果袁世凱不但皇帝夢只做了短短八十三天即宣告破滅，而且連他費盡心機竊取來的大總統位子也勢不可保，最後於 1916 年 6 月 6 日在一片討袁的呼聲中一命嗚呼。梁啓超在《闢復辟論》中說：「國體違反民情而能安立，吾未之前聞。今

〔註5〕　後來，冰心、梁實秋等作家曾經擔任過參議員。
〔註6〕　參照張憲文等《中華民國史》第 1 卷，第 96 頁。
〔註7〕　胡繩：《從鴉片戰爭到五四運動》，下冊，人民出版社 1981 年 6 月第 1 版，第 905 頁。

試問全國民情爲趨向共和乎爲趨向帝制乎？此無待吾詞費，但觀數月來國人之一致反對帝制，已足立不移之鐵證」〔註8〕。軍閥張勳借進京調停黎元洪與段祺瑞的「府（總統府）院（國務院）之爭」的機會，於 1917 年 7 月 1 日，請出了廢帝溥儀，「重登大寶」，宣佈中國重新成爲「大清帝國」。結果，這幕復辟醜劇上演了僅僅十二天就草草收場。1923 年 10 月，直系軍閥曹錕收買國會議員，以賄選得任中華民國總統，至 1924 年 11 月，也是以灰溜溜的失敗告終。復辟倒退者屢屢碰壁的歷史證明，民主意識已經逐漸深入人心，政治文化心理的巨大變遷不能不上溯到辛亥革命，不能不歸因於共和國的民主體制。

民國最初以五色旗爲國旗，標誌著漢滿蒙回藏五族共和，實際上，民族大家庭遠非只有五族，民國維繫著中國幾千年以來的多民族統一的國家格局。1927 年 4 月 18 日，南京國民政府宣告成立，改以青天白日滿地紅旗爲國旗，多民族多元一體的國家格局則始終如一。1928 年 6 月初，國民革命軍攻勢凌厲，張作霖無奈地退出北京，意味著北洋政權的終結。同年 12 月 29 日，張學良向全國發出「易幟通電」，宣佈東三省即日起「遵守三民主義，服從國民政府，改易旗幟」〔註9〕，至此，除了此前香港、澳門被割讓給英國、葡萄牙、臺灣被割讓給日本之外，中國大陸基本上得以統一。抗戰時期，全國一盤棋共同抗日自不必說，即便是土地革命戰爭時期與解放戰爭時期，國共兩黨雖然血肉相搏，但是都認同一個中國。民國以一個主權國家與外國對話，各民族在一個大家庭裏相聚相依。少數民族作家沒有因爲自己的民族身份妨礙文學創作與文壇地位；只要沒有特殊的政治原因，天南地北、邊地中心，各地作家來往自由；當置身海外時，中國作家不僅有中華文化可以依戀，而且有一個國家實體可以依賴。

中華民國臨時政府成立伊始，便著手制訂法治社會所必需的一系列法律法規，如《中華民國臨時政府組織大綱》、《中華民國臨時約法》（以下簡稱《臨時約法》，帶有憲法性質）等。《臨時約法》規定「中華民國之主權，屬於國民全體」，人民享有人身、住宅、財產、言論、集會、結社、書信、遷徙、信教等方面的自由權，享有請願、訴訟、任官考試及選舉和被選舉等方面的權利；同時，亦有納稅和服兵役之義務等〔註10〕。約法、法律、法規，涉及社

〔註 8〕 梁啓超：《闘復辟論》，《飲冰室專集》之三十三，第 118 頁。
〔註 9〕 參照張憲文等著《中華民國史》第 2 卷，第 33 頁。
〔註 10〕 參照張憲文等著《中華民國史》第 1 卷，2005 年 12 月第 1 版，第 97 頁。

會生活的方方面面，上至立國原則、民族統一、領土範圍、機構組成、官民權利，下至禁煙、禁賭、剪辮、革除纏足、官民稱謂等，爲全面展開現代化進程打下了基礎。北洋政府階段，雖然出現過袁世凱稱帝、張勳復辟的鬧劇，國家元首頻繁更迭，內閣走馬燈一般變幻不定，但是，「也還保存了相當一部分民主共和制度」﹝註 11﹞，法制基礎得以維繫。南京政府階段，儘管其間曾有大動干戈的派系鬥爭，一黨專政、個人獨裁趨勢逐漸加劇，最後政治嚴重腐敗，民主共和功能變質，因而理所當然地被新中國取而代之；但是，不能否認，在南京政府執政的 22 年中，國民黨、國民政府內部乃至整個社會，始終存在著民主與獨裁兩種力量的矛盾、衝突。在自由主義知識份子與國民黨內反蔣政治派別和地方實力派的呼籲下，1930 年 5 月國民大會通過了《訓政時期約法》。這部新的約法繼承了《臨時約法》的基本精神，規定國民擁有「結社集會之自由」、「發表言論及刊行著作之自由」等 20 多項權利義務﹝註 12﹞。1914 年、1930 年還分別由北京政府、南京政府頒佈了與文學關係密切的《出版法》。當然，在具體實施中，法律原則大打折扣，不時發生黨部、軍閥、特務及外國勢力踐踏法律的事件﹝註 13﹞，但畢竟有這樣一個基本的法律框架，使文學的發展得到了起碼的法律保障。

文學愛好者自由結社，文學社團數量之多、分佈之廣泛、色彩之豐富，前所未有。將五四時期文學社團喻之爲雨後春筍，並不嫌誇張。茅盾僅據《小說月報》1922 年至 1925 年《國內文壇消息》統計，這期間先後成立的文學社團及刊物，就不下一百餘，而實際上的數位「也許還要多上一倍」﹝註 14﹞。范泉主編的《中國現代文學社團流派辭典》（上海書店 1993 年 6 月版）收錄總條目 1082 個，其中介紹較爲詳細的正目爲 667 個，參考目 415 個。

作家的人身權利與著作權能夠多少有所保障。陳獨秀數次被捕，均因政治原因。影響較大的有兩次：1919 年 6 月 11 日，陳獨秀在北京城南新世界遊藝場被捕，是因爲散發《北京市民宣言》——要求罷免北京政府步兵統領王懷慶等人。南北和談之際，孫中山提出放出陳獨秀，1919 年 9 月 16 日，警察廳同意安徽同鄉會以陳獨秀胃病爲由，保釋出獄。1932 年 10 月 15 日，再次

﹝註 11﹞張憲文等著《中華民國史》第 1 卷，2005 年 12 月第 1 版，《導論》第 9 頁。
﹝註 12﹞參照《中華民國史》第 2 卷，第 85～89 頁。
﹝註 13﹞1935 年 5 月，當局屈從日本壓力製造了「《新生》事件」，將雜誌主編杜重遠判處一年二個月徒刑。
﹝註 14﹞《《中國新文學大系・小說一集》導言》，良友圖書公司 1935 年版。

被捕，1933 年 4 月 14 日公審，章士釗擔任辯護律師為之辯護，因其堅持政治立場而被判刑罰，抗戰爆發後得以減刑釋放。奉行自由主義的新月社同仁為維護民主體制而公開發表文章批評當權者，當局十分惱火，施加種種壓力，但也不敢全然撕破民主共和的臉皮。如胡適在《新月》月刊 1929 年第 2 卷 第 2 號上發表《人權與約法》，抨擊政府機關或假借政府與黨部的機關對人權的踐踏，強調「黨的許可權也要受約法的制裁」，「如果黨不受約法的制裁，那就是一國之中仍有特殊階級超出法律的制裁之外，那還成『法治』嗎？」，接著，《新月》上，胡適又發表《我們什麼時候才可有憲法》、《知難行亦不易》（2 卷 4 號）、《新文化運動與國民黨》（6、7 號合刊），梁實秋發表《思想統一》（2 卷 3 號），羅隆基發表《論人權》（2 卷 5 號）、《告壓迫言論自由者》（6、7 號合刊），鋒芒指向當局。胡適還把《新月》人權輿論運動的文章輯為《人權論集》出版。國民黨當局一方面組織文章進行輿論圍剿，另一方面由教育部於 1929 年 10 月 4 日發出訓令，警告胡適，又查禁《新月》第 2 卷第 6、7 號合刊與《人權論集》，胡適雖然受到壓制，但並非無路可走，重新回到北京大學擔任教授﹝註15﹞。1925 年 8 月 14 日，魯迅被教育總長章士釗非法免除教育部僉事職，8 月 22 日，向平政院投遞控告章士釗的訴狀，1926 年 1 月 17 日，魯迅控告勝訴，教育部取消免職令。1929 年 8 月，魯迅因北新書局拖欠鉅額版稅，聘律師擬訴至法院，經北新書局老闆李小峰一再請求，協商解決，拖欠的版稅 18000 餘元擬分十個月付清（實際上分 20 個月還清），新版稅每月付 400 元。30 年代，據說浙江省黨部呈請通緝魯迅，但始終未經確認。當時，魯迅常去內山書店，幾乎是公開的秘密，若是真要緝捕，怕是幾次避難也難以避免。張恨水的《春明外史》、《啼笑因緣》對官場、軍界多有辛辣的諷刺，並未因此而遭受查禁。抗戰期間，《八十一夢》諷刺當局貪賄成風、磨擦有術，十分犀利，當權者也衹是派人威脅性地勸說，並未將作者真的送進息烽集中營。30 年代左翼作家的被捕，多為政治緣故，而非文學原因。

　　當局從維護其統治出發，不時查禁左翼出版物，但也不敢做得太過，有的禁了一段又開禁，有的加以修改或換一個名目之後亦能重新登場。1934 年 3 月 14 日《大美晚報》載，滬市黨部奉中央黨部電令，「查禁書籍至百四十九種、牽涉書店二十五家、其中有曾經市黨部審查准予發行、或內政部登記取

﹝註15﹞ 參照胡明《胡適傳論》，下卷，人民文學出版社 1996 年 6 月第 1 版，第 677 ～678 頁。

得著作權、且有各作者之前期作品、如丁玲之《在黑暗中》等甚多」，經請願，「解禁了三十七種，應加刪改，才准發行的是二十二種」〔註16〕。現代書局曾發行過《拓荒者》、《大眾文藝》等左翼刊物，遭到當局禁止之後，又出過帶有官方色彩的《前鋒》雜誌，反應冷清。1932 年 5 月 1 日創刊的《現代》雜誌，基本貫徹了中間色彩的辦刊原則。在截止 1935 年 5 月停刊的三十四期《現代》雜誌（另有兩期改為綜合性）中，既有自由主義文學理論文章與現代派詩歌小說，也有左翼文學理論與創作，如《馬克思、恩格斯和文學上的現實主義》，魯迅紀念左聯五烈士的《為了忘卻的記念》，茅盾的《春蠶》，洪深的《香稻米》、艾青的《蘆笛》；還有民主主義作家鋒芒畢露的作品，如老舍對時政與政黨政治左右開弓的寓言體小說《貓誠記》。1933 年 5 月 14 日，左翼作家丁玲在上海被捕，輿論一片譁然，《現代》雜誌於 1933 年 7 月 1 日出刊的第 3 卷第 3 期上刊出「話題中之丁玲女士」一組四張照片，寄託急切的關注。第 3 卷第 4 期，又借一封讀者來信猛烈抨擊「黑暗的強暴無理的」社會，讀者來信的語氣十分激烈，直言「法西斯蒂的毒霧，已從德到日本，再由日本到中國了」，呼籲「應該認清了目前的大勢，執著一個目標，向前奮鬥」。自由主義者胡秋原也在《現代》第 3 卷第 2 期發表雜文《中日親善頌》，以疊出的反語、逼人的鋒芒，抨擊當局「攘外須先安內」的方針。也許正是由於這些緣故，當局後來派員來「革新」，《現代》銷路大減，「無疾而終」。但在《現代》存續期間，能夠發表上述作品，如果沒有一定的法律保障是不可想像的。

民國成立不久，適逢第一次世界大戰爆發，民族經濟有了一個快速發展的機緣。「現代大工業、現代教育、現代法制等，均初步出現於北洋時期，體現了社會進步」〔註17〕。由於方方面面的共同努力，中國進而度過了 20 世紀 30 年代初的世界性經濟危機衝擊的難關，1936 年達到了 20 世紀上半葉國民經濟的頂峰，為新文學的成熟與發展提供了相應的條件，也為隨即到來的全面抗戰打下了物質基礎〔註18〕。在經濟增長與法律保障的基礎上，新聞出版業大規模發展。民營資本的介入，使民間機構、同仁刊物增多。通訊社 1912

〔註16〕 轉引自魯迅《且介亭雜文二集·後記》，《且介亭雜文二集》，上海三閒書屋 1937 年 7 月初版。
〔註17〕 張憲文等著《中華民國史》第 1 卷，2005 年 12 月第 1 版，《導論》第 9 頁。
〔註18〕 參照張憲文《再論民國史研究中的幾個重大問題》，《江海學刊》2008 年第 5 期。

～1918 年不下於 20 家，1926 年增加到 155 家。1923 年中國人自辦的廣播電臺誕生，1937 年 6 月，已有官辦與民營廣播電臺 70 餘座。1921 年，全國共有報刊 550 種，1936 年，報刊達 1700 餘家。1946 年，國統區報刊 1832 家。出版機構數百家，1911～1949 年共出版圖書 10 萬餘種，其中文學書籍有 2 萬餘種。從文學期刊來看，1927 年 4 月～1937 年 7 月，共創刊 1186 種〔註 19〕，比此前 12 年創刊的 350 種超出兩倍多，僅 1934 年新出版的期刊，就約有 400 餘種，故有「雜誌年」之稱。副刊總計 5000 餘種，其中半數以上是文學類。文學類期刊 3500 種以上。有了這樣的文化市場，加之版權法的實施，才有作家大批產生，版稅與稿費成為其重要的、甚至唯一的生活來源。30 年代初，張恨水憑藉版稅在北京大柵欄購買一所大宅門四合院，內裏包含大大小小七個院子；1946 年 2 月，他回到北京，在北河沿胡同購買一個有 30 多間房的四進四合院。魯迅 1927 年 10 月到上海，同年 12 月至 1931 年 12 月除了著、譯與編輯收入之外，尚有每月 300 元的大學院（後改屬教育部、中央研究院）「特約撰述員」酬金，從 1932 年起，則全靠版稅、稿費與編輯費維持並不算拮据的生活。身為職業革命家的夏衍，30 年代也能靠版稅維持生活。除了抗戰時期經濟秩序被嚴重打亂的特殊情況之外，民國經濟與作家生活的關繫於此可見一斑。

民國教育為文學的勃興提供了豐厚的人力資源。1945 年，專科以上學校已經發展到 141 所，在校學生人數達 83400 餘人。1946 年，以推行國民教育制度的 19 省統計，國民學校與其他各類小學 237000 餘所，學齡兒童接受教育的將近 3000 萬。民國教育培養了新型知識份子，源源不斷地為作者隊伍增加新鮮血液，也培養了大批新文學讀者。蔡元培所主持的北京大學的改革，無疑促成了五四新文化運動的發生，也為新文學的出場搭建了堅固而開闊的舞臺。1920 年 1 月，教育部訓令全國各國民學校本年起將一二年級國文改為語體文，又以教育部令修正《國民學校令》及其施行細則，正其科目名稱為「國語」，確定了初等小學四年間純用語體文，並將國語教材編寫列入日程〔註 20〕。葉聖陶、夏丏尊、楊振聲、沈從文等主持教材的編訂，新文學作品批量

〔註 19〕 參照劉增人等纂著《中國現代文學期刊史論》，新華出版社 2005 年 11 月版，第 4 頁。

〔註 20〕 參照李杏保、顧黃初《中國現代語文教育史》，四川教育出版社 2000 年 10 月第 2 版，第 67～68 頁。

進入教材。教育部的一系列舉措等於確認了新文學的合法性，也促進了國語的統一與推廣，為中華民族的統一、團結與中國的現代化進程提供了巨大的動力。

女子在實現女權——參政權、財產繼承權等法律權利、職業機會與工資均等權、婚姻自由權、教育平等權〔註21〕——的道路上邁出了堅實的步履。其中與文學發展最為直接的是教育權。中國的女學，源於西方文化的影響。1834 年，英國傳教士古特拉富的夫人在澳門開設女塾，1844 年，英國傳教士阿爾德賽女士在寧波創立近代中國第一所正規的女子學校。1898 年，上海出現國人興辦的第一所女學——「經正女學」，進入 20 世紀，民間興辦女學一時掀起熱潮，1907 年統計已有 428 所。民國成立後，雖因多重阻力，出現過波折，而且城鄉之間、中心與邊地之間，存在著不平衡現象，但總體上女子教育乃大勢所趨，得到長足發展。據統計，1931 年度，全國小學女生有 159萬人，全國中學女生有 56851 人，師範學校女生有 226112 人；1930 年度，職業學校女生有 7000 人；1931 年度，女大學生有 4535 人，1944 年度，各類高校女生達 14743 人。正是在這樣的教育背景下，湧現出成批的女作家。如陳衡哲、冰心、廬隱、馮沅君、石評梅、陸晶清、白薇、許廣平、袁昌英、方令孺、蘇雪林、謝冰瑩、林徽因、丁玲、凌叔華、安娥、羅淑、葛琴、彭慧、關露、楊剛、沈櫻、白朗、蕭紅、草明、趙清閣、林海音、羅洪、曾克、菡子、張愛玲、蘇青、柳溪，等。

二、民國文學的生態系統

生態學意義上的生態系統，指的是生物群落（動物、植物、微生物）及其與地理環境相互作用的自然系統。自然生態系統有兩個基本特點，一是通過相互協調的網狀結構處於動態平衡狀態；二是以多級營養結構轉化、分解、富集與再生各種營養物質。簡而言之，就是以具有協調性的結構來達成動態平衡，以具有層次性的結構來產生多重效應。譬如雅魯藏布江大峽谷，平均海拔 3000 米以上，險峻幽深，侵蝕下切達 5000 餘米，總共 8000 餘米的高度，分佈著高山冰雪帶到低河谷熱帶雨林九個垂直自然帶，從低等生命——地衣和苔蘚開始，有亞寒帶高山草甸地帶的點地梅、銀蓮花、龍膽，有灌木區的

〔註21〕參照何黎萍《西方浪潮影響下的民國婦女權利》，九州出版社 2009 年 6 月第 1
　　　　版，第 26 頁。

高山杜鵑，有暖溫帶針葉林（落葉松、冷杉等），有亞熱帶闊葉林（楠木、桂、栲等），還有熱帶季風雨林等。不僅各自的生物群落與環境相互依存，而且九個自然帶之間也存在著複雜的聯繫。對如此豐富的植物垂直分佈，如果僅僅注意到其中的一兩種，說雅魯藏布江大峽谷只有美麗的杜鵑、高大的冷杉，或以杜鵑、冷杉爲主，顯然不符合實際。

如同自然界同一環境下具有物種多樣性一樣，民國擁有豐富的文學形態，新與舊、雅與俗、激進與守成、市民文學與鄉土文學、左翼與自由主義、民主主義、民族主義，文人文學與民間文學、左翼文學的正統與另類、延安文學的正統與另類、創作與翻譯、大陸文學與海外華文文學等，正是這些矛盾衝突、相互依存、或有融通的文學形態，構成了民國文學的生態系統。

我們曾經以爲五四文學革命勢如破竹，不僅很快攻下了文言文學的堡壘，而且把通俗文學打得一敗塗地，從此新文學稱雄文壇，一統天下。而實際情況卻要複雜得多，在新文學蓬勃發展的同時，文言文學與通俗文學仍然頑強地向前推進。舊體詩詞的作者與篇數難以計量，許多現代作家擅長此道，如柳亞子、梁啓超、陳獨秀、魯迅、周作人、吳虞、郭沫若、郁達夫、田漢、歐陽予倩、朱自清、俞平伯、吳宓、吳芳吉、王統照、老舍、顧仲彝、穆木天、周瘦鵑、張恨水、聞一多、臧克家、施蟄存、蘆荻、聶紺弩、盧前、杜衡、何家槐、蘇鳳、端木蕻良、胡風、光未然、塞克、王亞平等；還有一些政治家、藝術家與學者也留下了不少舊體詩詞，如孫中山、廖仲愷、何香凝、于右任、楊滄白、程潛、毛澤東、朱德、鄧中夏、董必武、葉劍英、陳毅、董必武、徐特立、吳玉章、林伯渠、謝覺哉、李根源、馮玉祥、薩鎮冰、蔣光鼐、吉鴻昌、張治中、王冷齋、黃炎培、張學良、沈鈞儒、續范亭、陳叔通、鄧拓、王國維、陳寅恪、蔡元培、吳梅、馬君武、王季思、夏承燾、葉恭綽、胡繩、吳世昌、吳昌碩、潘天壽、齊白石、徐悲鴻、張大千、蘇步青、劉永濟、錢仲聯等。舊體詩詞的創作顯示出傳統文學的強大生命力，其中折射出氣象萬千的時代風貌，透露出現代人幽深的內心世界。饒有意味的是 1958 年，當幾乎所有的新詩人都在爲三面紅旗大唱讚歌之時，在 50 年代的現代文學史著述中被視爲守舊派代表人物的吳宓，卻以舊體詩抨擊了社會生活中的巨大荒謬。舊體詩詞中的傑作，如魯迅的《自嘲》、毛澤東的《沁園春·雪》等，其深邃內涵與精湛藝術渾然一體，足以同新文學經典作品相媲美。殷夫用舊體譯裴多菲的《格言》：「生命誠寶貴，愛情價更高；若爲自由故，二者

皆可拋！」比起幾種白話體譯本更容易領悟與記誦。但是，在足足半個世紀的現代文學史敘述中，除了述及魯迅、郭沫若等生平思想時偶有徵引之外，舊體詩詞作為一種文體通常是不予理會的。直到今天，仍有學者強烈反對舊體詩詞進入現代文學史，理由是為了捍衛現代文學史的現代性。問題在於，難道真如五四文學革命先驅所說，現代社會生活與現代精神只有新文學才能表達，而傳統文學形式一無所用嗎？難道現代社會生活與現代精神完全是另起爐竈、同傳統生活與傳統文化沒有關聯嗎？難道人類精神與文學藝術沒有亙古長存的脈息嗎？實際上，傳統在現代中延伸，不僅傳統文學中的經典作品作為藝術瑰寶具有永恒的魅力，而且傳統文學形式也仍然具有難以完全替代的藝術表現力，在現代社會葆有頑強的生命力，有些仍然為人們所沿用，有些以變體形式承傳下去，有些則與新體雜糅呈現出另外一番面貌。

除了舊體詩詞之外，民國時期還有大量的文言創作。從刊物來看，有專門的文言雜誌，也有一些文言與白話兼收的刊物；從創作主體來看，有作家的日記、散文（如張恨水抗戰時期在重慶創作的文言散文集《山窗小品》）、小說，編輯記者的通訊、評論，學者著述，民間寫作，政府文體（如抗戰期間政府旌表抗戰英烈的文章，感情充沛，形象生動，堪稱名副其實的文學）等；此外，還有許多用文言書寫的序跋文、墓誌銘、碑記、聯語等。中小學與大學的文言文教育同文學創作之間的關係也值得關注。

現代通俗文學，因其巨大的創作量、豐富的社會文化內涵與新舊交織的藝術特徵及其廣大的讀者群，自80年代後期以來，逐漸被文學史界所正視，小說史、文學通史中列入專章，而且有了幾種現代通俗文學史。即使如此，通俗文學的價值也不能說已經得到充分估價，比如，就表現社會生活的廣度與揭露社會黑暗的犀利程度而言，現代很少有作家能夠與張恨水比肩。個中原因何在？除了張恨水個人的觀察、立場與才分之外，恐怕和通俗文學的文體特點、通俗文學的傳統、通俗作家的閱歷與姿態、讀者對通俗文學的閱讀期待都有關聯。曾有學者將新文學作家與通俗文學作家對比來看，指出：「新文學作家由於其出身教養和生活世界的侷限，他們作品的取材面也比較過於狹小與單薄，從所反映的生活場合與人物類型看來，最成功的往往是知識份子與農民這兩大類形象，對於範圍廣闊、結構複雜的中國社會的各式各種生活領域，由於接觸面不廣不深，留下了許多空白之處。而通俗作家卻是另一類人，他們出身教養和求職謀生手段的複雜性與多樣性，正像他們所涉足的

社會領域的複雜性多樣性一樣，這就為他們的作品取材開拓了廣闊領域，因此，他們筆下出現的生活場景和人物形象的多樣性、豐富性和複雜性往往為新文學作家所望塵莫及。」〔註22〕通俗文學不僅題材廣闊、反映真實，而且注重趣味，尤其是市民趣味，這無疑滿足了讀者認識社會和娛樂生活的要求，因而才能擁有廣闊的市場。新文學在發展進程中與通俗文學既有對峙、衝突的一面，也有互動、交彙的一面。張恨水的通俗小說不僅表現出現代啟蒙精神，而且吸納了新小說的敘事結構、心理描寫與意識流手法等；張愛玲現代意味十足的小說時而流露出通俗小說色彩；趙樹理的小說，敘事結構、白描手法和語言風格，是通俗小說文體與新文學精神在三晉鄉土上的糅合，可以稱之為晉版鄉土通俗小說。山藥蛋派正是趙樹理文學的發揚光大。

　　論及 30 年代，幾十年間都認為左翼文學是主潮，這種觀點幾乎成為地球圍繞太陽公轉一樣毋須今人論證的常識。直到現在，不少文學史仍然通行這種觀點。但是，一旦回到 30 年代歷史現場，就會發現未必如此。誠然，當時左翼文學確實十分活躍，有左聯，有魯迅、郭沫若、茅盾、洪深、田漢、臺靜農、丁玲、王任叔、夏衍、白薇、艾青等知名作家，有《北斗》、《文學月報》等刊物，有《子夜》等影響廣泛的作品，左翼文學在社會解放題材的幅度與深度及文學大眾化等方面，做出了積極的努力與顯著的貢獻；並且一些非左翼作家也在一定程度上受到左翼思潮的影響，帶有左翼色彩的作品受到青年知識份子的歡迎。左翼文學當時處於地下或半地下狀態，為了爭取自身的生存權利，也緣於其政治背景的需要，不能不大造聲勢，若論聲勢，左翼確實相當可觀。但是，確認一個歷史時期的文學主潮，主要憑藉的不應是聲勢，而應是文學觀念與文學創作的建樹及其影響。30 年代，左翼之外，民主主義思潮與自由主義思潮，無論是作家陣容與地域覆蓋面，還是理論建樹與創作成就，都不比左翼思潮遜色。從刊物來看，《新月》、《現代》、《論語》、《文學季刊》、《文季月刊》、《大公報·文藝》等，雖然其中也發表左翼作家作品，但總體來看，仍屬於非左翼刊物；從代表作家來看，小說方面有郁達夫（加入左聯不久，即自行退出）、葉聖陶、許地山、張恨水、巴金、老舍、李劼人、廢名、沈從文、師陀、蕭乾、施蟄存、穆時英等，戲劇方面有曹禺、李健吾等，詩歌方面有徐志摩、聞一多、

〔註22〕賈植芳：《反思的歷史　歷史的反思——為〈中國近現代通俗文學史〉而序》，范伯群主編《中國近現代通俗文學史·序》，江蘇教育出版社 2000 年第 1 版，第 2～3 頁。

馮至、孫大雨、饒孟侃、陳夢家、朱湘、方瑋德、戴望舒、卞之琳等,散文方面有周作人、林語堂、何其芳、李廣田、繆崇群、陸蠡等,理論方面有梁實秋、朱光潛、梁宗岱等,其陣容、成就及影響,無疑要超過左翼。

　　除了上述文學思潮之外,民族主義文學也值得充分注意。鴉片戰爭以來,民族話語就已經成為文學的重要題材。五四時期有所發展,1928 年「五三」濟南慘案、「六四」皇姑屯事件(張作霖被炸)之後,民族話語愈加突出,遂有 1930 年興起的「民族主義文藝運動」。1931 年九一八事變,1932 年一二八淞滬抗戰,1933 年長城抗戰,緊接著是步步緊逼的華北危機,逐漸把民族話語推向高潮,這樣,七七盧溝橋事變之後才迅疾掀起了抗戰文學的高潮。全面抗戰爆發之前,民族主義文學並非只有「運動」一種,左翼與非左翼作家,包括通俗作家,在這方面均有貢獻。魯迅在左聯刊物《文學導報》第 1 卷第 6、7 期合刊(1931 年 10 月 23 日)上發表的《「民族主義文學」的任務和運命》,把蘇鳳的《戰歌》作為「『民族主義』旗下的報章上所載的小勇士們的憤激和絕望」來譏刺。《戰歌》唱道:「戰啊,下個最後的決心,／殺盡我們的敵人,／你看敵人的槍炮都響了,／快上前,把我們的肉體築一座長城。／雷電在頭上咆哮,／浪濤在腳下吼叫,／熱血在心頭燃燒,／我們向前線奔跑。」「小勇士們的憤激和絕望」固然有嫌稚嫩,但確也表達出絕望中的抗爭精神。魯迅認為,「民族主義文學」青年的「發揚踔厲,或慷慨悲歌的文章」,是對「不抵抗主義,城下之盟,斷送土地這些勾當」,盡著掩飾與忘卻的任務。如此斷語,大有「非我族類,其心必異」的意味——只要是來自民族主義文學陣營的聲音,必然都是當局的幫閒或幫兇。其實,《戰歌》這樣的作品真實地表達出年輕一代救亡圖存的慷慨激情。1935 年 4 月,田漢作詞、聶耳譜曲的電影《風雲兒女》主題歌《義勇軍進行曲》唱道:「起來,不願做奴隸的人們!／把我們的血肉,／築成我們新的長城!／中華民族到了最危險的時候,／每個人被迫著發出最後的吼聲。／起來!起來!起來!／我們萬眾一心,／冒著敵人的炮火前進!／冒著敵人的炮火前進!前進!前進!進!」兩相比較,意趣、甚至包括句子是何等相像!這恰恰說明,左翼文學與民族主義文學雖有時間差,有矛盾衝突,但畢竟共生於同時代,有相通性。

　　這樣看來,30 年代文學主潮並不是單一色調的,而是多種色調的復合,也就是說,左翼文學與自由主義文學、民主主義文學、民族主義文學同時並存,各應所需,各有所長,相互碰撞,相互交織,共同構成了 30 年代文學主潮。

以往對現代文學史的敘述為什麼會容易出現遺漏與扭曲呢？一個很重要的原因就在於不是從歷史出發，而是先入為主地以某種概念去剪裁與評斷。譬如，當人們要用新民主主義理論來燭照文學史之時，排斥非新民主主義的成分自不必說，就連本來屬於新民主主義革命力量、但並非處於核心地位的成分也加以排斥，過分誇大 30 年代左翼文學的權重，誇大《在延安文藝座談會上的講話》對國統區的影響；當人們要用現代性來統領文學史之時，就會排斥所謂非現代性的成分，諸如並非盡失價值的傳統道德、歷史悠久的民間習俗、文學藝術的娛樂觀，舊體詩詞、文言文、通俗文學及墓誌銘、書信等「雜文學」樣式；諸如此類，不一而足。如果本著實事求是的歷史主義精神，切切實實地返回歷史，以民國史視角來重新考察，就會發現在一個新鮮與缺陷並存的民主共和政體下，在一個由傳統向現代轉型的歷史時期，民國文學是一個由多種精神風貌、文體樣式、藝術風格構成的生態系統，各種文學形態不是百鳥朝鳳、眾星捧月的關係，而是百花齊放、百舸爭流的局面；不是雞犬相聞，老死不相往來的隔膜，而是相互依存、相互交織的融通。

三、現代文學中的民國風貌

以往，人們一方面說文學是反映社會生活的一面鏡子，另一方面在闡釋作品與敘述現代文學史時，卻對鏡子多有遮蔽，有選擇性地折射一點自己想看、也要別人去看的場景。譬如，五四時期強調個性解放與人性解放，30 年代渲染階級鬥爭所表徵的社會解放，抗戰時期則突出敵後戰場與陝甘寧邊區，解放戰爭時期主要是「火光在前」，如此等等。那麼，現代文學史果真像盆景一樣有如此明顯的人工痕跡嗎？難道現代文學對民國生活的諸多方面都視而不見嗎？實際上不是這樣，只要我們從民國史的視角來看，就會看到五光十色的民國政治生活、經濟生活、風俗場景與精神風貌。

譬如，江紅蕉的《交易所現形記》、茅盾的《子夜》等描寫證券交易所，以往我們祇是注意證券交易所「投機」與「害人」的一面，而忽略了它在現代經濟運行中的必然性與有效性。再如周文的小說，我們過去祇是說揭露了軍閥混戰的惡果與舊軍隊的腐敗，其實從民國史的視角來看，其中也透露出康巴邊地的政治問題。關於個性解放，我們過去一味強調其合理性，但是，忽略了在教育、就業、思想等方面男女不平等、不平衡的情況下男性只顧自己尋找個人的幸福，會給配偶或未婚妻帶來多大的傷害，吳芳吉的《婉容詞》

在這方面表現深摯，可惜不爲人所注意。

張恨水長達近百萬言的《春明外史》（1924 年 4 月 12 日～1929 年 1 月 24 日連載於《世界晚報》副刊《夜光》），簡直就是 20 世紀 20 年代中國政治、經濟、文化、教育的《清明上河圖》。作品連載之時，讀者去報館門前排隊等候，以期先睹爲快。魅力之所以如此之大，不僅緣於張恨水的言情功夫，而且更在於作品帶有風俗畫特徵，展開了廣闊而細緻的世態描寫。「春明」本是唐代都城長安的東三門之一，後人以此泛指京都，所謂「春明外史」，實際上就是京都野史。作品以報人楊杏園的所見所聞爲線索，描繪了民國初年的社會百態。風俗場景有戲園子裏熱鬧場面背後的把戲：有錢人抛灑金錢捧角走紅，戲子巴結有權有勢有錢者，「拆白黨」混跡其中，尋機詐騙。也有八大胡同等級分明、裝飾各異的妓院，老鴇盤剝的伎倆，嫖客豪橫欺人或者聊解積鬱的行止，妓女無奈苦熬或者麻木度日的生存況味。還有汗臭、油味、煙香五味俱全，抽煙聲、打呼聲、擤鼻涕聲、喁喁細語聲聲聲入耳，瓜子皮、煙捲頭、鼻涕濃痰滿地狼藉的大煙鋪；眾議員與開窯子的龜奴、私販煙土的小流氓沆瀣一氣的賭場，等等。道德場景光怪陸離：前清遺老們整日價哀歎帝制推翻後人心不古、道德淪喪，而他們自己個個都羅致了不少年輕漂亮的坤角做「乾女兒」，一聽說乾女兒坤角來電話，立刻就鬍子先笑著翹起來。退職將軍冉久衡捧角捧得精力不夠，自有兒子冉伯騏接腳，老子認下的乾女兒，兒子要討了做姨太太，兒子捧戲子囊中羞澀，竟設計盜取老子保險箱裏的金錢珠寶。官僚甄大覺花重金捧女伶餐霞仙子，抛棄了姨太太，等到仙子飛走，姨太太覆水難收，甄大覺竟然與姨太太一樣，抛棄了兩個年幼的女兒，逍遙自在地出京去了。鐵路局長得知一個二等科員與他同嫖一個妓女，一個電話就將其裁掉，可憐的小職員丟了飯碗還不知道哪兒出了錯。男權社會的主人狹邪冶遊、尋歡作樂，作爲男權奴僕的女性也就有了變態的報復，或是假扮名門閨秀騙取錢財，或是寂寞難耐的太太與女戲子沉溺於戀情。文化場景有新聞界的墮落：把輿論當作滿足私欲的工具，敲金報記者柳上惠與坤角「互利互惠」，一從坤角手裏拿到錢，柳上惠便有吹捧文章見報，而且還爲坤角捉刀作詩。某報記者利用某部參事三個兒子都與父親的姨太太有染的隱私，擬訂十二回回目，先在報上發表，竹杠一敲，500 塊大洋到手。又有文化教育界的逆流：下野的官僚大搞扶乩鬧劇，扶乩的批字盡是強制性的「著汝捐款千元賑災，另捐五百元，爲本會服務人員津貼」之類。在位的教育總長竟然主辦刊物反對白話文，給腐敗校長做後臺鎮壓學生風潮；學生僅僅由

於自由戀愛，就落得個雙雙被開除學籍的結局。不過，也有些不含褒貶的如實描寫，譬如人體素描課上，女模特與學生第一次面對裸體女模特時的各種心態、情態的真切刻畫，讓人們看到風氣初開時的一些文化景觀。筆鋒最尖利的要數對政界腐敗風氣的揭露：十六七歲的改良外蒙毛革督辦甄寶蔭，除了談些嫖經賭經而外，就是談哪位總長的近況如何，哪位閣人的靠山奚似。范統總長花一千元賃個妓女當臨時姨太太參加選美大會。下了臺的財政總長閔克玉為了官復原職，授意姨太太向魏大帥的紅人秦彥禮「運動」，宴請時他託故走開。秦彥禮只因為擅長為主子洗腳，便榮任出納處長要職。衛伯修把自己的妻子與妹妹送到魯大帥的專車上解悶陪樂，作為回報，大帥把他由鐵路上的一個小段長破格提升為副局長。現任巡閱使魯大昌手下幾十萬兵，管轄兩省地盤，靠強行派發公債搜刮民脂民膏，一個月就「發行」3000萬公債；錢來得方便，出手也大方，賞兩個察言觀色會說話的妓女，一出手就是一人4000元，韓總指揮看不過去，為月餉十元的護兵鳴不平，連兩個護兵也叨光每人得了4000元。魯大帥花錢如流水，任官唯鄉親，童謠云「會說夕縣話，就把洋刀掛」，夕縣只有兩種半人與官無緣，一是仇人，二是未出世者，半種是未解世事的孩子。籌邊使邊防軍營長朱有良仗勢欺人欺到了武功高強者身上，栽了面子，改換門庭投靠魯大帥，一口夕縣話，便弄來個知縣。王化仙靠給大帥算命，算來個管十幾個縣的道尹。內政部長陳伯儒，假造永定河水位上漲、即將淹沒北京的謠言，以美人計討得總理歡心，換來了十五萬元河工款的批覆，扣除分給中間人秦彥禮的兩萬，他還至少可以撈取八萬元的好處。統率數十萬兵馬的督理關孟綱，上京進見總統，動用十八輛汽車，接來四五十個妓女，解開成捆的鈔票開賞。為了把妓女「公平」地分配給前來湊趣的督理、總司令、參謀總長、內閣總長，採取抓鬮的古老辦法。總理章學孟嫖妓，高興時的「花頭」一掏就是500多元，至於討來做姨太太的價，打算付出一萬兩銀子。為官者橫征暴斂，巧取豪奪，窮奢極欲，而另一方面，內務部發不出薪水，發代用券，四川甚至有以鴉片代薪水的咄咄怪事。學校因為欠薪過久，以至影響正常授課的，則已見怪不怪。《春明外史》展開的視野相當廣闊，風俗、道德、文化、社會，各種場景相互交錯，構成了一幅民國初年北洋軍閥統治下的京城全景圖，就其反映生活的真實性與廣闊性而言，在同時期的文學創作中無可匹敵。其批判鋒芒也十分尖銳，總統、總理、議長、總長等盡現醜態。這在當時殊為難得。

民國期間最大的民族危機莫過於日本的全面侵華。中國忍無可忍，奮起

抵抗，七七盧溝橋事變引發的全面抗戰是中國最大的政治，中國舉國家之力，殊死抗擊日本侵略者。作爲時代鏡子與心靈徵象的文學，自然而然地描繪了恢弘壯麗的抗戰畫卷。一般的文學史敘述，對抗戰初期愛國激情高漲的抗戰文學熱潮與空前的文壇統一，都會給予積極的肯定，對於正面戰場文學，通常祇是限於抗戰初期的盧溝橋抗戰、淞滬會戰、臺兒莊大捷，至於抗戰進入相持階段之後（以 1938 年 10 月 27 日武漢淪陷爲標誌）的敘述，則強調敵後戰場文學，而對正面表現正面戰場的作品很少提到，要提及也是對部隊軍閥作風、軍紀廢弛、作戰潰敗的憤懣與抨擊。在如此敘述框架中，若想眞正瞭解正面戰場，全面認識抗日戰爭的歷史進程，恐怕會有不小的遺憾。換言之，如果僅憑文學史著述中的抗戰文學，很難想像中國現代史上曾經發生過一場驚天地泣鬼神的抗日戰爭。事實上，抗日戰爭是在長達 5000 公里的正面戰場與幅員 130 餘萬平方公里的敵後戰場進行的。兩個戰場彼此需要，相互配合，協同作戰，才最終贏得了抗日戰爭的偉大勝利。正面戰場是抗日戰爭的主戰場，正面戰場大型會戰有 22 次，其中武漢淪陷之後有 16 次，此外，還有遠征軍兩次赴緬甸作戰。國民革命軍作爲國家的正規軍在正面戰場投入兵力最多時達到 350 餘萬。陸軍傷亡、失蹤達 321 萬人（其中陣亡 132 萬人，負傷 176 萬人，失蹤 13 萬人）；因病消耗 93 萬人，逃亡 32 萬人。兩項合計 416 萬人。〔註23〕空軍消耗飛機 2468 架，犧牲 4000 餘人，海軍幾乎全軍覆沒。犧牲的少將以上高級將領 120 餘名，其中，生前有上將軍銜和殉國後被追封上將軍銜的至少有 8 位，將領以下團、營、連、排長校尉 1.7 萬。正面戰場殲滅日軍約 53 萬人（擊斃或擊落飛機使其斃命的日軍將領 40 人以上），連同受降日軍 128 萬人、僞軍 104 萬人，正面戰場共消耗日僞軍 285 萬多人。

　　作家以多種方式投身於抗戰洪流，有的作爲記者赴戰地採訪，有的到前線部隊慰勞、訪問，有的參加抗敵演劇隊、宣傳隊、抑或隸屬於各地方各部隊的文藝團體，深入戰火紛飛的前線，有的到正面戰場部隊從事文化工作，有的參加戰鬥部隊，擔任下級軍官，一邊工作、戰鬥，一邊從戰場汲取素材創作；即使未曾上過前線的作家也努力通過各種渠道瞭解正面戰場，賦之以文學形象。作家飽含激情，創作出大量正面戰場文學作品。報告文學結集出

〔註23〕參照郭汝瑰、黃玉章主編《中國抗日戰爭正面戰場作戰記》，江蘇人民出版社 2002 年 1 月第 1 版，第 45 頁；宋波《抗戰時期的國民黨軍隊》，華文出版社 2005 年 4 月第 1 版，第 460 頁。

版者有 60 種以上，劇本 140 餘部，詩歌、散文、中短篇小說幾乎難以數計，長篇小說有《南京》、《虎賁萬歲》等，此外，還有不少舊體詩詞、鼓詞、快板、評書、電影等作品。文學以新聞似的敏感追蹤前線的戰況與戰局的發展，如實地表現出戰爭的慘烈，讓人爲之震撼，在血與火的交迸中，熱情謳歌抗戰將士的愛國情懷與犧牲精神，表現正面戰場的廣闊場景與各個側面，其中包括對其陰暗面的犀利揭露與深刻剖析，而且也有對於戰爭與生命的哲學沉思。正面戰場文學眞實地描繪出民國面對危機時挽狂瀾於既倒的英勇姿態，與邊區根據地文學、大後方文學、淪陷區文學、上海「孤島」與香港的文學以及日據下的臺灣文學，一道構成了抗戰時期中國社會生活全景圖；而且也推進了文學審美的發展，報告文學的文體藝術步入了成熟期，話劇的表現功能與演出空間大爲拓展，小說的史詩性結構與心理開掘深度等更上層樓，詩歌的敘事功能、現實與象徵的融合等均有長足進步。

　　正面戰場文學是中國現代文學史上不應迴避、也無法迴避的客觀存在。但是，過去由於政治方面的原因，曾經遮蔽幾十年之久，不要說文學史上不講，就連當年描述過正面戰場的作家也竭力迴避，彷彿曾經幹了怎樣不光彩的事情，儘量忘卻自己的正面戰場經歷，不得不提時也要在回憶錄的後面綴上對當年的抗日英雄、後來的政治對頭的批判；文集一般不收正面戰場作品，即使選收，也要加以刪削或改頭換面。進入改革開放的新時期以來，實事求是的歷史主義精神得到恢復，正面戰場的歷史逐漸浮出水面。但同文學、影視、出版、歷史學界相比，文學史界較爲滯後，抗戰文學是迄今現代文學史敘述中最爲薄弱的環節，因而有必要進一步解放思想，引入民國史的視角，還原抗戰文學的原生態，並藉此認識民國應對危機時的姿態。

　　文學彷彿一面寶鏡，可以折射出民國政治、文化、教育、風俗與社會心態，它提供的整體性、豐富性及細膩性可以超過任何一部通史或專史。以往的文學史敘述中，說到民國往往是把政府與國家混爲一談，且多以負面形象出現，這不僅因爲中華人民共和國是對民國政府的否定，而且因爲知識份子與文學——尤其是左翼作家及其文學——本來對現實就多持批判立場。時至今日，我們應該擁有更大的自信，站在新的歷史高度，正視民國史的歷程，將民國史的視角引入現代文學研究，以歷史主義的眼光重新審視、梳理與評價現代文學，藉此眞實地認識民國歷史，也彰顯現代文學學科的成熟風範；也只有這樣，才能無愧於歷史，無愧於良知，也無愧於後人。

第三章　五四時期的國家話語

　　無論把新文學的源頭上溯到哪一年，也無論對新文學發生的動因做出怎樣的發掘，都無法否認五四愛國運動的重要作用。正是在這一背景下，已經萌芽的新文學才得以迅速成長，並由此獲得「五四文學」的命名。但是，五四愛國運動在文學中留下了怎樣的投影，五四時期多種形態的文學之中，國家話語是如何言說的，在諸多文學史著述中卻少有涉及。考察這一問題，不僅有助於全面認識五四文學乃至五四運動，而且能夠使得我們在整體上把握近代以來中國文學國家話語的演進脈絡。

一、國家話語的傳統淵源

　　中國文學的愛國主義傳統源遠流長，隨著國家形態的嬗變而傳承與演進。

　　夏、商、周，屬於原始國家。雖然自夏開始即有「九州」的行政區劃，設「九牧」以行管轄之職，有刑律、軍隊與賦稅制度，但「萬邦之君」的統治比較鬆散。到了周朝，尤其是春秋戰國時期，天子形同虛設，諸侯國敢於分庭抗禮。「春秋內其國而外諸夏，內諸夏而外夷狄」〔註 1〕，其時，雖然文學中也有維繫天下一統的希冀，但是，愛國文學的主題主要表現為述祖、頌君和對於諸侯國的憂患意識。

　　秦朝開啓了中國歷史上君主帝國的時代，由秦至清，雖然政權屢經更迭，國家版圖有所變化，但分久必合是一個總的趨勢，多民族國家的形態沒有根本性的改變。在兩千餘年的君主帝國時代，愛國主義文學主要表現為報國志

〔註 1〕　《公羊傳》成公十六年。

向與對山河破碎的憂患意識〔註2〕。君主帝國時代後期，在未曾見識過的「遠夷」的巨大壓力之下，中國的天下意識逐漸讓位於主權意識。1689 年簽訂的《中俄尼布楚議界條約》裏面，「中國」作為一個主權國家的術語見之於拉丁文、滿文、俄文等三種文本。1842 年簽訂的《中英南京條約》裏，主權國家意義上的「中國」有了明確的中文表述。自鴉片戰爭以後，列強咄咄逼人，民族危機日益嚴重，國權意識愈加自覺。伴隨著民族危機的加劇，每次重大的國難國恥都會激起社會輿論和文學創作中「國家」話語的活躍，詩詞、歌謠、傳說、戲曲、說唱、戰記、演義、筆記、小品、英雄傳記、烈士墓誌銘等，呈現出鴉片戰爭、中法戰爭、甲午戰爭、庚子事變等帶給中華古國的巨大創痛。

　　陳玉樹《乙未夏擬李義山重有感》作於《馬關條約》簽訂之時，其第六首為臺灣的割讓與北國門戶洞開而深感憂慮：「雞籠浪嶠圖誰獻，鴨綠松花戶不扃。漆室更憐憂國本，後宮久未曜前星。」詩人所憂之「國本」，已非古代之君權，而是指國家的主權；詩中的「前星」也已超出了古典的「太子」之義，而是代指國家主權的傳承。鄭文焯《謁金門》第一首表達出「昨日主人今日客，青山非故國」的無限感慨。丘逢甲的《九龍有感》也傳達出同樣的意緒：「忽憶去年春色裏，九龍還是漢家山。」李伯元長篇小說《文明小史》（1903 年至 1905 年在《繡像小說》連載）中，一位候補道憤憤地說：「各式事情，一齊惟顧問官之言是聽，恐怕大權旁落，大帥自己一點主權沒有，亦非國家之福。」懼外的安徽黃撫臺無奈地感歎道：「我們中國如今還有什麼主權好講？現在那個地方不是他們外國人的。」作品藉此反映出當時中國主權慘遭侵奪的現狀。「雞林冷血生」的《英雄淚》（1910 年末至 1911 年初）、《國事悲》（1910 年末至 1911 年秋），分別借韓國被日本吞併、波蘭遭俄國吞滅之事，表達憂國之心，以啓發民眾。

　　清末流行的「時調」，也洋溢著愛國主義精神，如「痛國遺民」編《最新醒世歌謠》（光緒三十年十月群益書局初版，光緒三十二年五月增訂第 3 版），所收三十一種時調中，有的從標題上即可看出國家情思，如：愛國鄉歌、愛國歌、警世歌、歎中華、破國謠、國民歌等；有的從題目上雖然看不出來，

〔註2〕　徐培均《中華愛國文學史·導言》中有「報國之志」與「憂患意識」的歸納，參照徐培均主編《中華愛國文學史》，上海社會科學院出版社 2006 年 5 月版，第 8～10 頁。

但內容仍然有濃鬱的國家意味，如《童子調》：

正月瑞香花兒開，想起中國眼淚來。埃及印度並越南，個個做奴才。

噯兄弟嚇，前船榜樣後船看。

二月杏花映日紅，外人手段是真凶。滅國滅教又滅種，說說要心痛。

噯兄弟嚇，大家都在劫數中。

三月桃花笑壓擔，我們百姓實可憐，大唐國號數千年，今日命難延。

噯兄弟嚇，瓜分只怕在眼前。

接下來按月吟唱的歌謠，斥責滿朝文武要把「中國地皮送乾淨」，哀感「俄人占我東三省」，慨歎賠款之屈辱與山海關之危急。《近體水調》先歎俄人「鐵路功成」，「占了滿州」，我「奉天失守將軍囚，甚來由？喪國權，實在出醜」。1904 年至 1905 年，日俄戰爭在中國土地上肆虐，「苦了百姓」，法德英意，都來瓜分。第五月裏，提出了「奪還地皮」的號召。《近體紫竹調》，拿亡了的七個國家做殷鑒，來警示國人。《近體四季相思》，最為激越沉雄：

春季裏相思困人天，江山呀已被勢力圈，警烽煙。我民呀，國事日已非。人人皆婢膝，個個盡奴顏。可憐吾獨立國旗何日建？莫不是奴隸根性已天然？忘卻當初呀，我祖羲與軒，吾的民呀，你是中國的人，怎麼把心腸變？你是中國的人，怎麼把醜態獻？

夏季裏相思草閣涼，歐洲呀勢力蓋東洋，日膨脹。我國呀，總是沒收場。什麼袁與盛，什麼呂與張，可憐吾一般男子盡姑娘。莫不是紅羊浩劫由天降？報還了當年呀，專制狠心腸？吾的國呀，你是個好文明，怎做成這般樣？你是個好江山，怎做成這般樣？

秋季裏相思天氣清，西洋呀來了大兵輪，要瓜分。我天呀，酣睡幾時醒？今朝割旅順，明日送臺澎。可憐吾房捐酒捐，莫不是支那種教都該盡？一任他列強呀虎噬與鯨吞？吾的天呀，你是個當國人，怎好冤了百姓。你是個當國人，怎好害了百姓？

冬季裏相思雨雪飛，二十呀世紀風會移，盡披靡。我友呀，大局共支援，出洋到日本，留學往太西，可憐吾千鈞一髮相維繫。吾不見少年做成義大利，到如今，五洲呀，處處揚國旗？吾的友呀，你是黃帝的孫，還須爭點黃帝氣，你是中國的人，還須做點中國的事。

〔註3〕

〔註3〕 參照阿英《再談清末的時調》，1936 年 5 月 20 日上海《大晚報》副刊《火炬》，

作品中，國民性反省與國家主權意識交織在一起，彰顯出在列強逼迫下救亡圖存意識得到強化的現代特徵。

辛亥革命推翻了清朝統治，結束了延續兩千餘年的封建帝制，中華民國的建立，標誌著君主帝國轉變為現代民族國家，政體雖易，但中國作為多民族統一的國家形態則沒有改變，反而得到更為堅定的確認。中華民國最初的國旗設定為五色旗，即象徵著漢、滿、蒙、回、藏等多民族的統一共和。從辛亥到五四，也發生了一系列涉及國權的重要事件。諸如：1911 年 12 月 16 日外蒙古在沙俄的策劃與支援下宣告獨立，經過艱苦談判，雖然 1915 年 6 月 7 日簽訂的《中俄蒙協約》保留了中國的宗主權，中俄承認外蒙古自治，為中國領土之一部分，但中國喪失了實際控制〔註4〕。1913 年 3 月，中央政府所有駐藏官員及其軍隊被英國支援下的西藏分裂勢力逐出西藏，藏軍先後攻陷里塘、河口、鹽井等地，包圍巴塘、昌都，袁世凱命令四川都督兼川邊鎮守使尹昌衡率川軍出打箭爐（康定）平亂，雲南都督蔡鍔派滇軍入川助剿，川滇兩軍打敗藏兵，收復失地，解昌都、巴塘之圍〔註5〕。英國橫加干涉，企圖以「內藏」與「外藏」之分來分裂中國。日本也一再蠢蠢欲動，企圖與俄國聯手侵奪我滿蒙地區。

在這種情勢下，近代文學的國家話語得到繼承與發展。新興的學堂樂歌中出現了一批表達國家意識的作品，如 1907 年前後即已流行的歌曲《從軍新樂府》，辛亥革命之後改為《從軍樂》，國家意念更為明確。其第一首為：「漢旗五色飄飄揚，十萬橫磨劍吐光，齊唱從軍新樂府，戰雲開處震學堂。」第十首為：「軍樂悠揚列鸕鶿，天風齊蕩感情多，男兒概曉從軍樂，好唱中華愛國歌。」再如《中華國體》：「中華民國震亞東，創造共和氣象雄，永遠民主一統國，追蹤歐美表雄風。」《中華國土》：「大地混如球，劈分五大洲，中華民國震亞洲。滿蒙處北垂，回藏介西隅，東西環海形勢優。南北七千里，東西八千餘，物產饒富人煙稠。那怕歐非美，那怕海洋洲，中華國土冠全球。」〔註6〕

詩詞、筆記、小說等體裁中亦多見國家話語，如葉小鳳小說《蒙邊鳴築記》（1915 年，淺近文言），描寫江南生與俠女李朝陽在「鬍子」首領鐵鶉王的幫助下擒獲日本奸細，挫敗敵國覬覦滿蒙的陰謀，作品洞察到日本急欲攫

收《阿英全集附卷》，安徽教育出版社 2006 年 5 月版，第 133～136 頁。

〔註 4〕 1946 年 1 月，民國政府承認外蒙古獨立。

〔註 5〕 參照張憲文等著《中華民國史》第 1 卷，南京大學出版社 2005 年版，第 251 頁。

〔註 6〕 以上兩首均引自華航琛編《新教育唱歌集》，上海教育實進會 1914 年 4 月版。

奪中華國土的野心，爲當時乃至後來敲響了警鐘。李劼人的文言小說《「夾壩」》
活畫出一個英國人挑在鼻子尖上的驕傲與藏在內心深處的怯懦。英人巴白蘭
騎馬在西藏雪山行進時，目空一切，揚言「以吾英人皮鞭之利，任何狡人，
亦可使其馴服若狗，初不僅藏奴爲然也」。連身下的坐騎也不放過，斥之爲遍
遊各地所未見之「劣馬」。他自吹自擂旅行西班牙、埃及、印度等地時，遇盜
如何處亂不驚，且「殊有法詔之，勿俾其再爲盜」。然而，就是這個聲稱對弱
者稚者「詔以鞭」、對強而悍者「詔以槍」的巴白蘭，眞正遇盜時，卻現出了
膽小如鼠的原形，本來身無分毫之損，卻哭訴被「夾壩」（強盜）砍中胸部，
心房破裂。其「勇名」的面具揭去之後，先前被他痛斥的「劣馬」轉而得到
「甚佳」的稱許。作品的結尾寫道：「此馬遂食『夾壩』之賜，心感無際。」
以馬的感受來反諷巴白蘭，作者的俏皮可見一斑。這篇小說沒有直接表現英
國對西藏問題的干涉，但以嘲諷宣泄了一種民族情緒。

二、五四文學的國家話語表現

五四時期，是 20 世紀上半葉中國文學個性高張、人性解放的黃金季節。
此前，專制與禮教禁錮著生命的活力，此後，形形色色的社會潮流洶湧澎湃，
很難充分放開個性的清純歌喉。五四新文化運動帶來了個性的覺醒、人性的
解放與新文學的勃興。「人的文學」彷彿青春萌動的少男少女，驚異於自己身
體和心境的奇妙變化，敏感地捕捉那些讓自己陶醉的生命資訊，強烈地反抗
社會文化對個性和人性的壓抑，大膽地抒發切身的生命感受與個性追求。但
五四文學之所以成爲現代文學交響曲的輝煌第一章，成爲一個永遠言說不盡
的話題，正是因爲它並非「人的文學」的獨奏，而是由多重旋律交織而成的
雄渾樂章。30 年代變得突出起來的社會話語和國家話語，此時都有或隱或顯
的表現。以國家話語而論，大致可以看到如下四種形態：

第一種形態：直接描寫歷史事件。

郭沫若到日本留學第一年，適逢第一次世界大戰爆發。日本以對德國宣戰
爲名，出兵佔領德國在山東的租借地，1915 年 1 月 18 日，日本提出了妄圖獨佔
中國的「二十一條」，5 月 7 日，發出限期 48 小時答覆的最後通牒。日本的蠻橫
無理，激起了海內外華人的強烈反對。郭沫若也參加了抗議活動，一度憤而歸
國，並寫有七律表達愛國之心：「哀的美頓書已西，衝冠有怒與天齊。問誰牧馬
侵長塞，我欲屠蛟上大堤。此日九天成醉夢，當頭一棒破癡迷。男兒投筆尋常

事，歸作沙場一片泥。」同年 10 月，他在《黑潮》月刊第 1 卷第 2 期上以夏社名義發表《抵制日貨之究竟》，痛感「日人蹂躪我國權」，而「我國兵力只足以自殘同胞，無抵禦外侮之膽量」。文中認為，「以抵制日貨為抵制日人唯一無二之武器，且於無形中消滅國人奢侈苟且之習慣，實亦救國之要圖。」在提出抵制日貨的具體辦法之後呼籲道：「讀者諸君！誰為中華民國之主人翁？乃各放棄其責任，一任少數人之專制壓迫，顛倒是非，動搖我國本，侮辱我群眾。我學界同胞，既奔走呼號於前，我工商同志，速協力贊助於後。楚歌四面，家國飄搖。諸君！誰無人心，速起奮鬥！日將暮！途尚遙！此抵制日貨，不過千端萬緒中之一節。同胞！同胞！勿再彷徨中路，苟且須臾也。」文末賦詩：「少年憂患深蒼海，血浪排胸淚欲流。萬事請從隗始耳，神州是我我神州！」自我與國家融為一體，國家獲得青年學子的高度認同。

對國權問題敏感的不止於年輕的留學生，還有早已成名的通俗文學作家。1919 年 9 月 1 日出刊的通俗文學雜誌《小說畫報》第 21 期，登載了兩篇反映五四運動的小說：一篇是包天笑的《誰之罪》，描寫學生抵制日貨的愛國活動；另一篇是姚鵷雛的《犧牲一切》，講述日資洋行的一個中國職員為了表達愛國情懷，毅然辭職的故事。〔註7〕以描寫青樓生活的《九尾龜》而成名的張春帆，在晚清時曾經寫過表現官場齷齪的《宦海》與揭露社會黑暗的《黑獄》（又名《黑暗世界》），進入民國以後，新作的社會意識更見濃烈。1923 年 12 月至 1924 年在《半月》雜誌上連載的通俗小說《政海》，雖然在反映直皖戰爭、藉以揭露軍閥嘴臉上面用了大量筆墨，但也真切地表現了巴黎和會引發五四愛國運動的歷史事實。作品裏描述道，掌控實權的覃志安及其福民俱樂部（影射段祺瑞及安福系）要巴黎和會上的中國代表屈服日本的壓力，在放棄中國對青島主權的條約上簽字，愛國學生聞訊異常激憤，組織救國會到統領府請願，「在新華門外等了一天一夜，無故的給警察廳逮捕了幾個人去，又打傷了好幾個學生。這一下子的風潮可鬧得大了。始而是京城裏各學堂罷課，各苦力罷工，漸漸的這罷課罷工的風潮，推廣到南方來」。中國代表「陸威林在巴黎，因為自己的外交政策完全失敗，卻又完全是本國政府弄糟的，正在一萬分的不高興，怎禁得全國學生同團體的電報，就如雪片的一般，來

〔註7〕 《小說畫報》兩篇小說情況，參照范伯群《我心目中的中國現代文學史框架》，收《多元共生的中國文學的現代化歷程》，復旦大學出版社 2009 年 8 月版，第 7～8 頁。

得絡繹不絕，都是叫他不要簽字的。這個當兒，政府的電報也同雪片一般的飛來，叫他簽字。陸代表著實躊躇了一回，又和胡代表密密的商量了一天，竟毅然決然的拒絕簽字，立時回國。只把個覃督辦同一班福民俱樂部的人都氣得目瞪口呆，做聲不得」。

按新文學陣營激進一翼的觀點，律詩與絕句已成僵死的文體，舊體通俗小說也跟不上時代的步履，鴛鴦蝴蝶派只知卿卿我我，但如上所見，在表現國家話語的功能上，古典文體與通俗小說並不比新文學遜色，甚至更為直截、切近、快捷；包天笑、姚鵷雛、張春帆等鴛鴦蝴蝶派作家言情是高手，對國家主權的關心也絲毫不落人後。這一方面說明，所謂舊文體無法表現新時代的說法並非沒有商榷的餘地；另一方面，也反映出國人對國權問題的關注是多麼急切，近代以來國家話語傳統的底蘊是何等豐厚。

第二種形態：國家問題的背景化。

比較而言，剛剛崛起的新文學，由於最初把主要目光投射到個性解放與人性解放上面，一時間較少直接表現國家問題，而是以其作為創作背景，予以側面表現。郭沫若等留日學生，搜集日本報刊上的侵華言論，「譯成中文刻印出來，向國內的學校和報刊投寄，以期激起國人的反帝愛國熱情」〔註8〕。1919年二三月間，因「巴黎正開著分贓的和平會議」，「『山東問題』也鬧得甚囂塵上」，郭沫若有感而作小說《牧羊哀話》〔註9〕，以韓國愛國志士閔崇華反對日本吞併韓國的側寫，曲折地表達對祖國命運的關注。郁達夫的《沉淪》裏，主人公作為弱國子民，在近代崛起的強國日本的社會文化氛圍中，處處備感壓抑，他在蹈海自殺前悲憤地疾呼：「祖國呀，祖國！我的死是你害我的！你快富起來，強起來吧！你還有許多兒女在那裡受苦呢！」這種天鵝之死一般的絕唱，分明緣自對於國家命運的感應。冰心《斯人獨憔悴》裏的學生兄弟穎銘、穎石，因在南京參加愛國運動，被身為社會要人的父親強行留在家裏。作品反映了學生愛國運動蓬蓬勃勃的聲勢，但衹是以此為背景，主旨在於表現家庭專制對年輕一代個性的壓抑問題。這裡，「國家」話語被巧妙地轉化成個性話語。這種轉換的動力，顯然來自於新文化啟蒙運動。

第三種形態：對中國歷史文化與現代國體的認同。

這方面最有代表性的莫過於 1922 年赴美留學的聞一多。如果說《太陽

〔註8〕 孫黨伯：《郭沫若評傳》，人民文學出版社 1987 年 8 月第 1 版，第 82 頁。
〔註9〕 1919 年 11 月 15 日刊於北京《新中國》雜誌。

吟》、《憶菊》還衹是海外游子愛國情懷的抒發的話，那麼，《醒呀！》則已形象地表現出對五族共和國體的準確認識：

......

（漢）我叫五嶽的山禽奏樂，

我叫三江的魚龍舞蹈。

醒呀！神明的元首，醒呀！

（滿）我獻給你長白的馴鹿，

我獻給你黑龍的活水。

醒呀！勇武的單于，醒呀！

（蒙）我有大漠供你的馳驟，

我有西套作你的庖廚。

醒呀！偉大的可汗，醒呀！

（回）我給你築碧玉的洞宮，

我請你在蔥嶺上巡狩。

醒呀！神聖的蘇丹，醒呀！

（藏）我吩咐喇嘛日夜禱求，

我焚起麝香來歡迎你。

醒呀！莊嚴的活佛，醒呀！

......

醒呀！請扯破了夢魘的網羅。

神州給虎豹豺狼糟蹋了。

醒了罷！醒了罷！威武的神獅！

聽我們在五色旗下哀號。

聞一多在《現代評論》第2卷第29期（1925年6月27日）發表此詩時，加上了一段說明：

這些是歷年旅外因受盡帝國主義的閒氣而喊出的不平的呼聲；本已交給留美同人所辦一種鼓吹國家主義的雜誌名叫《大江》的了。但目下正值帝國主義在滬漢演成這種慘劇，而《大江》出版又還有些日子，我把這些詩找一條捷徑發表了，是希望他們可以在同胞中激起一些敵愾，把激昂的民氣變得更加激昂。我想《大江》的編輯必

能諒解這番苦衷。

近代以來，列強的步步進逼激發了中國人的現代國家意識。第一次世界大戰結束之後，中國作爲戰勝國之一的權益非但沒有得到應有的保障，反而面臨列強重新瓜分的厄運，這無疑爲國人增強國家意識提供了催化劑。身在海外備受歧視的留學生，其民族自尊心、國家命運危機感與國家主權意識尤其強烈。聞一多、羅隆基等清華留美學生，對在 19 世紀以來歐洲民族解放運動中起到積極作用的國家主義產生了濃鬱的興趣，於 1923 年春形成通信小組，同年 9 月組織大江學會，1924 年 9 月，成立大江會。大江會成員在五色旗下共同宣誓，提倡國家主義，對外捍衛國家主權，對內主張自由民主〔註 10〕。正是在這種背景下，聞一多創作了一批國家意識與愛國情愫水乳交融的作品。在刊載《醒呀！》的《現代評論》下一期（第 2 卷第 30 期，1925 年 7 月 4 日）上，他又發表了《七子之歌》。《七子之歌》「小序」言：「邶有七子之母不安其室。七子自怨自艾，冀以回其母心。詩人作《凱風》以愍之。吾國自尼布楚條約迄旅大之租讓，先後喪失之土地，失養於祖國，受虐於異類，臆其悲哀之情，蓋有甚於《凱風》之七子。因擇其與中華關係最親近者七地，爲作歌各一章，以抒其孤苦亡告，眷懷祖國之哀忱，亦以勵國人之奮興云爾。國疆崩喪，積日既久，國人視之漠然。不見夫法蘭西之 Alsace-Lorraine 耶？『精誠所至，金石能開。』誠如斯，中華『七子』之歸來其在旦夕乎！」組詩深情拳拳地吟道：

澳門

你可知「媽港」不是我的眞名姓？

我離開你的襁褓太久了，母親！

但是他們擄去的是我的肉體，

你依然保管著我內心的靈魂。

三百年來夢寐不忘的生母啊！

請叫兒的乳名，叫我一聲「澳門」！

母親！我要回來，母親！

香港

我好比鳳闕階前守夜的黃豹，

母親呀，我身分雖微，地位險要。

〔註10〕參照聞黎明《聞一多與「大江會」——試析 20 年代留美學生的「國家主義觀」》，《近代史研究》1996 年第 4 期。

如今獰惡的海獅撲在我身上，
啖著我的骨肉，咽著我的脂膏；
母親呀，我哭泣號啕，呼你不應。
母親呀，快讓我躲入你的懷抱！
母親！我要回來，母親！

臺灣

我們是東海捧出的珍珠一串，
琉球是我的群弟我就是臺灣。
我胸中還氤氳著鄭氏的英魂，
精忠的赤血點染了我的家傳。
母親，酷炎的夏日要曬死我了；
賜我個號令，我還能背城一戰。
母親！我要回來，母親！

威海衛

再讓我看守著中華最古的海，
這邊岸上原有聖人的丘陵在。
母親，莫忘了我是防海的健將，
我有一座劉公島作我的盾牌。
快救我回來呀，時期已經到了。
我背後葬的儘是聖人的遺骸！
母親！我要回來，母親！

廣州灣

東海和廣州是我的一雙管鑰，
我是神州後門上的一把鐵鎖。
你為什麼把我借給一個盜賊？
母親呀，你千萬不該拋棄了我！
母親，讓我快回到你的膝前來，
我要緊緊地擁抱著你的腳踝。
母親！我要回來，母親！

九龍

我的胞兄香港在訴他的苦痛，

母親呀，可記得你的幼女九龍？

自從我下嫁給那鎮海的魔王，

我何曾有一天不在淚濤洶湧！

母親，我天天數著歸寧的吉日，

我只怕希望要變作一場空夢。

母親！我要回來，母親！

旅順，大連

我們是旅順，大連，孿生的兄弟。

我們的命運應該如何的比擬？

兩個強鄰將我來回的蹴蹋，

我們是暴徒腳下的兩團爛泥。

母親，歸期到了，快領我們回來。

你不知道兒們如何的想念你！

母親！我們要回來，母親！

組詩分別以「七地」為題，以母子來喻指七個被割讓給列強的地區與祖國的血脈關係。澳門、香港、臺灣、威海衛、廣州灣、九龍、旅順與大連託於七子，訴說離開母親的痛苦與「母親！我要回來，母親！」的執著信念與「天天數著歸寧的吉日」的迫切心情。詩歌充分表現出「七子」與祖國母體血脈一統、文化一脈相承的歷史真實與靈魂相依、親情眷戀的同胞心態，詩人的國家意識與愛國情懷縈繞其中。

　　五卅慘案前後，聞一多詩歌達到了其個人創作、也是整個現代文學的國家意識的第一個高峰〔註11〕。他在追溯中國歷史之時，既為中華悠久的歷史與光榮的傳統而自豪、自信，又為國民性的種種弊端而痛心疾首；既勇於直面中國歷史上的民族矛盾與衝突，又能夠超越晚清以來的種族革命觀念，清晰地分辨出中國古代的民族矛盾與近代以來中國同列強矛盾的根本性差異。如1925年7月15日刊載於《大江季刊》第1卷第1期的《長城下之哀歌》：

唉！何須追憶得昨日的辛酸！

昨日的辛酸怎比今朝的劫數？

〔註11〕現代文學史上國家意識的第二高峰在「九一八」事變與「一二八」事變前後，
　　　　第三個高峰在全面抗戰期間。

　　昨日的敵人是可汗，是單于，

　　都幸而闖入了我們的門庭，

　　洗盡腥羶攀上了文明底壇府，——

　　昨日的敵人還是我們的同族。

　　但是今日的敵人，今日的敵人，

　　是天災？是人禍？是魔術？是妖氛？

　　哦，銅筋鐵骨，嚼火漱霧的怪物，

　　運輸著罪孽，散播著戰爭，……

　　哦，怕不要撲熄了我們的日月，

　　怕不要搗毀了我們的乾坤！

詩歌形象地寫出了昔日民族之間的侵擾與今日國家危機的區別：往昔，即便是黃帝的子孫「披髮左衽」，也還是兄弟相殘的「酸辛」，到頭來統一於中華文明；而當歷史從帝國時代逐漸進入現代民族國家時代前後，中華面臨的卻是「今日的敵人」要「撲熄了我們的日月」、「搗毀了我們的乾坤」的「劫數」。現代文學第一代作家中，有些人曾經投身於帶有種族革命色彩的反清革命，進入民國以後，儘管種族革命意識逐漸被現代國家意識所取代，但是，他們的言論裏，還不時流露出種族革命觀念的餘緒，魯迅便有這種情形。第二代作家，接受現代民族國家觀念則要直接順暢一些，就國家意識而言，更富現代色彩，聞一多即具典型意義。

　　有的學者認為聞一多的愛國主義是「文化愛國主義」，即熱愛中國文化傳統，而否定中國的現實政治。其實，聞一多固然熱愛中國文化傳統——否定了中國悠久的歷史及其承載的偉大傳統，就意味著對中國的否定；但是，與此同時，他也熱愛中國這個現實的國家，對政治污濁與社會黑暗的否定，正是為了使國家擺脫污濁與黑暗，走向清澄與光明。聞一多的愛國主義，是文化與政治、精神與物質融為一體的愛國，他的心中始終珍藏著作為國家實體的中國。同時發表在《大江季刊》第 1 卷第 1 期的《愛國的心》〔註12〕，就以五色的心旌再次鮮明地表明瞭詩人的心跡：

　　我心頭有一幅旌旆

　　沒有風時自然搖擺；

〔註12〕此詩又載《現代評論》第 2 卷第 31 期，1925 年 7 月 11 日。

我這幅抖顫的心旌

上面有五樣的色彩。

這心腹裏海棠葉形

是中華版圖底縮本；

誰能偷去伊的版圖？

誰能偷得去我的心？

第四種形態：同階級話語、社會話語的交織。

十月革命加速了馬克思主義在中國的傳播，五四前後傳入並影響中國的，有創始期馬克思主義，也有列寧思想。列寧曾經有過革命成功之後國家即告解體的設想，十月革命成功之後，列寧對於國家的體認偏重於政權的階級屬性。對於五四新文化陣營熱中於社會革命的激進者來說，階級鬥爭理論與列寧的國家觀念較之剩餘價值理論與辯証唯物主義更容易理解與接受。陳獨秀早年曾經辦報啓迪民眾的愛國心，抵抗列強瓜分中國的魔掌，也參加過反清革命的暗殺團，組織旨在從事軍事異變行動的「岳王會」，辛亥革命後，擔任安徽都督府秘書、秘書長，後因參加反袁「二次革命」失敗而逃亡。當時，陳獨秀一度情緒低迷，在給好友章士釗的信中竟說：「自國會解散以來，百政俱廢，失業者盈天下。又復繁刑苛稅，惠及農商。此時，全國人民，除官吏兵匪偵探之外，無不重足而立。生機斷絕，不獨黨人爲然也。國人惟一之希望：外人之分割耳。」〔註13〕這顯然是憤激之語，但除了見得出陳獨秀性格的偏激一面之外，也透露出其思想上的矛盾：當國家政治問題嚴重之時，如何處理國家救亡與政治革命的關係？這種困惑在五四時期乃至後來仍不時表現出來。

五四愛國運動高漲之際，陳獨秀在《我們究竟應當不應當愛國？》（《每周評論》第 25 號，1919 年 6 月 8 日）一文中說：

要問我們應當不應當愛國，先要問國家是什麼。原來國家不過是人民集合對外抵抗別人壓迫的組織，對內調和人民紛爭的機關。善人利用他可以抵抗異族壓迫，調和國內紛爭。惡人利用他可以外而壓迫異族，內而壓迫人民。

……

〔註13〕轉引自胡明《正誤交織陳獨秀》，人民文學出版社 2004 年 5 月第 1 版，第 72頁。

> 我們愛的是人民拿出愛國心抵抗被人壓迫的國家，不是政府利用人
> 民愛國心壓迫別人的國家。
>
> 我們愛的是國家爲人謀幸福的國家，不是人民爲國家做犧牲的國家。

本來，20世紀初，陳獨秀從事愛國啓蒙時，分得清國家與朝廷的差異〔註14〕，可是到了五四時期，革命思想進步了，國家觀念卻變得模糊起來。在1927年2月7日《嚮導》周報第187期「寸鐵」專欄發表的一組雜文中，他強調的仍然是國家的階級屬性，正因爲如此，他才斥責國家主義者「贊成軍閥政府侵略蒙古民族」。顯然，在陳獨秀這裡，政權的階級屬性比國家的主權性更爲重要。這種情形並非陳獨秀所獨有，在全面抗戰爆發之前，左翼陣營多數創作有意無意地迴避國家話語，對大力表現國家話語的民族主義文藝運動則施以猛烈的抨擊。

辛亥革命雖然以民國取代了清朝，也結束了兩千餘年的封建帝制，但是，勝利成果一度被袁世凱竊取，袁氏死後，各派政治力量逐鹿中原，北京政府的權柄像走馬燈一樣在各派軍閥手裏輪換，而南方革命政權在北伐戰爭之前影響有限。五四前後，中國處於錯綜複雜的民族危機、政治危機與文化危機之中，同時，危機也醞釀著鳳凰涅槃的生機，新文化運動便是生機的重要表徵。新文化運動高潮期，階級話語尚未見出足夠的力度，個性話語則異常活躍，常常與國家話語交織在一起，甚至有時沖淡國家話語。而五卅事變與三一八慘案的發生，在一定程度上加大了文壇上國家話語的聲勢，但其中顯而易見地彙入了社會話語。譬如，三一八慘案本來是由北京市民反對日本干涉中國內政、侵犯中國主權引發，但魯迅先後發表的《無花的薔薇之二》、《「死地」》、《可慘與可笑》、《記念劉和珍君》等雜文，矛頭所向主要是虐殺愛國青年的執政府當局，其次是「以爲學生們本不應當自蹈死地，前去送死的」「幾個論客」〔註15〕。在這裡，國家話語被激憤的社會話語所淹沒。

然而，也有不少作家表現出對國家話語與社會話語的雙重關注。聞一多在1926年4月1日出刊的《晨報》副刊《詩鐫》第1號發表《文藝與愛國——紀念三月十八》，文中說：「鐵獅子胡同大流血之後《詩刊》就誕生了，本

〔註14〕陳獨秀1903年5月17日在安慶拒俄大會上發表演說，以《安徽愛國會演說》爲題刊於同年5月26日《蘇報》。1904年，在《安徽俗話報》上發表《瓜分中國》、《說國家》、《亡國篇》等文。收《陳獨秀著作選》第1卷，上海人民出版社1993年4月第1版。

〔註15〕魯迅：《「死地」》，初刊1926年3月30日《國民新報副刊》，收《華蓋集續編》。

是碰巧的事，但是誰能說《詩刊》與流血——文藝與愛國運動之間沒有密切的關係？『愛國精神在文學裏』，我讓德林克瓦特講，『可以說是與四季之無窮感興，與美的逝滅，與死的逼近，與對婦人的愛，是一種同等重要的題目。』愛國精神之表現於中外文學裏已經是層出不窮，數不勝數了。愛國運動能夠和文藝復興互爲因果，我只舉最近的一個榜樣——愛爾蘭，便是明確的證據。」「我們的愛國運動和新文學運動何嘗不是同時發軔的？他們原來是一種精神的兩種表現。在表現上兩種運動一向是分道揚鑣的。我們也可以說正因爲他們沒有攜手，所以愛國運動的收效既不大，新文學運動的成績也就有限了。」「愛爾蘭的前例和我們自己的事實已經告訴我們了：這兩種運動合起來便能互收效益，分開來定要兩敗俱傷。所以《詩刊》的誕生剛剛在鐵獅子胡同大流血之後，本是碰巧的；我卻希望大家要當他不是碰巧的。我希望愛自由，愛正義，愛理想的熱血要流在天安門，流在鐵獅子胡同，但是也要流在筆尖，流在紙上。」「同是一種熱烈的情懷，犀利的感覺，見了一片紅葉掉下地來，便要百感交集，『淚浪滔滔』，見了十三齡童的赤血在地上踩成泥漿子，反而漠然無動於衷。這是不是不通人情？我並不要詩人替人道主義同一切的什麼主義捧場。因爲講到主義便是成見了。理性鑄成的成見是藝術的致命傷；詩人應該能超脫這一點。詩人應該是一張留聲機的片子，鋼針一碰著他就響。他自己不能決定什麼時候響，什麼時候不響。他完全是被動的。他是不能自主，不能自救的。詩人做到了這個地步，便包羅萬有，與宇宙契合了。換句話說，這就是所謂偉大的同情心——藝術的眞源。」「並且同情心發達到極點，刺激來得強，反動也來得強，也許有時僅僅一點文字上的表現還不夠，那便非現身說法不可了。所以陸游一個七十衰翁要『淚灑龍床請北征』，拜倫要戰死在疆場上了。所以拜倫最完美，最偉大的一首詩也便是這一死。所以我們覺得諸志士們三月十八日的死難不僅是愛國，而且是最偉大的詩。我們若得著死難者的熱情的一部分，便可以在文藝上大成功；若得著死難者的熱情的全部，便可以追他們的蹤跡，殺身成仁了。因此我們就將《詩刊》開幕的一日最虔誠的獻給這次死難的志士們了！」《詩鐫》第 1 號上，除了志摩的《詩刊弁言》之外，刊有十篇作品，直接或間接表現三一八慘案的有八篇之多。如聞一多的《欺負著了》，以一位母親的口吻述說自己的憤懣與困惑：「老大爲他們死給外國人，／老二幫他們和洋人拼命——／幫他們又給他們活殺死，／這到底到底是怎麼回事！」「三兒還幫不幫你們鬧了？——／我總算給

你們欺負著了！」又如劉夢葦的《寫給瑪麗雅》:「中華底政府前血翻紅浪，／成了愛國志士底屠戮場——」,「如我們對祖國猶存希望，／試想把它放在誰人身上？」于賡虞的《不要閃開你明媚的雙眼》,則在反語裏交織著對中華的摯愛與對殺戮者的義憤:「靜靜的睡去罷，不要，不要在此陰暗的黃昏／再向，再向你心愛的中華閃開明媚的雙眼。」

三、弱小民族文學翻譯的寄託

五四時期，國家、民族意識不止表現在文學創作之中，也體現在對弱小民族文學的翻譯上面，借他人之酒杯澆我中華民族飽受壓迫與屈辱之塊壘。說翻譯文學是中國現代文學的有機組成部分，這也是根據之一。

鴉片戰爭以來愈益加重的民族危機，逐漸喚起了中華民族的覺醒，尤其是甲午戰爭敗於從前的學生日本手下，中國人在品嘗了巨大的恥辱之後對民族壓迫的話題分外敏感，開始注意到《黑奴籲天錄》這樣的反抗民族壓迫的作品。第一次世界大戰以中國所參加的協約國的勝利告終，但並沒有改變中國飽受列強侵奪的地位，於是爆發了五四愛國運動，而後又由一系列慘案激起「五卅運動」等反帝愛國運動。在這種背景下，被壓迫的弱小民族的文學得到了五四時期翻譯界的熱切關注。

魯迅早在留學時代，就曾深為《黑奴籲天錄》所感動，在給友人的信中說:「曼思故國，來日方長，載悲黑奴前車如是，彌益感喟。」〔註16〕他十分關注芬蘭、菲律賓、越南的事情與匈牙利的舊事，對為幫助希臘獨立而英勇獻身的拜倫與波蘭的復仇詩人密茨凱維奇、匈牙利的愛國詩人裴多菲產生過強烈的共鳴，到了五四時期仍然對這樣的詩人保持著深沉的熱情。魯迅早年為之感動的還有被西班牙殖民政府殺害的菲律賓民族獨立運動領袖、詩人黎沙路，梁啟超曾經譯過他的絕命詩《我的最後的告別》(譯詩題為《墓中呼聲》)。五四時期，魯迅對這位亞洲的民族英雄仍然念念不忘，幾次向年輕的友人李霽野談到黎沙路，並說北京大學圖書館裏似乎有他的詩集英譯本，可加以介紹〔註17〕。

〔註16〕《致蔣抑巵》,《魯迅全集》第 11 卷，人民文學出版社 1981 年第 1 版，第 321 頁。

〔註17〕參照李霽野《厘沙路和他的絕命詩》,收《李霽野文集》第 2 卷，百花文藝出版社 2004 年版。

周作人曾與魯迅一道通過《域外小說集》譯介被壓迫民族的文學，五四時期這方面的翻譯更多，譯有波蘭、南非、新希臘、猶太、保加利亞、芬蘭等弱小民族的作品。波蘭顯克微支的《酋長》（收《點滴》，北京大學出版部1920年8月版）就是很有典型意義的一篇。美洲印第安人黑蛇部落都會卻跋多被殖民者殺光燒光，就連外出打獵而倖免於難的12名獵人，7年後被捉住也還是被殘忍地絞死。現代文明的城鎮建立在殺戮無辜的血腥之上，移民在絞死獵人的市場上設了一所同善局，每逢周日，牧師便在那裡教誨人們應該愛他的鄰居，尊重別人的產業，以及此外一切文明社會必要的道德。一個旅行演說家，還在此朗誦過一篇論文，題為《論各國民之權利》。人們早已忘卻或者根本不知道過去的血腥。馬戲團來此表演，以走索者黑鷺為黑蛇酋長古王之末孫做廣告。來到其祖墳之地賣藝的黑鷺威武雄壯，頭如老雕，身如美洲虎，淒厲的戰叫、要為黑蛇部落復仇的《死之歌》與狂放的《死之舞》令人恐懼，可是這勇士轉瞬卻喘息、困倦地拿來一張錫盤，向本來驚恐萬狀的看客懇求賞賜。這些無疑是對殖民行為與被殖民者奴性的辛辣反諷。周作人對顯克微支十分推重，曾經譯過他的《炭畫》、《樂人揚珂》、《天使》、《燈檯守》等，在《酋長》譯後附記中強調這位波蘭作家「最恨日爾曼人，譏刺攻擊，無所不至」。後來，周作人見《小說月報》「被損害民族的文學號」中竟然沒有顯克微支的作品，深表不滿，重要原因之一就在於顯克微支對被損害的弱小民族抱有發自肺腑的同情與希冀。

不少譯壇健將都在弱小民族文學的翻譯方面投入精力。如沈雁冰就譯過愛爾蘭、猶太、烏克蘭、匈牙利、波蘭、捷克、克羅地亞、阿根廷、尼加拉瓜、亞美尼亞、保加利亞、巴西、土耳其、埃及、黎巴嫩、智利等國的作品。譯壇新人也不甘落後，王魯彥1926年出版了譯著《猶太小說集》，1928年又結集出版了《顯克微支小說集》與所收多為波蘭、匈牙利、保加利亞、芬蘭等國作品的《世界短篇小說集》。

伴隨著新文學運動的發展，弱小民族文學的翻譯呈上陞趨勢。1915年10月《新青年》第1卷第2號刊出泰戈爾的《讚歌》之後，隔了兩年多，自1918年6月第4卷第6號「易卜生號」起，弱小民族的文學作品多了起來，所屬有印度、挪威、芬蘭、丹麥、波蘭、猶太、亞美尼亞、愛爾蘭等。《小說月報》全面改革以後，有意識加強弱小民族文學的譯介，沈雁冰在第12卷第6號《最後一頁》中表示：「我們從第七期起欲特別注意於被屈辱民族的新興文學和小民族

的文學；每期至少有新猶太、波蘭、愛爾蘭、捷克斯拉夫等民族的文學譯品一篇，還擬多介紹他們的文學史實。」《小說月報》實踐了這一計劃，翻譯的作品來自波蘭、挪威、匈牙利、印度、猶太、亞美尼亞、阿富汗、捷克（波西米亞）、喬具亞（格魯吉亞）、新希臘、芬蘭、保加利亞、克羅地亞、塞爾維亞、烏克蘭、智利、巴西、安南（越南）等。1921 年 10 月 10 日出刊的第 12 卷第 10 號特闢為「被損害民族的文學號」，更是表現出新文學陣營的鮮明態度。卷頭語為情調悲愴的《烏克蘭的民謠》，接下來是《被損害民族的文學背景的縮圖》與《引言》。為了便於讀者對被損害民族的文學的理解，《縮圖》從人種（民族遺傳的特性）、因被損害而起的特別性、所處的特別環境（自然的與社會的影響）等方面，介紹了波蘭、捷克斯洛伐克、芬蘭、烏克蘭、南斯拉夫、保加利亞等國的情況。署名記者的《引言》介紹了本期刊物所譯介民族文學的語言，尤其在民族平等與精神共鳴方面強調了譯介專號的意義：「凡在地球上的民族都一樣的是大地母親的兒子；沒有一個應該特別的強橫些，沒有一個配自稱為『驕子』！所以一切民族的精神的結晶都應該視同珍寶，視為人類全體共有的珍寶！而況在藝術的天地內是沒有貴賤不分尊卑的！凡被損害的民族的求正義求公道的呼聲是真的正義真的公道，在榨床裏榨過留下來的人性方是真正可寶貴的人性，不帶強者色彩的人性。他們中被損害而向下的靈魂感動我們，因為我們自己亦悲傷我們同是不合理的傳統思想與制度的犧牲者；他們中被損害而仍舊向上的靈魂更感動我們，因為由此我們更確信人性的沙礫裏有精金，更確信前途的黑暗背後就是光明！」這期刊物集中推出了一批成果，有翻譯或譯述文章 7 篇，分別是近代波蘭、近代捷克、塞爾維亞、芬蘭、新猶太、小俄羅斯〔註18〕與立陶宛、萊多尼亞、愛沙尼亞、喬治亞（格魯吉亞）、阿美尼亞（亞美尼亞）等文學的概觀或述略；譯叢欄目有 12 個國家的 11 篇小說、10 位詩人的詩篇（其中一篇小說為英國人所作，但內容與本號主題有關）；最後的插圖也全是小民族畫家所作。為了幫助讀者更好地認識作家與作品，小說與評論的翻譯後面都有《附記》。這一期出版以後，在讀者中引起熱烈的反響。1921 年 11 月 9 日《時事新報・學燈》發表署名 C 的《介紹小說月報〈被損害民族的文學號〉》，文章說：「人類本

〔註18〕《引言》中關於小俄羅斯的界定包括：立陶宛、烏克蘭、麥羅俄羅斯。本期
　　　　《小說月報》中《小俄羅斯文學略說》與《新興小國文學述略——立陶宛、
　　　　萊多尼亞、愛莎尼亞、喬治亞、阿美尼亞五小國的文學》是兩篇文章，所以
　　　　分別列出。

是絕對平等的。誰也不是誰的奴隸。一個民族壓伏在別一個民族的足下，實較勞動者壓伏於資本家的座下的境遇，尤為可悲。凡是聽他們的哀訴的，雖是極強暴的人，也要心肝為摧罷！何況我們也是屢受損害的民族呢？」「我們看見他們的精神的向上奮鬥，與慷慨激昂的歌聲，覺得自己應該慚愧萬分！我們之受壓迫，也已甚了，但是精神的墮落依然，血和淚的文學猶絕對的不曾產生。」從中可以看出，五四時期大力譯介被損害民族的文學，實在是於我心有戚戚焉。愛爾蘭劇作家格雷戈里夫人致力於創建愛爾蘭民族戲劇，作品多有反抗外來統治、主張民族獨立的內涵。獨幕劇《月出》作於愛爾蘭爭取民族獨立運動中的1907 年，寫一名當時隸屬於英國政府的愛爾蘭警官在碼頭識破扮作流浪藝人的越獄者（抵抗運動領導人）的身份，抓捕越獄者的官方職責與民族同情心、民族獨立意志發生衝突，警官最後放棄了逮捕。這個劇本引起中國翻譯界與戲劇界的注意，五四時期有爽軒據此改編的《月出時》，收入凌夢痕編著《綠湖》第一集（民智書局 1924 年 2 月），後來又有黃藥眠譯本《月之初升》（上海文獻書房 1929 年 5 月）、陳鯉庭編譯、陳治策改編的《月亮上升》（北平中華平民教育促進會 1935 年 5 月）等版本問世。舒強、何茵、呂復、王逸據此改編的《三江好》（武漢戰爭叢刊社 1938 年 1 月）廣為傳播，演出反響強烈。〔註19〕

綜上所述，現代文學的國家話語並非起源於 1931 年的九一八事變或 1932 年的一二八事變，而是上承近代文學的國家話語乃至古代文學的愛國主義傳統，在五四時期就呈現出豐富多彩的形態。五四文學的國家話語，並沒有因為個性高張而中止，而是隨著五四愛國運動以及五卅慘案、三一八慘案等事件的發生，有了新的發展。五四文學不是個性解放話語的一枝獨秀，而是個性話語、國家話語與社會話語等多重線索交織並進、交相輝映的姹紫嫣紅。

〔註19〕參照王建開《五四以來我國英美文學作品譯介史》，上海外語教育出版社 2003 年 1 月第 1 版，第 240 頁。

第四章　30 年代民族主義文學的評價問題

　　五四時期，文學中雖然一直延續著近代以來的國家話語，但最為激昂的旋律還是要屬人性解放與個性解放。二三十年代，國內相繼發生了北伐戰爭及其帶來的勝利果實——南北統一，四一二政變以及由此濫觴的國共十年內戰，還有國民黨內部的蔣桂戰爭、蔣馮戰爭、中原大戰，社會問題日漸突出，於是，文學在繼續推進人性解放與個性解放的同時，含有民生與民權的社會主題之比重明顯加大，左翼文學異軍突起，聲勢浩大，民主主義文學與自由主義文學也都程度不同地染上了階級鬥爭的色彩；另一方面，外國勢力並未終止對中國的侵奪，甚至更有咄咄逼人之勢。1928 年 5 月日本一手製造了濟南慘案，1929 年，東北發生了中蘇武裝衝突、中國軍隊連連失利的中東路事件，尤其是自 1931 年九一八事變起，日本步步緊逼，1932 年挑起一二八事變，1933 年闖進榆關，進攻長城防線，華北危機日益加重，中華民族被逼上了危亡的邊緣，於是，文學自然而然地興起了民族主義大潮，等到全面抗戰爆發，抗日救亡成為中國文學的主旋律。

　　對 30 年代民族主義文學如何評價，一直是個問題。30 年代，左翼文學陣營曾經激烈抨擊民族主義文藝運動，對後來幾十年間的文學史敘述與評價產生了重要影響，尤其是魯迅對民族主義文藝運動的批判，成為眾多現代文學史著述否定 30 年代民族主義文學的根據。近年來，在民族主義理論熱潮湧動與民國史學科長足進展的背景下，現代文學界重新審視 70 餘年前的民族主義文藝運動，發現它並非如魯迅乃至整個左翼陣營所批判的那樣一無是處，而是具有一定的歷史必然性與合理性。那麼，這一運動究竟是如何發生發展的，在現代文學史上處於何種地位？魯迅乃至左翼是怎樣評價的，為何會做出那

樣的評價？我們今天應該怎樣看待這些評價？本章擬就這些問題進行考察與分析，以期全面而準確地認識民族主義文藝運動這一歷史現象。

一、民族主義文藝運動的來龍去脈

　　1930 年 6 月 1 日，朱應鵬、范爭波等人在上海成立前鋒社，發起了民族主義文藝運動。前鋒社先後創辦《前鋒周報》（1930 年 6 月 22 日～1931 年 5 月 31 日）、《前鋒月刊》（1930 年 10 月 10 日～1931 年 4 月 10 日）與《現代文學評論》（1931 年 4 月 10 日～1931 年 10 月 20 日）。朱應鵬編輯的《申報》「本埠增刊」上的副刊《書報介紹》、《藝術界》與《青年園地》也是前鋒社的重要陣地。〔註1〕此外，《草野周刊》、《時代青年》、《長風》、《文藝月刊》、《開展》、《青燈》、《初陽旬刊》、《青萍月刊》、《當代文藝》、《星期文藝》、《電影雜誌》、《矛盾》、《橄欖》、《流露》、《新壘》、《黃鍾》、《前途》、《汗血》、《民族》、《文學新聞》、《民族文藝》、《時代文藝》、《建國月刊》、《文化批判》、《火炬》、《奔濤》等刊物，也在不同程度上參與了民族主義文藝運動。前鋒社及其周邊社團彼此呼應，大造聲勢，民族主義文藝運動產生了一定的影響。〔註2〕《申報・書報介紹》、《當代文藝》等對民族主義文藝刊物稱賞有加，《開展》月刊創刊號（1930 年 8 月 8 日）上《開端》一文甚至說：「民族主義文學，以水到渠成之勢，無疑的成為支配中國文壇的一種新的勢力了」。「支配」文壇，為時尚早，但稱為「水到渠成」的「新的勢力」卻是實事求是的。

　　這一運動的發生具有複雜的社會文化背景。一方面，國民政府於 1927 年 4 月 18 日定都南京之後，政局一直處於動盪之中。共產黨堅持武裝鬥爭，到 1930 年 6 月，全國紅軍已發展到 10 萬人，創建了中央革命根據地（閩西、粵東北與贛東南）、湘鄂西、鄂豫皖、閩浙贛、湘鄂贛、左右江等大小 15 塊革命根據地。另一方面，國民黨內部各派軍閥爭奪勢力範圍，戰事頻仍，大規模的戰爭有 1929 年的蔣桂戰爭，蔣馮戰爭，1930 年 5～10 月的中原大戰。中原大戰中，雙方動員兵力達 160 萬人以上，傷亡 30 餘萬人。南京政府急於平靖內戰，實施一元化統治，這不僅有賴於政治運籌與軍事實力，而且需要意

〔註1〕　參照倪偉《「民族」想像與國家統制──1928～1948 年南京政府的文藝政策及文學運動》，上海教育出版社 2003 年 9 月版，第 60 頁。
〔註2〕　參照倪偉《「民族」想像與國家統制──1928～1948 年南京政府的文藝政策及文學運動》，第 58、63 頁。

識形態的控制。當局標榜奉行三民主義，但 30 年代初，天災人禍，民不聊生，何談民生？一黨專制，軍事獨裁，如何侈談民權？唯有民族主義，才既易於爭取民心，又正切合南京政府欲以民族意識沖淡階級意識、以權威意識壓倒個體意識、以統一意識取代地方意識的功利目的。

此時，民族危機也日益加重。1927 年 7 月，日本首相兼外相田中義一提出《對華政策綱領》，確定了將「滿蒙」與中國本土相分離和武力干涉中國內部事務的目標。1928 年 4 月 20 日、5 月 2 日，兩批日軍藉口保護僑民，侵入濟南，擅自在城內設置「警戒區」，構築工事，與 5 月 1 日進入濟南的北伐軍形成對峙。5 月 3 日，日軍尋釁鬧事，突然向中國軍隊開槍，並用大炮轟擊。國民政府山東特派交涉員蔡公時被日軍割去舌頭及耳鼻，最後與 16 名交涉署人員同遭殺害，並被焚屍滅跡。5 月 3 日當天，慘遭屠殺的中國軍民就達 1000餘人。據濟南慘案外交後援會於同年 6 月出版的《濟南慘案》的不完全統計，截止 5 月 11 日，慘案期間，中國軍民死亡 6000 餘人，傷 1700 餘人，財產損失達 2900 餘萬元〔註3〕。同年 5 月 20 日，日本關東軍司令官村岡長太郎收到陸相白村義則的指示後，下達秘密動員令，命令駐滿洲各地部隊立即向奉天（瀋陽）移動，並準備派第 14 師團向錦州、山海關、新民屯一帶出擊奉軍。後因美國干涉，才未能實現。但關東軍拒不執行日本政府取消秘密動員的決定，策劃了「六四」皇姑屯事件，將張作霖炸死。1929 年出現全球性的經濟危機，日本侵華意圖更加明確。軍部少壯派秘密組織「櫻會」，專門策劃「國內改革」和「以武力解決滿蒙問題」。關東軍作戰主任參謀石原莞爾奉命起草了一個題為《關東軍佔領滿蒙計劃》的文件，關東軍多次組織旨在戰地踏查的「參謀旅行」（如 1929 年 7 月的「北滿參謀旅行」、10 月的「遼西參謀旅行」、1930 年 5 月的「長春參謀旅行」等），右翼組織也一再加強侵華的輿論攻勢，到 1930 年夏季，已經能夠聽得見日本將要宰割中國的霍霍磨刀聲。西部也不太平，1928 年 7 月 7 日，新疆發生政變，政治獨立性咄咄逼人〔註4〕。民族危

〔註3〕 參照張憲文等著《中華民國史》第 2 卷，南京大學出版社 2006 年 1 月第 1 版，第 19～24 頁。

〔註4〕 1933 年 4 月 12 日，新疆再度發生政變，政治獨立性有增無已。1933 年 11 月，民族分裂主義分子在新疆南部成立所謂「東土耳其斯坦伊斯蘭共和國」。時人把新疆的動亂同英國、日本、蘇聯及土耳其、阿富汗等國的活動與影響聯繫起來。參照王柯《民族與國家：中國多民族統一國家思想的系譜》，馮誼光譯，中國社會科學出版社 2001 年 4 月版，第 238 頁。

機迫在眉睫，救亡圖存輿論高漲。

正是在如此複雜的背景下，把民族主義視爲「文藝的最高意義」〔註5〕的民族主義文藝運動應運而生，並且隨著「九一八」事變、「一二八」事變的發生而愈益發展。這一運動，有相當的理論準備，傅彥長 1927 年就曾寫過一組探討文學與民族之關係的文章（收入《十六年之雜碎》，上海金屋書店 1928 年 4 月版），朱應鵬、傅彥長、張若谷合著《藝術三家言》（開明書店 1929 年版，文學周報叢書），已經提出了民族主義文藝觀念〔註6〕，到 1930 年 6 月，正式揭起了民族主義文藝運動旗幟。

《民族主義文藝運動宣言》（初載 1930 年 6 月 29 日、7 月 6 日《前鋒周報》第 2、3 期，再刊 1930 年 8 月 8 日《開展》月刊創刊號，又載 1930 年 10 月 10 日《前鋒月刊》創刊號），認爲，要想克服所謂「畸形的病態的」症候——「殘餘的封建思想」與左翼文藝——及「零碎的殘局」，必須「努力於新文藝演進中底中心意識底形成」，而「文藝底最高的使命，是發揮它所屬的民族精神和意識。換一句說：文藝的最高意義，就是民族主義」，「我們此後的文藝活動，應以我們的喚起民族意識爲中心；同時，爲促進我們民族的繁榮，我們須促進民族的向上發展的意志，創造民族的新生命。我們現在所負的，正是建立我們的民族主義文學與 藝術重要偉大的使命。」民族主義文學倡導者自覺地進行理論建設，在理論基礎、社會意義、題材內涵、藝術表現與文學批評諸方面多有探討。諸如朱大心的《民族主義文藝運動的使命》（《前鋒周報》1930 年 7 月 20 日、27 日第 5、6 期）、狄更生的《戰爭》（《前鋒周報》1930 年 8 月 3 日第 7 期）、襄華的《民族主義的文藝批評論》（《前鋒周報》1930 年 8 月 31 日第 11 期起連載）與《民族主義的戲劇論》（《前鋒周報》1930 年 11 月 9 日、16 日、23 日、30、12 月 7 日第 21～25 期）、葉秋原的《民族主義文藝之理論的基礎》（《前鋒周報》1930 年 8 月 10 日、17 日、24 日第 8、9、10 期）、張季平的《民族主義文藝的戀愛觀》（《前鋒周報》1930 年 9 月 21 日、28 日第 14、15 期）與《民族主義文藝的題材問題》（《前鋒周報》1930 年 10 月 5 日第 16 期）、湯冰若的《民族主義的詩歌論》（《前鋒周報》1930 年 10 月 12 日、19 日、26 日、11 月 2 日

〔註5〕 《民族主義文藝運動宣言》，《前鋒周報》第 2、3 期，1930 年 6 月 29 日、7 月 6 日。

〔註6〕 參照倪偉《「民族」想像與國家統制——1928～1948 年南京政府的文藝政策及文學運動》，第 53 頁。

第 17～20 期）、雷盛的《民族主義的文藝》（收入論文集《民族主義文藝論》，上海光明出版部 1930 年 10 月初版），秋濤（即王平陵）的《文學的時代性與武器文學》（南京《中央日報》1931 年 12 月 11 日、15 日第 3 張第 1 版《大道》副刊第 258、259 號），等等。平心而論，這些文章對左翼的批評雖然大可質疑，但對於文壇的分析和對民族主義文學的正面闡述倒也不無道理。相比之下，澤明的《中國文藝的沒落》、李錦軒的《最近中國文藝界的檢討》、洪爲法的《普羅列塔利亞文學之崩潰》、范爭波的《民國十九年中國文壇之回顧》、張季平的《中國普羅文學的總結》、《普羅的戲劇》、《普羅的詩歌》等，以討伐普羅文學來爲民族主義文學鳴鑼開道，其中固然不能說一無是處，但態度之偏激導致了「低俗的詆毀」與「醜陋的謾罵」。〔註7〕

　　民族主義文藝陣營中，雖然有的具有官方身份，如范爭波是國民黨上海市黨部執行委員會委員、淞滬警備司令部偵緝隊長兼軍法處長，朱應鵬的正式身份是《申報》編輯，又是國民黨上海市黨部檢查委員會委員；黃震遐、萬國全、蕭作霖爲國民黨軍官；但文化人比官方人物要多，如傅彥長爲同濟大學國文系教授，還有孫俍工、汪倜然、葉秋原、陳穆如、陳抱一、李金髮、李樸園、陳大慈、林文錚等；更多的還要說是文學青年，如王鐵華、湯增揚、黃奐若、鄒枋、宓羅、邵冠華、王墳、丁丁、徐蘇靈、張季平、湯冰若等。值得注意的是，有些自由主義作家、甚至左翼作家也被列名爲民族主義文學刊物的「特約撰述」或實際的撰稿人，如《前鋒月刊》在《現代文學評論》第 1 卷第 2 期上刊載廣告披露的 28 位「本刊特約撰述」中有：施蟄存、李青崖、邵洵美、戴望舒、杜衡、倪貽德、胡仲持、葉靈風，等。《現代文學評論》發表作品的作者有周毓英、周起應、何家槐、朱湘、陳子展、羅西（歐陽山）等；在《矛盾》月刊上發表過作品的，有鄭振鐸、熊佛西、趙銘彝、歐陽予倩、老舍、王魯彥、彭家煌、侍桁、徐遲、林辰、洪深、蹇先艾等。如果說民族主義文學刊物上少數人帶有維護當局統治的明確意圖的話，那麼，多數人則更傾向於救亡圖存的指歸；關於世界弱小民族文學的翻譯和介紹，則顯然是爲了建立民族意識、提倡民族精神。〔註8〕當然，也有一些不能歸於民族

〔註7〕　張大明：《主潮的那一面──三民主義文藝與民族主義文藝》，中國社會科學出版社 2010 年版，第 127 頁。

〔註8〕　參照張大明《主潮的那一面──三民主義文藝與民族主義文藝》，中國社會科學出版社 2010 年版，第 226 頁。

主義文學的作品。民族主義文藝運動不僅有主張，有隊伍，有陣地，而且推出了一批特色鮮明的作品，如黃震遐的《隴海線上》、《黃人之血》、《大上海的毀滅》，萬國安的《剎那的革命》、《國門之戰》、《準備》、《東北英雄傳》、《索命山》，王平陵的《期待》、孫俍工的《理想之光》（未完），心因的《野玫瑰》，李贊華的《矛盾》，潘子農的《決鬥》、《她在跳躍著》、《鹽澤》、《尹奉吉》，夢如的《戰場之上》等。

　　曾有多種文學史著作稱，民族主義文藝運動失道寡助，在左翼的抨擊之下，到了 1932 年即已銷聲匿跡。誠然，民族主義文藝運動剛剛興起時，由於前鋒社發起人的官方色彩與對左翼的激烈態度，曾為一般作家所忌諱。隨著范爭波、李贊華等人的離開上海，前鋒社自行解體，民族主義文藝運動倡導期的喧鬧隨之而逝。但是，民族主義文藝運動既非鐵板一塊的封閉營壘，亦非一成不變的僵化狀態，而是彙集了多種色調，並且在不斷地調整策略，《現代文學評論》較之《前鋒周報》與《前鋒月刊》，態度就變得溫和一些，周邊的刊物更加自由開放。〔註9〕

　　由於「九一八」事變與「一二八」事變的相繼爆發，人們越來越感受到民族危機的巨大壓力，民族主義逐漸成為文壇乃至整個社會的公共話語，因而，不僅民族主義文藝陣營有擴大之勢，而且其刊物也吸納了自由主義作家、民主主義作家、甚至左翼作家的作品；在自由主義、民主主義與左翼的出版物中，民族話語也逐漸增多。譬如李輝英《最後一課》（1932）、《萬寶山》（1933.3）、張天翼《齒輪》（1932.9）、林箐（陽翰笙）《義勇軍》（1933.1）、老舍《貓城記》（1933）、艾蕪《咆哮的許家屯》（1933）、黎錦明《戰煙》（1933）、端木蕻良《科爾沁旗草原》（1933 年完成，1939 年出版）、臧克家《罪惡的黑手》（1934）、蕭軍《八月的鄉村》（1935）、蕭紅《生死場》（1935）與各界人士的舊體詩詞等。九一八事變與一二八事變的爆發，成為張恨水以及一批被視為舊派的作家的小說創作轉變的契機。他們紛紛做起了「國難小說」，譬如有程瞻廬的《疑雲》，徐卓呆的《往哪裡逃》和《不櫛的女進士》，顧明道的

〔註9〕　柳絲《關於民族主義的文學》主張「民族主義的文學，也並不限於宣揚民族主義，事事直接有益於民族的；只要於民族主義不相牴觸，於人生的實際有用，都可以算作廣義的民族主義文學。」（收吳原編《民族文藝論文集》，杭州正中書局 1934 年版）許尚由在《三民文學》裏也贊同拓展民族主義文學的空間，並主張「利用現成的民眾文學和固有的民俗文學」（《黃鐘》第 5 卷第 7 期，1934 年 11 月 15 日）。

《為誰犧牲》，黃南丁的《肥大佐》，汪仲賢的《恐怖之窟》，其中最突出的代表是張恨水。「九・一八」事變爆發時，張恨水應嚴獨鶴之約而寫的《太平花》寫到了一半，正在《新聞報》上連載，原苦於中國連年內戰，想以人民流離之苦表現反戰思想，現在外敵入侵，原來的構想就變得不合時宜，於是變內戰之苦到敵對雙方盡釋前嫌，聯合禦侮。在北平《晨報》連載的《滿城風雨》，也由抨擊軍閥內戰轉為反抗外敵侵略，民眾自發組成義勇軍趕走了外寇。為了表達民意，激勵民氣，他在一二八事變之後的兩個月裏，寫下了短篇小說《九月十八》、《一月二十八》、《最後的敬禮》、《仇敵夫妻》與劇本《熱血之花》，還有筆記《江灣送粥老嫗》、《神槍手》、《大刀隊七百名》及大鼓詞《健兒詞》等作品，彙編成集，取名《彎弓集》，自費出版。雖然《彎弓集》尚屬急就章，題材缺乏切身感受，情調仍有舊痕，藝術上也存在著種種粗糙之處，但它畢竟是張恨水小說意味向切實、深沉、雄渾演進的重要標誌。他在《彎弓集・自序》裏說：「今國難臨頭，必以語言文字，喚醒國人」，「以小說之文，寫國難時之事物，而供獻於社會，則雖烽煙滿目，山河破碎，固不嫌其為之者矣」。「吾不文，何能作三國水滸，然吾固以作小說為業，深知小說之不必以國難而停，更於其間，略盡吾一點鼓勵民氣之意，則亦可稍稍自慰矣。」「今國難小說，尚未多見，以不才之為其先驅，則拋磚引玉，將來有足為民族爭光之小說也出，正未可料。」原來較多地品味個人感情的苦澀，現在放眼於山河破碎的國難，原來祇是想讓讀者借小說來排解苦悶，現在想到要鼓勵民氣，創作意旨的深化，使他「寫任何小說，都想帶點抗禦外侮的意識進去」。載於名編輯周瘦鵑主編的《申報・春秋》副刊上的《東北四連長》，其素材主要取自一位在東北軍當過連長的學生，用以表現在長城外堅持抗戰的下級軍官。《水滸別傳》，寫到梁山招安以後，北宋淪亡。古典新編自有其弦外之音。

反映時事敏捷、宣傳效果直接的劇本，有大量表現民族話語的作品，諸如：《二重災》（《長風》第 2 期，1930.9），谷劍塵《祖國之光》（《現代文藝》1 卷 2 期，1931.5），李羅夢、盧野馬《濟南血（五月三日）》（1931.7），殘痕《通緝書》（1931.8），國民黨浙江省黨部編印之反日宣傳劇本集《準備》（1931.10）收魯思《上前線去》、樸園據《山河淚》改作《亡國恨》、張維祺《垂死的軍人》、黃天鍾《愛國的女兒》、笠子《拼命》、貝岳《準備》，黃虯《奸細》（《當代文藝》2 卷 5 期，1931.11），阿弟哥《甲教師》（《紅玫瑰》周刊 7 卷 24 期，1931.11），嚴夢《亡國之音》（《文華藝術》月刊 26 期，1931.12），

白薇《假洋人》、《打出幽靈塔》（上海湖風書店 1931.12.20），葉沈《租界風景》
（《北斗》第 4 期，1931. 12），鄧承勳《紅酒》（《北平晨報・北晨學園》1932.1.5
～8），適夷《S.O.S（無線電急奏）》，（《北斗》2 卷 1 期，1932. 1），白薇《北
寧路某站》（《北斗》2 卷 1 期，1932.1），綏遠社會教育所《國難新劇》（綏遠
華北印刷局 1932.1）收《國難中開原之慘劇》、《國難中兩個愛國的男女青年》，
《愛國劇》，《蚌埠老農張成賓憤日自殺》，《化裝講演稿》第 1 集（山東省立
民眾教育館出版部 1932 .2）收《刀》、《萬寶山前》、《奸商誤國》、《團結禦侮》、
《良心救國》、《瀋陽血》、《逃兵》、《看你橫行到幾時》、《覺悟》、《旅長的婚
禮》、《韓人排華》、《嫩江橋畔》，國民黨河北省黨部整理委員會《抗日救國戲
劇集》（1932.3），收侯曜《山河淚》、張維祺《垂死的軍人》、黃天鍾《愛國的
女兒》、貝岳《搏戰》、《準備》、樸園《亡國恨》、魯思《上前線去》等，吻波
《最後的呼聲》（《南大週刊》126 期，1932.3.24），趙光濤《敵人之吻》（《矛
盾月刊》1 期，1932.4），袁牧之《鐵蹄下的蠕動》（《矛盾》3 期，1932.5），
李健吾《火線之內》（另名《老王和他的同志們》）、《火線之外》（另名《信號》）
（北平青年書店 1933.1），前衛戲劇作者同盟《前衛戲劇集》（1932.6）收袁文
殊《東海之光》、丹青《傷兵醫院》、吳多文《前進吧》、黃葉《紅色的熱情》、
胡春冰《嫩江》，,山東省立民眾教育館教育部《化裝講演稿》第 3 集（1932.7）
收爲容《殺敵之孝》，田漢《戰友》（《文學月報》1 卷 2 號，1932.8），田漢《暴
風雨中的七個女性》（湖風書局 1932.11）收《掃射》、《亂鐘》等，周佛西《濟
南大慘案》（大夏書局 1932.10），陳豫源《鄰患——紀念「九・一八」》（1932.9.19
～20《北平晨報・北晨學園》），趙光濤《戰壕中》，（《矛盾》月刊第 3、4 期
合刊，1932.12），袁殊《工場夜景》（文藝新聞社 1932），歐陽予倩《不要忘
了》（1932），江西蘇區教育部中央教育部集體創作《鞭痕》（1932），洪濤《抗
鬥》（廣州星星社 1932），祝成《到第一線》（《文藝戰線》1 卷 42～43 期，1933.1.9
～16），胡春冰《突變》（《矛盾》月刊 1 卷 5、6 期合刊，1933.3.5），趙銘彝
《犧牲》、袁牧之《東北女宿舍之一夜》、歐陽予倩《上海之戰》（均同上），
陳豫源《父與女》（1933.3.14～17《北平晨報・北晨學園》），吻波《生之決鬥》
（《南大週刊》第 139 期，1933.3.24），適夷《活路》（《當代詩歌戲劇讀本》，
上海樂華圖書公司 1933.3），山東省立民眾教育館發行處《化裝講演稿》第 4
集（1933.3）收小春《一走了之》、《共赴國難》、級宸《自衛》、折梧《我們的
時候到了》、《唐將軍》、紫魚《還我河山》、容若《誰的責任》，同年 4 月版第

6 集收文子《亡國慘》、折梧《中華民族的祖母》、《北國一朵花》、《法律以上》、
侯曜《復活的國魂》（大公報社出版部 1933.4.20），胡底《熱河血》（中國工農
紅軍總政治部 1933.4），龍寶鑒《平頂山》（《南風》月刊 8 卷 1 期，1933.5.1）；
方之中《突破死線》（《生存》4 卷 7 期，1933.11），孫俍工《火花》（《現代學
生》3 卷 2 期，1933.11）；蔣本沂《一條戰線》（上海樂華圖書公司 1933）〔註
10〕、孫瑜《大路》（1934）……

　　可以說，1930 年由前鋒社倡導的民族主義文藝運動，到 1932 年「一二八」
事變以後，隨著民族危機的加深，逐漸演進成與左翼文學、自由主義文學、
民主主義文學相互碰撞、相互交織、相互促動的民族主義文藝思潮，開啓了
盧溝橋事變後抗戰文學主潮之先河。

二、魯迅乃至左翼對民族主義文學的評價

　　《前鋒週報》創刊伊始，就對魯迅乃至左翼表現出敵意，第二三期連載
的《民族主義文藝運動宣言》明確地把左翼文藝運動當作文藝危機的根源之
一。左翼陣營對此自然不會視而不見。1930 年 8 月 4 日左聯執行委員會通過
的決議《無產階級文學運動新的情勢及我們的任務》，把民族主義文學派稱爲
「文學上的法西斯蒂組織」，將其運動視爲反動統治階級在文化上進攻革命營
壘、欺騙群眾的手段，表示「不管新月派怎樣板起臉孔來說文學的尊嚴，也
不管民族主義文學派怎樣在叫囂，也不管取消派怎樣在開始取消中國無產階
級文學運動，然而，他們在蓬勃的革命鬥爭事實之前，只暴露自己的反動的
眞相，在群眾中不會有多大的影響。」〔註11〕同年 8 月 24 日出刊的《前鋒週
報》第 10 期的《編輯室談話》，對左翼的攻擊更爲激烈，說左聯「更是甘心
出賣民族，秉承著蘇俄的文化委員會的指揮，懷著陰謀想攫取文藝爲蘇俄犧
牲中國的工具，致使偉大作品之無從產生，正確理論之被抹殺；作家之被包
圍，被排斥；青年之受迷蒙，受欺騙；一切都失了正確的出路：在蘇俄陰謀
的圈套下亂轉。」但也許由於左翼的高度自信和對敵手的極度輕蔑，在一年
左右的時間裏，左翼對民族主義文學並沒有實質性的回擊。

　　最初，魯迅也祇是在私人通信中對民族主義文學表示輕蔑。1930 年 9 月

〔註10〕　參照董健主編、顧文勳、陸煒、胡星亮副主編《中國現代戲劇總目提要》，南
　　　　　京大學出版社 2003 年 12 月版。
〔註11〕　《文化鬥爭》第 1 卷第 1 期，1930 年 8 月 15 日。

20 日致曹靖華信中，在對左翼文壇的消沉表示不滿的同時，說到「烏煙瘴氣的團體乘勢而起，有的是意太利式，有的是法蘭西派，但仍然毫無創作」〔註12〕。所謂「意太利式」的團體，即指民族主義文學派。在注重創作實力的魯迅看來，民族主義文學空有招牌而「毫無創作」，大可以不屑一顧。但魯迅很快就意識到了官方背景賦予這一派別的特殊力量，他在 1930 年 11 月 19 日致崔眞吾的信中說：「今年是『民族主義文學』家大活動，凡不和他們一致的，幾乎都稱爲『反動』，有不給活在中國之概，所以我的譯作是無處發表，書報當然更不出了。」〔註13〕1931 年 1 月 19 日、20 日，當局搜查華通、樂群、北新、群眾四家書店，而對發行民族主義文學刊物的現代書局及光華書局則網開一面。魯迅在 1 月 23 日致李小峰的信中推斷說：「可知此舉正是『民族主義文學』運動之一，儻北新亦爲他們出書，當有免於遭厄之望，但此輩有運動而無文學，則亦殊令出版者爲難，蓋官樣文章，究不能令人自動購讀也。」〔註14〕1931 年四五月間，魯迅應美國友人史沫特萊之約，爲美國《新群眾》作《黑暗中國的文藝界的現狀》，文章認爲，現在中國除了無產階級的革命的文藝運動之外，「已經毫無其他文藝。屬於統治階級的所謂『文藝家』，早已腐爛到連所謂『爲藝術的藝術』以至『頹廢』的作品也不能生產，現在來抵制左翼文藝的，只有誣衊，壓迫，囚禁和殺戮；來和左翼作家對立的，也只有流氓，偵探，走狗，劊子手了。」同年 7 月 20 日，魯迅在社會科學研究會的演講《上海文藝之一瞥》中，仍然堅持認爲：「現在在上海所出的文藝雜誌都等於空虛，革命者的文藝固然被壓迫了，而壓迫者所辦的文藝雜誌上也沒有什麼文藝可見。然而，壓迫者當眞沒有文藝麼？有是有的，不過並非這些，而是通電，告示，新聞，民族主義的『文學』，法官的判詞等。」直到此時，魯迅還認定民族主義文學「有運動而無文學」，因而僅僅保持著蔑視與憤怒，並無重拳出擊。

　　然而，事實與這樣的估價有著不小的距離。從 1931 年 2 月起，《隴海線上》、《國門之戰》、《黃人之血》等民族主義文學代表作在《前鋒月刊》上陸續問世。《前鋒月刊》與《前鋒周報》雖然先後於 1931 年 4、5 月終刊，但民

〔註12〕《魯迅全集》第 12 卷，人民文學出版社 1981 年版（下同，不另注），第 23 頁。
〔註13〕《魯迅全集》第 12 卷，第 29 頁。
〔註14〕《魯迅全集》第 12 卷，第 34 頁。

族主義文學脈息未斷，且有健旺的趨勢。《開展》、《現代文學評論》等也發表了一些不無價值的作品，其中還有左聯成員葉靈鳳、周毓英、彭家煌、穆木天的創作或譯作。左聯逐漸意識到民族主義文學挑戰的嚴重性，開始組織反擊。1931 年 4 月 25 日，文英在《前哨》第 1 卷第 1 期上發表《我們同志的死和走狗們的卑劣》，斥責「由劊子手，偵探，識字流氓而組織的民族主義文學」。1931 年 8 月 5 日出刊的《文學導報》第 1 卷第 2 期發表了《開除周全平、葉靈鳳、周毓英的通告》。被開除的三人之中，周全平貪污中國革命互濟會公款，屬於特殊情況；而葉靈鳳與周毓英除了放棄左聯的工作之外，很重要的一個「罪名」就是「參加反動民族主義文藝運動」〔註15〕。緊接著，《文學導報》相繼發表史鐵兒（瞿秋白）的《屠夫文學》（第 1 卷第 3 期，1931 年 8 月 20 日）、《青年的九月》（第 1 卷第 4 期，1931 年 9 月 13 日），石萌（茅盾）的《「民族主義文藝」的現形》（第 1 卷第 4 期、《〈黃人之血〉及其他》（第 1 卷第 5 期，1931 年 9 月 28 日），魯迅的《「民族主義文學」的任務和運命》（第 1 卷第 6、7 期合刊，1931 年 10 月 23 日），重炮轟擊民族主義文藝運動。

　　《「民族主義文學」的任務和運命》，痛斥「寵犬派文學之中，鑼鼓敲得最起勁的」民族主義文學，「不過是飄飄蕩蕩的流屍」。魯迅首先拿來作靶子的，是《隴海線上》中敘事主人公放哨時的一段想像——「每天晚上站在那閃爍的群星之下，手裏執著馬槍，耳中聽著蟲鳴，四周飛動著無數的蚊子，那樣都使人想到法國『客軍』在非洲沙漠裏與阿剌伯人爭鬥流血的生活。」這部帶有紀實色彩的小說，描寫的環境是北軍長期經營、戰亂不斷、匪患猖獗、因而百姓對軍人恨之入骨的河南農村，蔣馮閻中原大戰中，中央軍一支七人小部隊身陷其中，孤立無援，所以才有關於「法國『客軍』在非洲沙漠裏與阿剌伯人爭鬥流血」的聯想。這本是作品中的一個細枝末節，但魯迅與瞿秋白同樣，抓住這一細節，引申批駁說，把軍閥混戰看作對異族作戰，「大一點，則說明了中國軍閥為什麼做了帝國主義的爪牙，來毒害屠殺中國的人民，那是因為他們自己以為是『法國的客軍』的緣故；小一點，就說明中國的『民族主義文學家』根本上只同外國主子休戚相關，為什麼倒稱『民族主義』，來矇混讀者，那是因為他們自己覺得有時好像臘丁民族，條頓民族了的緣故。」

〔註15〕此為《通告》中關於周毓英的定論，對葉靈鳳的定論是「實際的為國民黨民族主義文藝運動奔跑，道地的做走狗」。

　　接下來，魯迅把鋒芒指向了黃震遐描寫成吉思汗之孫拔都元帥西征的劇詩《黃人之血》。這部劇詩規模宏大，內容龐雜，既有東西方文明——希臘思想、希伯來思想、游牧思想——的碰撞與交融，也有對一千年前黃種人征服白種人的自豪，還有對歷史教訓的總結——韃靼、女眞、漢人與契丹四員悍將「四匹馬走著同一的路徑，／四把刀兒一顆心」之時，所向披靡；而當英雄爲情欲所亂時，則分崩離析，一敗塗地。作品交織著複雜的矛盾：似乎推崇一種強悍的「大亞細亞主義」，但作者自己也意識到「大亞細亞主義」有軍國主義之嫌，便試圖以漢人、女貞、契丹的反叛來寓指著各民族的反抗。對這樣一部作品，褒貶殊異。民族主義文學陣營一致叫好，甚至稱譽黃震遐爲「東方的拜倫」；而左翼陣營則齊聲斥責，批判其用心險惡。魯迅認爲，「亞細亞勇士們張大」的「吃人的血口」，在劇詩作者這裡「卻是對著『斡羅斯』，就是現在無產者專政的第一個國度，以消滅無產階級的模範——這是『民族主義文學』的目標；但究竟因爲是殖民地順民的『民族主義文學』，所以我們的詩人所奉爲首領的，是蒙古人拔都，不是中華人趙構，張開『吃人的血口』的是『亞細亞勇士們』，不是中國勇士們，所希望的是拔都的統馭之下的『友誼』，不是各民族間的平等的友愛——這就是露骨的所謂『民族主義文學』的特色」。批判誠然激烈而俏皮，但已經脫離了文本及其表現的歷史，因爲那時西征的是強悍威猛的拔都而不可能是向金稱臣納貢的趙構，在君主帝國時代〔註 16〕，實力決定國家之間、民族之間的關係，那時不可能存在「各民族間的平等的友愛」。以現代社會的民族關係理想來要求古代社會的民族關係，是一種與歷史主義精神相悖的苛求。以作品中涉及到古代的斡羅斯來認定作者是把矛頭對準現代的蘇聯，批評者自然有做此聯想的自由，但在邏輯上未嘗沒有缺失。從黃震遐的身份與立場來說，他對社會主義蘇聯不會有好感，書寫拔都西征題材時，未始沒有一點敵視的感情投射。但是，就這部劇詩的主旨來說，是借助蒙古人西征的歷史題材來鼓舞民族精神，用合則勝分則敗的經驗教訓來警示國人應該維護中央權威、一致對外。鼓舞民族精神這一點與 1937 年 4 月 11 日在《大公報》文藝副刊上發表、并獲得好評的孫毓棠的敘事長詩《寶馬》意趣相通，當然在歷史分寸感的把握方面尚有缺憾。

〔註16〕現代民族國家理論認爲，歷史上的國家有三種基本形態：原始國家，君主帝國，現代民族國家。

《「民族主義文學」的任務和運命》還譏刺了「『民族主義』旗下的報章上所載的小勇士們的憤激和絕望」。「小勇士們的憤激和絕望」固然有嫌稚嫩，但確也表達出絕望中的抗爭精神。如蘇鳳的《戰歌》：

　　　　戰啊，下個最後的決心，

　　　　殺盡我們的敵人，

　　　　你看敵人的槍炮都響了，

　　　　快上前，把我們的肉體築一座長城。

　　　　雷電在頭上咆哮，

　　　　浪濤在腳下吼叫，

　　　　熱血在心頭燃燒，

　　　　我們向前線奔跑。

魯迅則認為，「民族主義文學」青年的「發揚踔厲，或慷慨悲歌的文章」，是對「不抵抗主義，城下之盟，斷送土地這些勾當」，盡著掩飾與忘卻的任務。如此斷語，大有「非我族類，其心必異」的意味——只要是來自民族主義文學陣營的聲音，必然都是當局的幫閒或幫兇。其實，《戰歌》這樣的作品真實地表達出年輕一代救亡圖存的慷慨激情。1935 年 4 月，田漢作詞、聶耳譜曲的電影《風雲兒女》主題歌《義勇軍進行曲》唱道：

　　　　起來，不願做奴隸的人們！

　　　　把我們的血肉，

　　　　築成我們新的長城！

　　　　中華民族到了最危險的時候，

　　　　每個人被迫著發出最後的吼聲。

　　　　起來！起來！起來！

　　　　我們萬眾一心，

　　　　冒著敵人的炮火前進！

　　　　冒著敵人的炮火前進！前進！前進！進！」

兩相比較，意趣、甚至包括句子是何等相像！

　　日本侵略者悍然侵略東北，激起了「國難聲中」的輿論熱潮。1931 年 10 月 6 日，謝六逸、朱應鵬、徐蔚南、傅彥長、張若谷、邵洵美、楊昌溪、汪馥泉、趙景深、蕭友梅等 27 名作家發起上海文藝界救國會，支援民族主義文學運動的《草野》雜誌第 6 卷第 7 號，刊載了相關報導。茅盾很快做出反應，

10月23日在《文學導報》第1卷第6、7期合刊發表《評所謂「文藝救國」的新現象》，批評謝、趙、徐、張等「祇是向來灰色的幾個人」，「在『救國』的面具下向民族主義派的一種公開的賣身投靠」。接著，魯迅1931年12月11日在《十字街頭》第1期發表《沉滓的泛起》，把救國會的發起活動和以愛國為名的「靈藥」與歌舞表演廣告、還有謝六逸選譯的《近代日本小品文選》與傅彥長、朱應鵬、張若谷合著的《藝術三家言》等一併譏刺為「泛起來的沉滓」。實際上，「九一八」事變後，北平、上海等地，各界紛紛組織救國會，開會、遊行、發表宣言此起彼伏，上海文藝界救國會正是在這一背景下成立的，應該說是表達了愛國熱情。1932年2月1日，謝六逸在左翼周邊刊物《文藝新聞》第47號發表《謝六逸聲明》，表示「根本上我不懂得什麼叫做民族主義文學，我對於此種理論，既沒有寫文章斥罵的義務，也毫無附和稱揚的意思。」那些將他列為「民族主義文學者」的人，或是本身即是，或是對民族主義文學理論「有精密研究的人」，能夠從他的說話、文字、穿衣證明他確是無疑，否則，「都是出於誤會」。《文藝新聞》最早披露「左聯五烈士」遇害的消息，也曾揭露開展社等民族主義文學社團接受官方資助的內幕，魯迅後來還在此刊物上發表了《上海文藝之一瞥》等文章，對這家刊物應該不會陌生，然而未見對《謝六逸聲明》的回應，大概他也意識到了論戰中的誤解。

1932年11月22日，魯迅在北平輔仁大學發表的演講《今春的兩種感想》中，批評「中國實在是太不認真」時說：「以前有所謂民族主義的文學也者，鬧得很熱鬧，可是自從日本兵一來，馬上就不見了。我想大概是變成為藝術而藝術了吧。」這是講演中的順便一擊，而非專論，但反映出魯迅對於民族主義文學的輕蔑態度未變。事實上，「九一八」事變後，民族主義文學並未消逝，反而因為民族危機的迫在眉睫而擴大了影響。譬如南京的文學月刊《矛盾》，從1932年4月20日創刊到魯迅發表這篇演講的11月，既有民族主義文學理論的闡釋，也有為數不少的創作，諸如劇本《敵人之吻》（趙光濤）、《鐵蹄下的蠕動》（袁牧之），詩歌《前哨的急奏》（王平陵）、《我們不能再忍耐了！》（張星）、《瀋陽，最後的一面》（章丕詮）、《夜戰》（金素分）等。再如黃震遐的長篇小說《大上海的毀滅》，1932年5月28日起在《大晚報》上連載，同年11月由大晚報館出版單行本。魯迅在1933年2月28日《申報·自由談》上發表《對於戰爭的祈禱——讀書心得》，所讀之書就是「無聊的」《大上海的毀滅》。魯迅雜文在「熱河戰爭」的背景下，引述這部小說中的兩段「警句」，

前一段是排長與士兵的對話，表現「一二八」淞滬戰爭時十九路軍無奈的撤退；後一段是對這場戰爭的感慨。魯迅由官兵的對話中看到的是上下不一致的可怕，從小說裏的感慨裏得出「非革命，則一切戰爭，命裏注定的必然要失敗」的「警告」。應該說，這篇雜文既注意到小說寫實的內涵，又借題發揮，譏刺當局者的決策猶疑。魯迅顯然同情於「小兵們的血，傷痕，熱烈的心」，而憤慨於最高決策者。文章末尾所諷刺的「民族英雄」，已經不是當時相片被印成宣傳畫的眞正的抗日英雄馬占山、蔣光鼐、蔡廷鍇將軍，而是被置換成奉行「攘外須先安內」方針的最高當局。雜文自有其犀利的鋒芒和迂曲的筆法，但雜文畢竟是雜文，過於迂曲，不僅晦澀費解，而且容易導致誤解，譬如此篇，便容易讓人誤以爲「一二八」淞滬戰爭中十九路軍是故意「失敗」的，其背後似乎是「主持的人預定著打敗仗的計畫」。其實，歷史本身遠比妙筆生花的雜文與邏輯嚴謹的論文要複雜得多，從「一二八」到長城抗戰的節節敗退，哪裡會是「主持的人」有意爲之，實在是國力、軍力羸弱所致。全面抗戰爆發之後，淞滬會戰中，中國調集 70 萬精銳之師，苦戰三個月，雖然取得了前所未有的戰果，打亂了日本軍國主義三兩個月使中國屈服的戰略計劃，但終因軍事實力對比懸殊，最終還是在付出傷亡 25 萬將士的巨大代價之後，不得不撤離這個工業、金融、文化中心。

1933 年 3 月 24 日，魯迅在《申報・自由談》上發表《止哭文學》，批判《黃人之血》與《大上海的毀滅》，基本上是對以前看法的重複。此後，在通信中不時提到其代表人物對文學的壓迫。如 1933 年 11 月 3 日致鄭振鐸信中說：「前日潘公展朱應鵬輩，召書店老闆訓話，內容未詳，大約又是禁左傾書，宣揚民族文學之類，而他們又不做民族文學稿子，在這樣的指導下，開書店也眞難極了。不過這種情形，我想也不會持久的。」〔註17〕1934 年 2 月 11 日致姚克信中擔心由於檢查制度的嚴酷，「《現代》想必亦將講民族文學，或以莫名其妙之文字塡塞耳。」「此刻在上海作品可以到處發表，不生問題的作者，其實十之九是先前用筆墨競爭，久已敗北的人，此輩藉武力而登壇，則文壇之怪象可想。」如果說魯迅關於《文學》「大約出至二卷六期後，便當壽終正寢了」〔註18〕的估計過於悲觀的話，那麼，《現代》卻的確在此信八個月後休

〔註17〕《魯迅全集》第 12 卷，第 253 頁。

〔註18〕《魯迅全集》第 12 卷，第 335 頁；《文學》出至第 9 卷第 4 號（1937 年 11
　　　　月 10 日）因上海失陷而終刊。

刊三個月，復刊後變成一個政治、經濟、軍事、文化、社會問題無所不談的綜合性刊物，即便不是又出三期後因現代書局歇業而終刊，作為文學雜誌的《現代》也已經不復存在了。當局對文學的壓迫如此之重，難怪魯迅要對具有官方色彩的民族主義文學深惡痛絕了。

1934 年 11 月 21 日，魯迅為英文刊物《現代中國》寫成《中國文壇上的鬼魅》。文章認為，當局對待左翼文學的辦法，「最先用的是極普通的手段：禁止書報，壓迫作者，終於是殺戮作者，五個左翼青年作家就做了這示威的犧牲。」他們知道，「要剿滅革命文學，還得用文學的武器。」「作為這武器而出現的，是所謂『民族文學』。他們研究了世界上各人種的臉色，決定了臉色一致的人種，就得取同一的行為，所以黃色的無產階級，不該和黃色的有產階級鬥爭，卻該和白色的無產階級鬥爭。他們還想到了成吉思汗，作為理想的標本，描寫他的孫子拔都汗，怎樣率領了許多黃色的民族，侵入斡羅斯，將他們的文化摧殘，貴族和平民都做了奴隸。」「一九三一年九月，日本佔據了東三省，這確是中國人將要跟著別人去毀壞蘇聯的序曲，民族主義文學家們可以滿足的了。但一般的民眾卻以為目前的失去東三省，比將來的毀壞蘇聯還緊要，他們激昂了起來。於是民族主義文學家也只好順風轉舵，改為對於這事件的啼哭，叫喊了。許多熱心的青年們往南京去請願，要求出兵」，結果為政府所不容，遭到摧折，「民族主義文學家們的啼哭也從此收了場，他們的影子也看不見了，他們已經完成了送喪的任務。」《中國文壇上的鬼魅》的主旨是向海外揭露當局及其幫忙或幫閒文人對左翼的壓迫，以凸顯中國左翼文學的艱難處境，在這種言語場中，魯迅祇是重複與延續了《「民族主義文學」的任務和運命》的觀點，以階級論遮蔽了尖銳而複雜的民族矛盾，因而其結論同文學史實產生了隔膜，甚至感情態度也出現了偏頗。

通過如上梳理，可以看出魯迅及其所代表的左翼作家群體始終把民族主義文學視為仇讎，不管是什麼場合——雜文、雜文集後記、海外宣言、友人通信等——總是保持著強烈的批判態度，較之對自由主義文學的批判〔註 19〕更為決絕，從運動的宣言到刊物、作品及其他活動，從有政府背景的發起人到追蹤其運動的文學青年，統統施以重拳，毫不留情。

〔註19〕可參閱拙文《論魯迅對 30 年代自由主義文學的評價問題》，《中國社會科學院研究生院學報》2008 年第 2 期。

三、否定性評價的溯源

民族主義文學的題材主要集中在三個方面：一是三民主義與共產主義的衝突；二是國家之間的衝突；三是中央與地方的衝突。民族主義文學表現土地革命，無不是以血腥殘忍來攻擊共產黨領導的暴力革命。本來這一方面最讓左翼無法容忍，但饒有意味的是，魯迅在否定民族主義文學時沒有一處是針對這一題材的。這或許與他對暴力革命的複雜態度有關（這一問題當另作分析）；或許受到當時社會文化氛圍制約，因為讀者中對暴力革命心向往之的並不多，多數讀者屬於市民階層，對暴力革命心存恐懼或疑慮；或許談論這一問題更為敏感，而魯迅向來是主張打塹壕戰的，中共領導人李立三希望他公開發表聲明支援共產黨，被他婉言拒絕，即使在為葉紫小說集《豐收》作序時，他也儘量避免直接對土地革命表態。

魯迅乃至整個左翼對民族主義文學的激烈批判，集中在後兩種題材，即表現國家之間的衝突、中央與地方的衝突的作品。左翼認為，30 年代的中國，最主要的矛盾是階級矛盾，民族主義文學描寫國家之間的衝突是為了掩飾統治階級壓迫工農的真面目；即使是對描寫「一二八」淞滬抗戰的《大上海的毀滅》，左翼也祇是注意士兵與上司的衝突、中國軍隊的撤退，藉以抨擊當局的腐敗羸弱。至於國民政府與地方勢力的衝突，在左翼看來，無非軍閥之間的狗咬狗，不管誰勝誰負，倒楣的都是人民大眾；這樣看來，民族主義文學根本上是與人民為敵，自然應該給予堅決打擊。左翼的文化鬥爭還有重要的軍事鬥爭背景。紅軍與革命根據地的發展，引起了國民黨當局的恐慌，當中原大戰結束之後，當局騰出手來對革命根據地進行軍事圍剿。1930 年 12 月，以江西省主席魯滌平為總司令，組織 8 個師共 10 萬兵力，向中央蘇區發動第一次圍剿，結果以前敵總指揮張輝瓚被活捉、進攻被打退而告終。1931 年 2 月，國民政府軍政部長何應欽組織南昌行營，自任行營主任兼總司令，於 4 月初以 20 萬兵力進行第二次圍剿，到 5 月底，仍以失敗而結束。1931 年 7 月，蔣介石親任總司令，調集 30 萬兵力，發動第三次圍剿，到 9 月又被粉碎。與此同時，鄂豫皖等根據地也先後打退幾次國民黨軍隊的圍剿。在這一背景下，左翼文學陣營從表現中央軍與馮玉祥閻錫山對陣的《隴海線上》，很容易聯想到根據地的反圍剿鬥爭，自然會站在反對中央軍的立場上。

中蘇關係的急劇變化也是魯迅否定民族主義文學的重要原因。第一次國共合作破裂，必然導致中蘇關係的緊張。1927 年 12 月初，國民黨二屆四中全

會預備會議通過了《對蘇絕交決議》。12 月 14 日，南京政府藉口蘇聯領事館及國營商業機關為中共廣州暴動的指揮機關，頒令撤消對俄領的承認，並以「接濟共產黨」為由，封閉了蘇聯在華的大多數商業機構，南京政府與蘇聯的關係完全破裂。1929 年 3 月 1 日，南京政府中東路督辦兼理事長首次向蘇方副理事長提出收回主權的一系列要求，遭到拒絕。5 月 27 日，哈爾濱警察局根據東北當局的命令，在南京政府的支援下，藉口蘇聯駐哈領事館內召開遠東共產黨會議「宣傳赤化」，突然包圍並搜查了蘇駐哈總領事館，拘捕了部分館員和蘇聯國家遠東貿易局總經理等 9 名蘇聯人，並抄走文件及其他物品兩車。7 月 10 日又有進一步的查封、接管行動，並逮捕蘇籍人士 200 餘人，驅逐蘇籍高級職員 60 餘人出境。13 日，蘇聯政府照會南京政府，強烈抗議。蘇聯政府宣佈斷交。8 月 11 日，中東路戰事打響，蘇軍越過邊境線，到 11 月，中俄邊境的重要城鎮幾乎悉數被武器精良的蘇軍佔領。經外交斡旋，簽定了有利於蘇聯的《中蘇伯力會議議定書》，蘇聯才停止軍事行動並撤軍。〔註 20〕南京政府本欲通過強行收回中東路主權，既維護中國利益，又樹立政府威信，還可以斷絕中國共產黨的外援，收一石三鳥之功。無奈時機未到，操之過急，反而授人以柄，所失更多。國內一般輿論既憤慨於蘇聯強權，又不滿於當局愚弱。中東路事件本屬中蘇兩國之間的問題，但蘇聯認為這是美、英、法和其他帝國主義國家利用中國軍閥進行的反蘇行動。為此，共產國際給中共中央一個指示，要求中共中央「加緊中小（心）城市工作特別是哈爾濱工作及擁護蘇聯的宣傳」〔註 21〕。李立三實際主持下的中共中央，絕對接受蘇聯與共產國際的指示，提出「抗議帝國主義及中國豪紳資產階級對蘇聯的進攻」、「擁護社會主義的蘇聯」、「反對帝國主義向蘇聯進攻」、直至「武裝保衛蘇聯」等口號〔註 22〕。「九一八」事變，也被認為是日本進攻蘇聯的第一步。

左聯全盤接受了這種觀點，逐有左翼作家夜晚上街在電線杆子上張貼「武裝保衛蘇聯」標語的行動。更多的「保衛蘇聯」的表現則是對民族主義文學的批判。瞿秋白在《屠夫文學》裏認為：1929 年的中蘇之戰，是「中國的紳商受了美國洋錢的諭旨，企圖打進蘇聯」。茅盾在《〈黃人之血〉及其他》中

〔註 20〕 參照張憲文等著《中華民國史》第 2 卷，第 381～386 頁。

〔註 21〕 中央檔案館編：《中共中央文件選集》第 5 冊，中共中央黨校出版社 1990 年版，第 412 頁。

〔註 22〕 參照李穎《陳獨秀與共產國際》，湖南人民出版社 2005 年 10 月第 1 版，第 288～289 頁。

說，「詩人黃震遐極力表現著而且佈置好了一定是四種黃色人種的聯合軍，並
不是無目標的。他暗示了這樣的意思：『看啊，古代黃色人種聯合起來西征俄
羅斯，現在黃色人種為什麼不聯合呢？在進攻蘇聯這一點上，中國和日本應
該聯盟，而且不妨像宋大西受蒙古軍官的指揮似的去受日本人的指揮』。……
聰明的詩人在這裡巧妙地把哈馬貞（那時候的大元帝國的代表）暗射著現代
的日本，將宋大西暗射著現代的中國，而羅英則暗射著現代黃色人種之蒙藏
回等等。他把黃色人種應該聯合起來西征俄羅斯的意識暗示給讀者，企圖發
生他們所謂『民族主義』的作用。」「《國門之戰》和《黃人之血》，都是仰承
著帝國主義進攻蘇聯的意旨而作的巧妙的文章。尤其在《黃人之血》這詩劇
內更無恥地居然替日本人的大亞細亞主義作鼓吹。……民族主義的作家們的
民族主義就是仰承英美日帝國主義的鼻息而願為進攻蘇聯的警犬！」正是在
同一背景下，魯迅做出了與瞿秋白、茅盾同樣的推論。當「九一八」事變之
後，《文藝新聞》向上海文化界一些著名人士徵詢對這一事變的看法時，魯迅
回答說：「這在一面，是日本帝國主義在『膺懲』他的僕役——中國軍閥，也
就是『膺懲』中國民眾，因為中國民眾又是軍閥的奴隸；在另一面，是進攻
蘇聯的開頭，是要使世界的勞苦群眾，永受奴隸的苦楚的方針的第一步。」
前者是階級論的結論，後者則是接受了當時蘇聯與共產國際向中國共產黨灌
輸的觀點——日本侵華僅僅是侵略蘇聯的第一步。《「民族主義文學」的任務
和運命》把後者做了進一步的發揮：「現在日本兵『東征』了東三省，正是『民
族主義文學家』理想中的『西征』的第一步，『亞細亞勇士們張大吃人的血口』
的開場。不過先得在中國咬一口。因為那時成吉思皇帝也像對於『斡羅斯』
一樣，先使中國人變成奴才，然後趕他打仗，並非用了『友誼』，送束帖來敦
請的。所以，這瀋陽事件，不但和『民族主義文學』毫無衝突，而且還實現
了他們的理想境，儻若不明這精義，要去硬送頭顱，使『亞細亞勇士』減少，
那實在是很可惜的。」從日本與俄羅斯的歷史糾葛與日本的擴張野心來說，
日本確有進犯蘇聯的企圖，而在戰略上如果侵佔了中國東北，的確能夠作為
進攻蘇聯的基地，後來日本在東北駐紮兵力雄厚的關東軍、在中蘇邊境構築
永久性堡壘、并不止一次向蘇聯挑釁，就可以證明這一點。但是，就日本而
言，侵佔東三省，是企圖侵佔全中國、進而奴役全亞洲的第一步，1937 年的
全面侵華與 1941 年的太平洋戰爭印證了這一點；日本要稱霸亞洲，進而稱雄
世界，它的敵手是敢於反抗其侵略的國家，而不是社會主義陣營。如果按照

共產國際灌輸給中國左翼的觀點，在太平洋戰爭中，日本向英美等資本主義國家開戰又如何解釋呢？對於中國人來說，東北遭受侵犯，首先考慮的當是民族利益、國家利益，馬占山部與數十萬義勇軍浴血抗戰，為的是保家衛國，決不是什麼「武裝保衛蘇聯」。而此時魯迅乃至整個左翼卻從蘇聯式「國際主義」著想，則表現出階級意識大於民族意識的傾向，以及國際關係認識上的膚淺。這也就是為什麼魯迅與瞿秋白、茅盾等人對《國門之戰》與《黃人之血》涉及蘇聯與俄羅斯的作品異常敏感、痛加撻伐的重要原因。

當時，左翼文學處於地下半地下狀態，綁架、監禁、殺戮不時威脅著左翼作家，左翼出版物被查封更是司空見慣。而民族主義文學由於具有政府背景，作家的人身安全自然不成問題，個別成員甚至可能直接參與對左翼作家的迫害；其出版物也沒有查禁之憂，有的社團刊物還能夠得到當局的資助。同一時空，處境卻有天壤之隔，足以激起左翼的強烈憤慨；魯迅自己的作品也時遭查禁，關乎生計，不能不讓他義憤填膺。

流派意識是一柄雙刃劍，一方面可以加強自身的個性建設，另一方面也容易影響對其他流派的公允評價。魯迅在《上海文藝之一瞥》中，談到共青團刊物《列寧青年》1929 年 3 月第 1 卷第 13 期得釗的《一年來中國文藝界述評》，將中國文學界「分為三派，首先是創造社，作為無產階級文學派，講得很長，其次是語絲社，作為小資產階級文學派，可就說得短了，第三是新月社，作為資產階級文學派，卻說得更短。到不了一頁。這就在表明：這位青年批評家對於愈認為敵人的，就愈是無話可說，也就是愈沒有細看。自然，我們看書，儻看反對的東西，總不如看同派的東西的舒服，爽快，有益；但儻是一個戰鬥者，我以為，在瞭解革命和敵人上，倒是必須更多的去解剖當面的敵人的。」〔註 23〕魯迅的見解誠然犀利而準確，但令人遺憾的是，魯迅自己也沒有完全做到這一點。距離太近，本來就難以從容評斷，加之強烈的政治激情與左翼的排他性，使得魯迅對民族主義文學不屑於多做考察，因而瞭解得並不全面，批評也僅限於左翼階級論與蘇聯式「國際主義」相交織的政治視角，這就不能不妨礙評價民族主義文學的準確性。魯迅對民族主義文學的負面評價，與其出處亦有關聯。有的出自雜文，論辯性強，而學理性較弱；有的出自私人通信，口無遮攔，任意褒貶；有的為海外刊物而作，宣傳

〔註 23〕《上海文藝之一瞥》，1931 年 7 月 27 日、8 月 3 日上海《文藝新聞》第 20、21 期。

性很強，而準確性則要打些折扣。

　　民族主義文學及其與左翼文學的衝突，包括魯迅對民族主義文學的激烈批判，都已經成爲歷史。我們今天回顧這段歷史，應該盡可能地佔有資料，努力回到當年的歷史現場，認識這些現象的本來面目及其發生的原因與在文學史上的意義，而不應袛是以一方的言論作爲根據，片面地剪裁歷史。只有勇於直面歷史，才能做出眞實的文學史敘述，獲得學術的生命力。

四、九九歸一

　　儘管左翼曾經猛烈地抨擊民族主義文藝運動，但是，敏感的作家不能對日益嚴重的民族危機視而不見，左翼作家自然不會例外，前述樓適夷、田漢、李輝英、張天翼、陽翰笙等人的作品即是明證。1934年10月27日，周揚在《大晚報・火炬》副刊發表《「國防文學」》，意識到：「在戰爭危機和民族危機直迫在眼前，將立刻決定中國民族的生死存亡的今日，『國防文學』的作品在中國是怎樣的需要呀。」1935年12月，周立波也發表文章，回應周揚對「國防文學」的倡導。1936年春，左聯瞭解到中共中央關於建立抗日民族統一戰線的新精神，也見到了左聯駐莫斯科國際革命作家聯盟代表蕭三要求解散左聯以適應新形勢的信，於是，解散了左聯，並將「國防文學」作爲文藝界抗日民族統一戰線的正式口號提了出來。1936年2月，《生活知識》第1卷第11期刊出「國防文學」特輯，由此展開了討論。稍後，魯迅又與胡風、馮雪峰商量，提出「民族革命戰爭的大眾文學」口號，兩個口號之間發生了激烈的論爭。無論對兩個口號如何理解、怎樣評價，也無論兩個口號的論爭具有多麼複雜的原因，有一點是確定無疑的，這就是左翼作家已經整體上認同了民族主義文藝的必要性與迫切性。這一演進，固然緣自時事的變遷，但不能說與左翼曾經抨擊過的民族主義文藝運動沒有關聯。

　　左翼作家夏衍於1936年4月在《文學》雜誌第6卷第4期發表的歷史劇《賽金花》，搬上舞臺後大受歡迎，被視爲「國防戲劇」的成功之作。夏衍的創作動機十分明確：「我就想以揭露漢奸醜態，喚起大眾注意，『國境以內的國防』爲主題，將那些在這危城裏面活躍著的人們的面目，假在庚子事變前後的人物裏面」，「這作品的主要目的是在諷喻……我希望讀者能夠從八國聯軍聯想到飛揚跋扈、無惡不作的『友邦』，從李鴻章等等聯想到爲著保持自己的權位和博得『友邦』的寵眷，而不惜以同胞的鮮血作爲進見之禮的那些人

物」〔註24〕。1937 年 1 月，在南京的一場演出中，當劇中辦外交的清廷大員說到「奴才只會叩頭」時，國民黨官員張道藩大光其火，竟至失態，將痰盂擲上臺去。而後，《賽金花》一度遭到禁演。殊不知《賽金花》歸根結底是為了促動政府、喚起民眾抗日救亡。幾個月後，當戰雲密佈，日本侵華戰爭一觸即發之際，張道藩創作了五幕劇《最後關頭》。劇中，唐家忍無可忍時，發出了「為唐家的生死關頭，大家聯合起來抵抗」的怒吼；最後，唐家以巨大的犧牲，終於打敗了挑釁的賀家並寬恕了賀家殘留下來的人，經過這次變故，唐門上下明白了只有團結對外才能取得勝利的道理。劇情的設計與貫穿的意緒，十分切合時代氛圍，因而得到戲劇界、輿論界的認可，據說，還得到了蔣介石的好評。國共兩黨，十年內戰，血雨腥風，打得不可開交，但正所謂「兄弟鬩於牆，外禦其侮」，當日本侵略者發動了全面侵華戰爭之後，國共兩黨終於捐棄前嫌，攜手抗敵，文學也由此展開了新的篇章。

〔註24〕夏衍：《歷史與諷喻》，1936 年 6 月 5 日《文學界》創刊號。

第五章　《寶馬》的國家問題背景及其內涵

一、歧異的評價與闡釋

近年來，隨著把少數民族史詩《格薩爾王傳》、《烏古斯傳》、《江格爾》、《瑪納斯》等納入中國文學史框架，關於中國無史詩的習慣性看法發生了變化，但往往又說漢族文學無史詩。其實，《詩經》裏就已有《生民》、《公劉》等史詩篇章姑且不論，現代亦有名副其實的史詩，最有代表性的就是孫毓棠的《寶馬》。

《大公報・文藝》副刊對《寶馬》十分重視，第 318、320 期兩次透露將刊載歷史長詩，1937 年 4 月 11 日，第 322 期以整版篇幅刊出 760 餘行的《寶馬》全文。〔註 1〕此前，即籌劃重點推介，請作者撰文談寫作情況，同時把校樣送出，約請詩壇先進就此詩的藝術及史乘予以評論。1937 年 5 月 16 日，《大公報・文藝》副刊第 336 期刊出馮沅君的《讀〈寶馬〉》與孫毓棠的《我怎樣寫〈寶馬〉》。馮沅君以作家的體驗與中國古典文學專家的學養來審視，認為史詩有不可缺少的三個條件——精博的史料，豐富的想像，雄厚的氣魄，據此來衡量，「《寶馬》確是首新詩中少見的佳作。這可以說是史詩」。孫毓棠是適於作史詩的，雖然關於史實的細節方面並非不可質疑，但對於「作者的想像力與氣魄則只有欣羨與讚歎。」左翼文學界也肯定《寶馬》在當時「史詩創作方面」「算是僅有的碩果」〔註 2〕，「北方新詩人」中「國防性」長篇敘

〔註 1〕 司馬長風等學者說 763 行，但上海教育出版社 1979 年版《新詩選》第 2 冊所收為 761 行。

〔註 2〕 伊仲一：《1937 年的中國詩壇》，《中國詩壇》第 1 卷第 6 期，1937 年 4 月。

事詩「優美的收穫」及代表作〔註3〕。這部「當年與曹禺《雷雨》、何其芳《畫夢錄》一樣馳名的文學精品」〔註4〕，1939年9月與作者的另外36首詩作一併收入題名為《寶馬》的詩集，由巴金主持的上海文化生活出版社列入「文季叢書」出版。

但在長達半個世紀的大陸的文學史敘述中，《寶馬》卻是默默無聞。倒是香港學者司馬長風頗為之悠悠四十年竟默默無聞而鳴不平，稱讚它「帶著豐滿而新鮮的民族的色與香，又煥發著西方史詩的神采與風格」，是「中國文學吸取消化西方文學之後的結晶」〔註5〕。在《中國新文學史》中卷裏，司馬長風把《寶馬》放在文學史的流脈中予以充分的肯定，稱之為「中國新文學運動以來唯一的一首史詩」。「《寶馬》打破了中國沒有史詩的寂寥；但不能用『物以稀為貴』來評斷它的價值，它確是一首偉大的史詩，前無古人，至今尚無來者。」「寫一首近八百行的史詩，竟也做到字字細緻、句句精巧、行行謹嚴，這真是鬼斧神工了。」在這一點上，司馬長風把《寶馬》與「由精美的寸造積成的宏大，所以美不勝收」的《紅樓夢》作類比。「寫史詩，不但要先證解史實，並且要考明風習，衣飾，要有文化史風俗史的功夫，並且要究明和體會古人的境遇和心情，經過層層學術的勞作，然後再把生硬的資料，賦予血肉靈魂，寫成精練的詩。史詩所以特別尊貴，原因在此。《寶馬》特別值得讚頌，原因也在此。」〔註6〕

新時期以來，《寶馬》逐漸進入了大陸文學史界的視野，先後被收入北京大學、北京師範大學、北京師範學院中文系中國現代文學教研室主編、上海教育出版社1979年11月出版的中國現代文學史參考資料《新詩選》第二冊、1984年上海文藝出版社編輯出版的《中國新文學大系》（1927～1937年）第14集《詩集》。唐祈主編的《中國新詩名篇鑒賞辭典》（四川辭書出版社1990年版）與公木主編的《新詩鑒賞辭典》（上海辭書出版社1991年11月版）也都列入《寶馬》條目。1986年，卞之琳在《〈孫毓棠詩集〉序》〔註7〕中，說

〔註3〕 蒲風：《九一八後的中國詩壇》，收黃安榕等編《蒲風選集》下，海峽文藝出版社1985年版，第824頁。
〔註4〕 唐湜《〈寶馬〉鑒賞》，唐祈主編《中國新詩名篇鑒賞辭典》，四川辭書出版社1990年12月版，第227頁。
〔註5〕 司馬長風：《新文學叢談》，香港昭明出版社有限公司1975年版，第127頁。
〔註6〕 司馬長風：《中國新文學史》中卷，香港昭明出版社有限公司1976年3月初版，第187～190頁。
〔註7〕 原載1986年5月21日《文論報》。《孫毓棠詩集》由臺灣業強出版社1992年

「孫毓棠受聞一多影響顯然最深，儼然像實現了聞一多似曾想寫古題材長詩的部分願望」，《寶馬》「一片五光十色，炫人眼目」。1989 年初，唐湜《關於中國現代文學史的一些看法與設想》〔註8〕，在批評極左思潮的宗教性狂熱泛濫成災時，指出「還有些達到高水準的作品也一直沒有得到文學史家的承認，如孫毓棠的《寶馬》，可以說是新詩中迄今為止藝術成就最高的史詩型敘事長詩。中國現代文學史中就沒有幾首值得肯定的敘事長詩，只有馮至先生很早寫過幾篇以民間傳說為題材的。解放區也有幾首民歌體的敘事詩，如果與《寶馬》放在一起，叫現在的讀者來評論，我看《寶馬》的藝術水平是該數第一的。而且，《寶馬》作為史詩的主題，也決不是毫無積極意義的，⋯⋯可直到現在，還沒有一本現代文學史提到它。」唐湜為《中國新詩名篇鑒賞辭典》執筆的鑒賞文，再次稱讚「詩人以歷史家的冷靜、深沉的氣度勾描了漢天子的長安都城，更抒寫了戰爭的曲折進展，西域諸國的人情、風俗，刻畫了十分廣闊、豐盈的歷史圖卷，應該說是自有新詩以來最光輝的史詩。⋯⋯構思宏大、氣勢雄豪、文采富麗更是新詩中少見的。」但唐湜的文章有兩處史實上的錯誤，一是把《寶馬》說成是 1934 年寫成，二是說在《大公報·文藝》副刊上連載。

饒有意味的是，在上述文章中對《寶馬》予以好評的卞之琳、唐湜是詩人，把《寶馬》作為名篇的兩部辭典的主編唐祈與公木也是詩人。直到 20 世紀末，在大陸 200 多種現代文學史著作中，只有極少數文學史才簡略地提到《寶馬》，但留有種種遺憾。如《中華文學通史》〔註9〕，在肯定《寶馬》「用長句鋪寫宏大的、酷烈的、驚天地泣鬼神的戰爭場面」等長處的同時，也重複了司馬長風的史實舛誤，說《寶馬》獲《大公報》文藝獎金〔註10〕。

大陸文學史界的隔膜與淡漠反映出對這部作品的經典性質認知不足。究其原因，一則與曾經流行多年、而且至今仍然影響著文學史敘述的「左翼主流論」有關；二則題材上「厚今薄古」；三則詩論傳統重抒情而輕敘事；四則這部長詩意義非常複雜。就目前所見來看，對其思想意義大致有如下五種看

---

　　10 月出版，書名為《寶馬與漁夫──孫毓棠詩集》。

〔註8〕 原載《上海文論》1989 年第 1 期，《新華文摘》1989 年第 4 期轉載。

〔註9〕 張炯、鄧紹基、樊駿主編《中華文學通史》，華藝出版社 1997 年版。

〔註10〕 這種說法目前所見最早出自司馬長風《新文學叢談》，《中華文學通史》之後，藍棣之在《若干重要詩集創作與評價上的理論問題》（《中國現代文學研究叢刊》2002 年第 2 期）又一次重複這一錯誤說法。

法：

（一）唐湜認爲，「詩人沒有爲漢朝廷辯解，天子的一怒不僅摧隕了
西域的大宛、輪臺等小國，而且漢軍也有十幾萬人在沙漠、
風暴與戰爭中喪生。」〔註11〕對漢武帝的大漢族主義的窮兵
黷武頗多譏諷〔註12〕。

（二）方克強認爲，《寶馬》通過漢武帝與大宛王之間的寶馬之爭，
揭示了這場戰爭的非正義性，以及戰爭給人民帶來的深重苦
難。〔註13〕這種看法將征宛之戰明確地定性爲「非正義性」，
而且注意到大宛王在這場「非正義」戰爭中的責任。

（三）《中華文學通史》認爲，《寶馬》將士兵和百姓作爲描寫的主體
（但充當皇帝和將軍的奴卒），同時突出爲奪取西域幾十匹汗
血馬而勞師動眾、征戰四年、犧牲幾萬人性命的荒謬。〔註14〕

（四）藍棣之在《若干重要詩集創作與評價上的理論問題》中認爲，
「《寶馬》的題旨，僅說它批評了漢家皇帝的『窮兵黷武』，
一定是很不夠的。……《寶馬》的題旨，最值得注意的有兩
點：一、欲望在歷史進程中到底起什麼作用？二、歷史的目
標多少有些像汗血馬。《寶馬》是『史詩』，但汗血馬不妨可
以是一個人類目標的象徵，一個寓言；《寶馬》敘述的，表層
是一個西征大宛的歷史故事，然而故事下面是關於人的可怕
的欲望的故事。誰若不瞭解這兩點，誰對於歷史的眞相就可
謂一無所知。……《寶馬》的題旨，用恩格斯的理論表述來
說，可謂是：這個故事告訴讀者，『惡』是歷史發展的杠杆，
同時也在訴說，空想是不好的，盲目的，奴性的烏托邦是不
好的，因此從反面說明科學的理想主義在歷史進程中的重要
性。」

（五）王榮在《中國現代敘事詩史》〔註15〕中指出，「需要注意的是，
和《史記・大宛列傳》及《漢書・張騫李廣利傳第三十一》

〔註11〕唐湜《〈寶馬〉鑒賞》，收《中國新詩名篇鑒賞辭典》。
〔註12〕唐湜《關於中國現代文學史的一些看法與設想》。
〔註13〕方克強：《〈寶馬〉賞析》（此題爲引者所加），收《新詩鑒賞辭典》。
〔註14〕張炯、鄧紹基、樊駿主編《中華文學通史》，第7卷，第49頁。
〔註15〕中國社會科學出版社2004年3月第1版。

　　　　　裏所記載的史實相比，在詩人所創造的虛構性故事情節中，
　　　　　寶馬的獲得與否，不僅成為藝術結構的中心，而且成為了牽
　　　　　動著國家的榮譽與尊嚴，將士與民眾等個人命運的敘事主元
　　　　　素。所以，在主題思想方面，古代史實中窮兵黷武的意味被
　　　　　消解淡化，漢王朝與大宛國的衝突，漢軍將士的浴血奮戰，
　　　　　以至於普通民眾付出的犧牲等，成了展示古代中國強悍剛
　　　　　健、不懼困難的民族性格與精神風貌的『有意味的形式』。這
　　　　　在當時日寇步步緊逼，民族存亡危在旦夕的時刻，就成了作
　　　　　者……用以激發中華民族奮發圖強的愛國精神，『邁步向偉大
　　　　　的未來』等創作目的的一種有『意義』的『實踐』性藝術表
　　　　　達方式。」

前三種是多年來的流行看法，第四種帶有一點歷史哲學的意味，多多少少都
能從作品中找到一些根據；而同樣有所根據的第五種看法，很長時間內卻不
被文學史界認可〔註16〕。恰恰是這一點，可能是眾多文學史家對《寶馬》視
而不見或者繞開這一點的重要原因。因為新中國成立後，對內要講民族團結，
對外要講國際主義與和平共處，而《寶馬》所描寫的輪臺等西域地區早已成
為中國新疆的一部分，大宛則位於前蘇聯中亞費爾幹納盆地（其都城貴山，
一說在今烏茲別克斯坦的卡散賽，一說在今塔吉克斯坦的苦盞），肯定《寶馬》
的民族精神價值與歷史積極意義似有損害民族團結與國際友好之嫌。

二、《寶馬》的國家問題背景

　　然而，既然是描寫歷史題材的史詩，就應該把作品放回到特定的歷史情
境中去分析對待。現在歷史學界通常把國家的歷史進程劃分為三個階段：原
始國家──君主帝國──現代民族國家。君主帝國時代，奉行的是強勢邏輯，
強國憑藉自己的實力兼併弱國或者使其臣服納貢。西元前 221 年，秦王嬴政
統一了中國，建立了中國歷史上第一個中央集權的封建王朝，進入了君主帝
國時代。秦始皇先後向周邊地區攻城略地，由最初的三十六郡擴展至四十八
郡，秦與周邊異民族的關係也是帝國秩序的一部分。漢王朝繼承了秦王朝的
傳統，承認外臣國的自主權、承認其統治者的王位並保護它不受外來侵略的

〔註16〕歷史學者余太山在臺灣業強出版社 1992 年版《漁夫與寶馬──孫毓棠詩集・
　　　　編後記》裏曾經提出過類似看法。

同時，要求它稱臣、遣使入朝和「入宿衛」（將王位繼承人作爲人質送往漢的朝廷）〔註17〕。秦漢之際，北方的匈奴強盛起來，不斷南下攻擾。漢初基本採取守勢，以和親方式換取和平。儘管有過9次和親，但匈奴總是輕易地「絕和親」。所以，當漢朝經歷了文景之治之後，國力雄厚，到了武帝時期（西元前 140-前 87 年），變守勢爲攻勢，以武力開道，加強向周邊異民族地區發展勢力。西元前 127 年至前 119 年，先後幾次發動大規模戰爭，在付出了巨大的代價之後，將匈奴的勢力趕到了大漠以北。對於大宛等「多奇物，土著，頗與中國同業，而兵弱，貴漢財物」〔註18〕的西域國家，希望「誠得而以義屬之，則廣地萬里，重九譯，致殊俗，威德遍於四海」。但「宛以西，皆自以遠，尚驕恣晏然，未可詘以禮羈縻而使也」。大宛國也因「漢去我遠」、大軍難至，而拒絕了持千金及金馬前往請予汗血馬的漢使。談判既崩，大宛國令其東邊郁成攻殺漢使，取其財物。西元前 104 年，漢武帝大怒，「發屬國六千騎，及郡國惡少年數萬人以往伐宛」。艱難險阻，饑餓困苦，未及大宛，而損失大半，只能無功而返。西元前 102 年，漢武帝再次動員數十萬軍隊進攻大宛國。攻破外城之後，大宛國貴族爲了避免更大的犧牲，殺了國王向漢軍投降，獻出汗血馬。打敗大宛國，震懾了整個西域，開闢了中外交流新篇章，而且便利了整個東西方經濟、文化的交流。漢軍班師凱旋之際，不少西域國家都派出王室子弟作爲人質隨李廣利同行，向漢朝進貢，締結朝貢關係。大宛國人出於民族自尊心與權利的考慮，當漢軍撤退之後，殺了漢軍扶植的國王，另立新國王，即使如此，也還是將新國王的兒子作爲人質送往漢朝廷。大宛國之戰後，漢朝「發使十餘輩抵宛西諸外國，求奇物，因風覽以伐宛之威德」。並在敦煌置酒泉都尉，派「田卒」數百人駐桀輪臺，「屯田」供給漢王朝使節，並「領護」臣服於漢的西域外臣國。在此基礎上，漢宣帝神爵二年（西元前 60 年）在烏壘城（今新疆輪臺東野雲溝附近）設立西域督護府（轄玉門關、陽關以西天山南北，西包烏孫、大宛、蔥嶺範圍內西域諸國——初爲三十六國，後增至五十國）。經歷了複雜的歷史變遷之後，清乾隆年間，新疆作爲一個省正式納入中國的版圖。從民國開始，中國進入現代民族國家階段。今天，我們尊重傳統的西域範圍內現有的民族國家，同時也必須肯定漢武帝伐宛之

〔註17〕以上歷史部分與後面的新疆問題部分參考王柯《民族與國家：中國多民族統一國家思想的系譜》，中國社會科學出版社 2001 年 4 月第 1 版。
〔註18〕本節此段及以下引文出自《史記·大宛列傳第六十三》。

戰的積極意義；因為如果不是這樣，就會陷入歷史邏輯的混亂，進而產生現實的危機。

　　由於清朝官員的腐敗及民族政策的失誤，19 世紀新疆各地起義頻仍，沙俄與英國趁機插足新疆，企圖將新疆劃入自己的勢力範圍。經左宗棠等率清軍奮戰，終於收復了新疆，於 1884 年開始實行與內地一樣的省制。清朝為民國所更替之後，國家的版圖完整地繼承下來。但是，1921 年 7 月外蒙古宣佈獨立，對邊疆穩定形成巨大的衝擊。1928 年到 1933 年，圍繞著新疆最高權利的交替，新疆也進入了一個社會動亂和政治動亂持續不斷的歷史時期。新疆的政治獨立性與財政獨立性激增，中央政府在新疆的政治影響力明顯下降。政界與知識界對新疆問題都十分關注，知識界提出了兩種不同的意見：一是「派遣大員論」，以宣撫為基礎；再一種是「派遣軍隊論」，主張以武力鎮壓為基礎。孫毓棠一向關注中外關係，學士論文即為《中俄北京條約及其背景》，此時，他作為專攻兩漢史的歷史學者，對新疆問題決不會漠然無知。另一方面，日本帝國主義步步進逼，全面侵華戰爭一觸即發。在這種情勢下，聞一多建議他以李陵故事為題材寫敘事詩，他自然難以接受，反而很容易想到李廣利征大宛國的故事。最初，他試寫了幾次，由於題材與當時他所教授的歐洲歷史相衝突，未能成型。後來，回到中國古代文獻裏去，用心體會歷史情境與民族精神，在內憂外患的重重危機刺激之下，終於僅用十幾天工夫就寫成了這首大氣磅礴的長詩。

　　孫毓棠在《我怎樣寫〈寶馬〉》〔註19〕裏祖露了自己的創作動機，他說，伐宛「這件事在中國民族的歷史中當然具有相當重要的地位，它是張騫的鑿空及漢政府推行對匈奴強硬政策的必然的結果，這次征伐勝利以後，漢的聲威才遠播於西域，奠定了新疆內附的基礎。在今日萎靡的中國，一般人都需要靜心回想一下我們古代祖先宏勳偉業的時候，我想以此為寫詩的題材，應該不是完全無意義的。」「已往的中國對我是一個美麗的憧憬，愈接近古人言行的記錄，愈使我認識我們祖先創業的艱難，功績的偉大，氣魄的雄渾，精神的煥發。俯覽山川的雋秀，仰瞻幾千年文華的絢爛，才自知生為中國人應該是一件多麼光榮值得自豪的事。四千年來不知出頭過多少英雄豪傑，產生過多少驚心動魄的故事。回想到這些，彷彿覺得中國人不應該弄到今天這樣萎靡飄搖，失掉了自信。這或許是因為除了很少數以外，國人大半忘掉了自

〔註19〕《大公報・文藝》1937 年 5 月 16 日。

己的祖先，才弄到今日國中的精神界成了一片荒土。當然，到今日的中國處處得改善，人人得忍苦向前進；但這整個的民族欲求精神上的慰安與自信，只有回顧一下幾千年的已往，才能邁步向偉大的未來。這話說出來似乎很幼稚，但這是我個人一點幼稚的信念，因此我才寫《寶馬》這首詩。」

三、《寶馬》的豐富內涵

正是在 20 世紀 30 年代的特定背景下，基於如此動機，對祖先宏勳偉業的自豪感貫穿了《寶馬》全篇。第一節寫漢朝「天下第一處富麗堂皇的國度」時，字裏行間流溢出敘事者發自內心的讚歎，後來又借姑師王之口稱讚「大漢的威嚴」。詩中說到「他們要囊括四海，席卷八荒，都因為／這是先祖先宗遺留的責任」，這裡用的是複數，可見不祇是漢武帝的個人意志，而是在當時歷史背景下「猛將忠臣」所代表的強勢民族的集體意志。所以，當大宛國拒絕獻寶馬且有辱漢使的消息傳來，天子下令西伐大宛後，「鼉鼓一聲敲，萬人的歡呼直衝上／雲霄，旌旗搖亂了陽春的綠野」，將士喊的誓詞是：「為爭漢家社稷的光榮，／男兒當萬里立功名。這一程／不屠平貴山，無顏再歸朝見天子。」雖說「萬人的歡呼」不無奴性的服從與庶民的盲動，但也確有民族尊嚴感、社稷責任感在起作用。正因為有了這種精神，我們才能聽到將軍對玉門都尉的回答：「丈夫該終生以塞外為家，有鋼刀／還怕什麼天地的災異！」這很容易讓人聯想起唐代邊塞詩「伏波惟願裹屍還，定遠何須生入關」，「黃沙百戰穿金甲，不破樓蘭終不還」的豪邁氣概；我們也才能理解漢軍何以能夠闖過征途上的暴風狂沙、冷風寒冰、天山大雪，在攻城中舍生忘死、前仆後繼，硬是從屍體堆成的山陵登上城堞，迫使大宛國降漢。

作為戰爭題材的史詩，《寶馬》如實寫出了輪臺屠城、郁成掃蕩的殘酷，描敘了漢軍遭受夜襲後、為剋制淫欲而將營中宛女殺戮焚燒的暴戾，但作者在《我怎樣寫〈寶馬〉》中解釋說：「也許有人說我此詩有些寫得太殘忍，如屠輪臺後的情形；但讀者若翻開《魏志》的《董卓傳》，或《晉書》的《石虎載記》看一看，就知道這是由於古人與今人的氣質的不同。」況且輪臺屠城和郁成掃蕩是對前年被劫的報復與此番遭阻的施威，正是輪臺的消息傳開之後，西域流傳起「雲朵裏有紫影的／天兵護著漢軍掃過輪臺飛過蔥嶺」的傳說，七八座小城國「一路都結彩搭長壇趕著獻牛酒」。漢軍並非一味濫殺無辜，沿途看見牧人、商旅、獵夫，都能秋毫無犯。在到達宛國邊境時，將軍發令

「進宛國不許擾亂平民，剽劫良善」。宛國翁侯來勞問漢軍，「爲什麼萬里從東方來到荒外？」漢軍道出原委，說：「漢天子本著仁德原／不想動干戈；你們快去稟告宛王，／叫他迎饗天軍，三日內快獻出寶馬。」漢軍如約「靜靜地屯駐了三天」，等不到絲毫回訊之後才舉兵開拔。可見，作者在不迴避殘忍復仇的同時，也注意描寫出漢軍仁義之師的一面。

《寶馬》在追懷漢朝開疆拓土的宏勳偉業時，對大宛人沒有刻意貶損，祇是諷刺了宛王毋寡的盲目驕傲、無窮愛欲及冥頑不靈，而對大宛人的勤勉、勇敢、機智則予以客觀的描寫。面對「像一隻蒼鷹遮著天撲下四野」的漢軍，「胡騎也卷著狂風迎上前」；「漢軍的後應黑浪樣湧上陣鋒，／貴山城也四路奔流出灰鐵甲。」「到辰刻將盡，宛兵似頂不住狂濤，倒退向／城根，漢軍更壓著殘頹排砸下兇狠。」請注意這裡用的是「似頂不住」，而不是眞頂不住。緊接著就有後援接應的描寫，「忽然左面赤松林裏猛一片殺聲，／飛騰出一鏖軍，截斷追兵的左臂，／護著殘師似一陣旋風旋進了城門去。」兩軍對壘，僵持了月餘之後，既然宛王不肯爲幾十萬人民而犧牲寶馬，大宛將士就出城夜襲「去拿生命換點威風」。當外城被攻破後，大宛人面臨著滅頂之災終於由對宛王的服從變爲質疑和怨憤：「漢兵並不要打，漢兵要的祇是幾十匹寶馬和威名」，於是，他們爲了大宛的根本利益──幾十萬生命，決定向漢軍獻出寶馬及宛王的頭顱，「漢軍要不依從，那時再拼著血肉來買／我們的生命。」這種選擇有讓步也有堅持，有理智也有氣節，爲君臣關係、君民關係提供了一種迥異於中國忠君傳統的新的可能。在這場伐宛之戰中，漢軍與大宛，可謂棋逢對手。貴山孤城快要彈盡糧絕，而漢軍十幾萬部曲也只剩下三四成人，所以大宛求降，漢軍許約，歃血盟杯。漢軍得到了寶馬，更爲重要的是遠播了威名，自然是凱旋而歸。大宛國雖然城下結盟，臣服於漢，但在抵抗中也顯示出強悍的性格。

也許與歷史學者深邃的洞察力和超越性的思考有關，《寶馬》宏大的結構與精緻的細節所蘊涵的內容極其複雜。這裡沒有偏激的情緒宣泄，沒有單一的歌頌和貶抑，多條線索相互交織，多種色調渾融一體，雄渾蒼涼的畫卷展示出歷史的原生態，但分明已經經過了理性的燭照。戰爭是殘酷的，和平是美好的，戰爭在破壞安寧之後贏得了更大的安寧。衝鋒陷陣是可敬的，但血肉之軀的毀滅又是何等的淒慘。勝利是光榮的，但光榮的代價又是多麼的沉重。盟約時，「兩軍啞著疲憊的喉嚨歡呼出萬歲」；凱旋回到玉門關時，當初

浩浩蕩蕩出關的十六萬八千四百多壯士及十三萬匹牛馬、無數的驢騾與橐
駝，只剩下「瘦馬七千，和一萬來名凹著煩拖著腿的像幽魂的老騎士」。將軍
捧牒封侯，校尉除官加爵，寶馬也敕封爲「天馬」，而「殘傷的兵卒人人也都
拜奉了皇恩：／四匹帛，二兩黃金，還有輕飄飄的／一頁還鄉的彩關傳。」
更有十幾萬父兄長眠玉門關外。結尾的兩個傳說更加強化了征宛之戰的矛盾
性，一個肯定了征宛的功績：

> 四載的征伐，消息傳遍了蔥嶺西，
> 蔥嶺東，傳遍了羌胡和天山南北。
> 流傳的故事說大漢的長安城中
> 坐著一位人皇，是上帝的兒子，
> 他三個頭，六條膀臂，他會說一種
> 神奇不可解的語言：他說要風，
> 大漠上就卷起了昏黑的風；他說
> 要西征，半天的黃雲裏就飛落下
> 千百萬神兵和雨點兒似的箭；
> 他說要神山，大海裏眞就飄出了
> 三座神山，飄進黃河，泊在昆明池裏。
> 西國的爛兵馬那能夠敵得他強？

另一個傳說則說天馬具有神奇功能：

> 他們說寶馬已飛到了長安，上林苑
> 給他築起了一座高巍巍的安神殿，
> 他全身是麒麟甲，閃亮著霞光，
> 白玉作的四隻蹄，刻著「未央長樂」，
> 他兩眼是閃電，呼吸是風，他頭上的
> 金角一搖便落下了春天的甜雨點。
> 從此中國再不怕洪水或魃災，
> 他曾體貼農人，給我們和風時雨，
> 幫我們的麥穗長得美，長得肥，長，
> 幫我們的黃牛永遠年輕有氣力；
> 幫我們的春蠶多作大繭；幫我們的
> 小姑娘早嫁給坐駟馬高車的美男子。

每到寒食家家供奠了美酒，佳肴，

向西天遙遙的祈禱（春風在墓地裏

垂著淚揚起紙錢灰），祈禱西天外

爹爹兄弟的安全，好親人永遠享著

和平，快樂：再祈禱蒼天教長安的

天馬萬壽無疆，保祐我們種地，摘桑，

年年有甘雨和風，過著太平好日子。

這與其說是傳說，毋寧說是黎民百姓對和平安寧的由衷期待。寶馬是征宛的由頭，關於寶馬的描寫既有歷史的象徵意義，又流露出詩人回首歷史時的一種荒誕感。當漢宛盟約後，「叫御苑中牽出寶馬，將軍撫摸著那／黑鬣，紅鬃，空空地望著李哆，搖搖頭，／想不出說甚麼來稱讚。」凱旋啟程時，執驅校尉「揀選了幾十匹血汗的千里駒（只愁／找不出比六郡的黃驃有什麼奇特）」。凱旋玉門關時，守關都尉詫異道：「怎麼，寶馬？沒留神寶馬也混進了關，／怎麼沒看見玉眼，金蹄，脊梁上汪著血？」

如此複雜的社會意蘊，顯然不能簡單地評斷說《寶馬》是歌頌漢武帝的或是諷刺「窮兵黷武」、反戰的。它是一部真實表現歷史原生態的史詩，一部深邃洞察歷史複雜性的史詩，一部寄託著詩人憂國之心與民族性格理想的史詩。而這一獨特品格，離開題材的歷史背景與詩人創作的當代氛圍則無法準確把握。

除此之外，關於西域自然環境的描寫，不僅提供了比古典詩詞更為宏闊而細膩的畫卷，而且涉及到人與自然的關係的哲學層面。至於這部史詩的藝術成就，更有言說不盡的話題。

第六章　抗戰時期作家的國家意識及其與正面戰場的關係

一、抗戰時期作家的國家意識

　　在中國現代文學史上，五四時期最為突出的是個性意識；1927 年至 1937 年盧溝橋事變十年間，個性意識持續發展，社會意識走上中心舞臺，國家意識亦愈見增強；全面抗戰爆發以後，國家意識升帳掛帥，除了少數無行文人事偽投敵之外，作家無論此前屬於什麼流派、擅長哪種方法、呈現何種風格，同心向國家，攜手抗日寇。身陷淪陷區者，只能在作品裏曲折隱晦地表達執著的國家意識與割不斷的民族感情，而在前線與後方的作家，都在艱難的戰爭生活中抒發深沉的民族情思，表現國家在血火交迸中的頑強抗爭與鳳凰涅槃。1938 年 3 月 27 日，中華全國文藝界抗敵協會在漢口成立，標誌著抗日旗幟下作家的空前團結，彰顯出中國作家之國家意識的高度自覺。

　　老舍出生於普通旗人家庭，父親戰死在庚子年抵抗八國聯軍的戰鬥中，他自己也險些夭折於闖入民宅搜刮搶掠的侵略者的刺刀下。家仇國恨養成了老舍熾熱的愛國情懷，幾年的海外生活，更加深化了他的國家體認。1932 年，他在寓言體小說《貓城記》裏，以極言其險的冷峻筆觸，描寫貓國窩裏鬥強悍而外交屢弱、最後走向亡國滅種的悲劇結局，表現出強烈的愛國激情與自覺的國家意識。盧溝橋事變之後，老舍毅然投身於抗戰的時代洪流之中，擔任中華全國文藝界抗敵協會總務部主任，為抗日文藝事業付出了無量心血；

他還參加全國慰勞總會北路慰勞團，五個多月，行程兩萬里，橫跨八省，到第一、二、五、八、十戰區慰勞訪問前線將士。馮玉祥寫詩讚道：

> 老舍先生到武漢，提只提箱赴國難；
>
> 妻子兒女全不顧，蹈湯赴火爲抗戰！
>
> 老舍先生不顧家，提個小箱子撐中華；
>
> 滿腔熱血有如此，全民團結筆生花！

老舍在《火葬·序》裏說：「歷史，在這階段，便以戰爭爲主旨。我們今天不寫戰爭和戰爭的影響，便是閉著眼睛過日子，假充糊塗。」儘管老舍並不擅長戰爭與軍人的描寫，但他還是努力創作小說《火葬》、長詩集《劍北篇》、話劇《張自忠》、《烈婦殉國》等戲曲與一批通俗文藝作品，謳歌將士與民眾的愛國精神。《新氣象新氣度新生活》等大量詩文，表達出堅定的國家信念。他在與宋之的合著的四幕話劇《國家至上》裏，描寫回族與漢族合作抗日、爲國家出力。《四世同堂》裏，錢默吟說：「我是不大問國事的人，可是我能自由地生活著，全是國家所賜。」瑞宣也說：「我是向來不問國家大事的人，因爲我不願談我所不深懂的事。可是，有人來亡我的國，我就不能忍受！」作品寫道：「有許多像瑞全的青年人，假若手中有武器，他們會馬上去殺敵。平日，他們一聽到國歌便肅然起敬，一看到國旗便感到興奮；他們的心一點也不狹小偏激，但是一提到他們的國家，他們便不由的，有一種近乎主觀的，牢不可破的，不容有第二種看法的，意見——他們以爲他們自己的國家最好，而且希望它會永遠完整，光明，興旺！他們很自傲能夠這樣，因爲這是歷史上所沒有過的新國民的氣象。他們的自尊自傲，使他們沒法子不深恨日本人，因爲日本人幾十年來天天在損害他們國家的尊嚴，破壞他們的國土的完整；他們打算光榮的活著，就非首先反抗日本不可！這是新國民的第一個責任！」小說寫出了民眾的覺悟，也表現出老舍自覺的國家意識。

　　五四時期，巴金即爲克魯泡特金的《告少年》與波蘭劇作家廖·抗夫的劇本《夜未央》等作品所深深打動，與無政府主義發生了強烈的共鳴。他熱心參加帶有無政府主義傾向的社團活動，寫作、翻譯、辦刊、散發傳單，爲實現人間的平等而嘔心瀝血。爲了深入瞭解無政府主義，他還赴巴黎留學。抗戰之前，他不止於撰寫宣傳無政府主義的文章。而且在一些小說作品裏也流露出無政府主義的意緒。1932 年，日本帝國主義點起的「一·二八」戰火燒毀了巴金在上海寶光里十四號的「家」，民族的屈辱與創傷深深地灼痛了

他那顆敏感的心，他將剛剛開了頭的中篇小說《海的夢》改變構思，處理為反抗侵略的題材，奮筆疾書，一氣呵成。抗日戰爭的全面爆發，激發起中國作家高亢的救亡熱情，有著火一般激情的巴金自然不會例外。他撰寫詩文，控訴侵略者的暴行，歌頌軍民的抗戰勇氣與戰鬥業績，他還與友人一道編輯出版抗戰刊物《吶喊》、《烽火》。這些工作還不足以發散他的熱情、宣泄他的悲憤，他從 1938 年 5 月起，開始創作「抗戰三部曲」《火》，1940 年 9 月完成第一部，1941 年 5 月完成第二部，1943 年 9 月完成第三部。作品主要通過馮文淑等愛國青年在傷兵醫院從事救護與參加「戰地工作團」下鄉進行抗戰宣傳的活動，表現青年一代的救亡熱情與勝利信念。由於轉徙奔波，又急於宣傳，心緒繁亂，難得從容寫作，第二部只用了一個多月就匆匆完稿，第三部也祇是用了四個多月；更因為作者雖有滿腔激情，但對傷兵醫院與下鄉宣傳的生活並不熟悉，缺少實際的體驗，所以「抗戰三部曲」未能充分發揮作者之所長，描寫失之空疏，感情缺少足夠的藝術支撐，戰時固然動人一時，過後則少有引人入勝的魅力。但是，抗戰三部曲標誌著巴金無政府主義立場的根本性轉變。《火》第一部，通過劇作家曾明遠與文淑的談話，援引英文《大美晚報》登載的一個外國教士的淞滬前線見聞，表現中國軍人的英勇無畏：「中國兵衝鋒，一排人過去，沒有看見敵兵，只見一陣煙，人就全沒有了。後面的人再衝上去，又碰著一陣排炮，一陣煙，人又全光了。這樣一排一排的死掉，卻沒有一個人畏縮。那個外國人看到後來，忍不住傷心地哭了。我們是拿人的血肉來跟最新式的炮火拚的。」巴金《火》第一部還飽含深情地描寫了四行倉庫上國旗迎風招展的壯麗景觀：「從這一天起半個城市的居民都到泥城橋附近，對著堅守四行倉庫的八百孤軍遙遙地致誠摯的敬禮。一座洋樓吸引了全上海人的眼光，人們潮湧似地從法租界奔向北方。……（戰火點燃的）濃豔像一個巨大的魅影壓在全上海人的頭上。但是在它的威脅下，一面顏色鮮明的旗幟在四行倉庫的無頂上陞起來，昂然隨著風翻飛。僅僅這一面大旗就使得在閘北天空中飄揚的無數的『日章旗』黯淡無光。這一面旗幟代表一種視死如歸的犧牲精神。」國旗的描寫，彰顯出巴金國家意識的空前高漲。

國家危難之際，先前沉浸在象牙之塔裏的唯美詩人走向了戰場，曾經與政府當局勢不兩立的左翼作家集合在國旗之下。正因為有了國家意識的自覺，作家對國家軍隊支撐的正面戰場給予了極大的關注。

二、作家對正面戰場的認同及疏離

1937 年 7 月 7 日，日本侵略者挑起盧溝橋事變，中共中央於 7 月 8 日發表通電，呼籲「全中國同胞、政府與軍隊團結起來，築成民族統一戰線的堅固長城，抵抗日寇的侵略」。日本侵略者步步緊逼，國民政府忍無可忍，終於下定決心抵抗到底。由於敵我雙方軍事、經濟、政治、資源等多種因素，抗日戰爭從時間上成為逐次消耗敵人的持久戰，空間上形成了正面抵抗與敵後襲擾兩個戰場。國民黨掌握的國民革命軍（以下簡稱國軍）主力部隊主要布防在長達 5000 餘公里的正面戰場上，共產黨領導的國民革命軍八路軍、新四軍則深入敵後，開闢了後來達到 130 萬平方公里的敵後戰場。

舉國上下迫切關注正面戰場的態勢，正面戰場也亟需全國人民的關心與支援。文藝界意識到自身的職責，1937 年 8 月 30 日，《中國詩人協會抗戰宣言》中說：「目前最迫切的任務，就是將我們的詩歌武裝起來：我們要用我們的詩歌，吼叫出弱小民族反抗強權的激怒；我們要用我們的詩歌，歌唱出民族戰士英勇的戰績；我們要用我們的詩歌，暴露出敵人蹂躪我們民族的暴行；我們要用我們的詩歌，描寫出在敵人鐵蹄下的同胞們的牛馬生活。我們是詩人也就是戰士，我們的筆桿也就是槍桿，拿起筆來歌唱吧，前方的戰士正需要我們的詩歌，以壯殺敵的勇氣！」1938 年 3 月 27 日，中華全國文藝界抗敵協會在漢口成立，宣言要「更切實的到民間與戰地去，給民眾以激發，給戰士以鼓勵」，「謹向最高領袖與前線將士敬禮」。〔註 1〕同年 5 月 4 日，作為「文協」會刊的《抗戰文藝》創刊，其發刊詞也表示「在我們鋼鐵的國防線上，要並列著堅強的文藝的堡壘」。〔註 2〕對正面戰場的認同不僅是時代的呼喚，而且也是文學發展的要求。1939 年 2 月，周揚在《〈文藝戰線〉發刊詞》中指出：「抗戰以來文藝對現實的關係是消極的批判揭露多於積極的發揚。許多民族英雄的新的典型，無數可歌可泣英勇壯烈的事跡，都還沒有在文藝上得到應有的反映。抉摘抗戰的前進運動中存在著的醜惡與缺點，雖然有它重要意義，但是發揚民族的積極精神的作品卻更能表現出現實的主導的方面，更能盡激發讀者的民族自尊心與自信心的教育的作用。」黃繩在《文藝陣地》第 3 卷第 6 期（1939 年 7 月 1 日）上發表的《抗戰文藝的典型創造問題》，對此做

〔註 1〕 《中華全國文藝界抗敵協會宣言》，1938 年 4 月 1 日《文藝月刊‧戰時特刊》第 9 期。

〔註 2〕 《〈抗戰文藝〉發刊詞》，1938 年 5 月 4 日《抗戰文藝》第 1 卷第 1 期。

出呼應：「是的，在抗戰期間，多少艱苦奮鬥的指揮官，多少身先士卒的幹部，多少忠勇機敏的士兵，多少現代中國的木蘭活躍在疆場上，多少熱血的青年、中年、老年，多少熱血的婦人、少女，多少熱血的勞動大眾，農民大眾在戰鬥中創造了奇跡。我們的作家不能在其中概括出新時代的典型來，在文學上是怎樣重大的損失，在文學的讚揚作用上是怎樣的受了限制！所以我們願意提醒作家，不要只寫落後的人物，還要寫代表新時代曙光的人物，寫英雄呀！」他接著分析了寫不出英雄的原因：「作家之所以多寫落後人物，是由於受了生活經驗的限制。好些作家勾留在都市裡，勾留在知識份子群中。作家所熟識的多是有著什麼職位的人物，而這些人物大半是不長進的，於是他們只好寫落後的人物了。要寫男的女的戰士英雄，非到前線去體驗不可。所以要求作家寫代表新時代曙光的人物，便要要求作家到前線去……最近重慶文協總會已有發動作家到前線去的計劃，這無疑是需要的。」

　　作家對在正面戰場浴血奮戰的國軍將士傾注了滿腔熱情。郭沫若在淞滬會戰期間，多次前往戰地訪問，高度讚揚前方將士的愛國情懷與犧牲精神。他在《抗戰與覺悟》中說：「我們這一次的抗戰，替我們的國家、民族，爭回了人格不少。北方佟麟閣、趙登禹的戰死，南口楊方珪的一團人的戰死，寶山姚子青一營人的枕城而死，飛機師閻海文因飛機受傷，用落下傘飛下，飛下了敵人的陣地，用手槍射殺了敵人，剩下最後一顆子彈，向著自己的太陽穴上一擊而陣亡。這些可歌可泣的壯烈行為，在我們中華民族的歷史上替我們增加了無數光榮的篇頁。」文中對第 8 集團軍總司令張發奎將軍與前敵總指揮陳誠將軍所說的「屢敗屢戰」表示認同，「這句話是應該作為我們全體國民的座右銘的。」〔註 3〕抗戰中的無數佳話令郭沫若深深感動，他在文章中，稱許貴州百餘士兵「開小差」趕赴前線的慷慨赴義，讚頌忻口的郝夢麟軍長、劉家麒師長、魯南的王銘章師長、廣德的饒國華師長等將士壯烈殉國重於泰山。率部出川抗戰的劉湘將軍 1938 年因勞成疾以身死國，郭沫若寫輓聯表示悼念：「治蜀是韋皋以後一人，功高德懋，細謹不蹈，倍覺良工心獨苦；征倭出夔門而東千里，志決身殲，大星忽墜，長使英雄淚滿襟。」1937 年 10 月 23 日夜到前線訪問 66 軍軍長葉肇後，十天中間郭沫若一連收到葉軍長的兩封信，說部下的官兵都願意和郭先生見面，希望他再到前方去一趟。葉將軍信裏還附了一首廣東兵的詩，題目叫《後死感言》：「彈雨淋漓轉空氣，陣前木葉如蝗飛；同仇敵愾

衛祖國，爲爭生存獅展威。」詩後附有跋語述及 1937 年 10 月 17 日激戰、雙方傷亡枕藉的戰況。郭沫若大爲感動，雖然覺得「跋語至佳，詩並不好，但因爲是士兵同志做的，而且寫的是實感，所以難能可貴」，遂加以潤色：「彈雨淋漓風改色，陣前木葉如蝗飛；同仇敵愾拼生死，獅吼搖天萬里威。」〔註 4〕他不僅明確認同並率先垂範貫徹抗戰領袖提出的「國家至上，民族至上，軍事第一，勝利第一，意志集中，力量集中」的口號，而且希望作家切實地鼓起勇氣，到民間去，到醫院去，到戰區去，到前線去，到工廠去，到敵人的後方去，表現軍民間可歌可泣的故事，「我們要用自己的血來寫，要用自己的生命來寫，寫出這個大時代中的劃時代的民族精神。」〔註 5〕

　　從 1937 年 7 月 18 日到 23 日，短短 6 天時間，田漢就寫出四幕話劇《盧溝橋》，8 月 9 日，近百名寧滬戲劇工作者與新聞工作者在南京大華電影院爲慰勞前線將士舉行首次募捐義演，演出時間將近 4 個小時。在盧溝橋率先回擊侵略者挑釁的吉星文團長等 29 軍官兵成爲舞臺的主角，演出氣氛異常活躍。淞滬會戰正在激烈進行之中，田漢於 1937 年 10 月 2 日在上海《救亡日報》發表《應如何轟擊「出雲」艦》，勾勒日軍旗艦「出雲」艦的歷史，援引歷史上的海戰經驗，建議對「出雲」號近戰進攻，攻其薄弱的甲板。他與郭沫若、夏衍一起冒著危險到奉賢南橋進行戰地訪問，在張發奎將軍招待吃飯時，賦詩《贈張向華將軍》，稱讚抗戰軍隊：「把酒持螯吒戰雲，一時飲者盡輸君。浦江兩月波濤壯，始信人間有鐵軍！」他還前往閘北、嘉定、大場等前線，訪問孫元良、宋希濂、羅卓英等將軍，到傷兵醫院慰問，並創作了《中國空軍歌》、《戰士之死》、《從閘北歸來》、《敬獻我死守閘北之忠勇將士》等多篇詩文。《月夜訪大場前線》其一：「寸土安能委虎狼，拼將血肉作銅牆。月明露冷銜枚走，無限森嚴壓戰場。」《弔郝夢麟將軍》：「男兒端合沙場死，況在家危國難時。白水村頭哭軍長，東方從此去雄師。」字裏行間，飽浸著詩人對正面戰場官兵的崇敬之心。田漢對抗敵劇團的同事們說，我們戲劇工作者，爲抗戰服務，首先要去爲抗日前線的軍民服務。他訪問臺兒莊，深感前線文化宣傳太少。遂有成立十個抗敵演劇隊與一個孩子劇團的動議。正面戰場一打了勝仗，他就要去慰問並搜集創作素材。1938 年 9、10 月間，萬家

〔註 4〕　《一位廣東兵的詩》，《救亡日報》1937 年 11 月 6 日。
〔註 5〕　《發揮大無畏的精神——論文藝作家在精神總動員中的任務》，《羽書集》，香港孟夏書店 1941 年。

嶺戰役中，74 軍拼死力戰，張古山一戰斃敵 3000 多人，同時付出了傷亡 5000 餘人的巨大代價。萬家嶺戰役之後，時任第三廳第六處處長的田漢，以此戰和 74 軍 153 旅旅長張靈甫爲原型編寫了活報劇，率隊赴軍中演出。田漢還和著名記者范長江爲尉級以上軍官發表演講。田漢作詞、任光作曲，創作了《國民革命軍第 74 軍軍歌》，一時間廣爲流傳：

> 起來！弟兄們，是時候了。我們向日本強盜反攻！他，強佔我們的國土，他，殘殺我們婦女兒童！我們知恥，我們負重，我們是國家的武力，我們是民族的先鋒！我們在戰鬥中成長，我們在炮火裏相從。我們死守過羅店，保衛過首都，馳援過徐州，大戰過蘭封！南潯線，顯精忠，張古山，血染紅。我們是國家的武力，我們是民族的先鋒！
>
> 起來，弟兄們，是時候了。踏著烈士的血跡，瞄準敵人的心臟，我們愈戰愈奮，愈殺愈勇。抗戰必定勝利！殺！建國必定成功！殺！

長沙大捷之後，田漢又到湘北各部隊和民間搜集材料，創作出《勝利進行曲》話劇劇本與影片劇本。他還率隊赴第九戰區爲部隊官兵演出，到廣西崑崙關前線慰問打了勝仗的將士。他始終與李濟深、張發奎等高級將領保持著良好關係。1945 年 3 月，青年軍 207 師還邀請田漢率四維平劇社兒童劇團去昆明。

面對淞滬戰場的悲壯抗戰，時任中央大學校長的羅家倫，情不自禁地唱出了《淞滬戰歌》：「機掩吳淞口，／炮掀黃浦波，／發揚我民族英威，／掃蕩敵人的罪惡。／半夜火光中，／那悲憤的殺聲，／正是我將士在衝鋒肉搏。／一寸血肉，／一寸山河，／這部悲壯光芒的歷史，／千萬劫，／也難磨。」「一寸血肉，一寸山河」，是對正面戰場國軍巨大犧牲的形象概括，日後成爲人們言及抗戰時常常使用的經典表述。作家與前線將士心心相印、息息相通。郁達夫以《郭沫若氏自長江戰線歸來，談及寒衣與文人少在前線事》爲題賦詩：「洞庭木落雁南飛，血戰初酣馬正肥。江上征人三百萬，秋來誰與寄寒衣？」對前線將士的關切之情溢於言表。

盧溝橋事變爆發後，上海戲劇界救亡協會應運而生。及至上海形勢緊張，立即組織起上海救亡演劇隊十三個隊，除了第十隊與第十二隊留滬活動之外，其餘均赴各地宣傳，宋之的、馬彥祥、洪深、瞿白音、尤兢等作家參與其事。1938 年 2 月，國民政府軍事委員會政治部成立於武漢。根據政治部的整體計劃，以匯合於武漢的上海救亡演劇隊爲基礎，並選拔戰地工作較久、

人材較齊、技術較佳、成績較著的劇團，編成政治部直屬抗敵演劇隊十個隊，9 月上旬先後成立。進行了兩周以上的軍事訓練之後，分赴各戰區。出發之前，陳誠部長親自授旗，並在講話中表示：「這十個隊要當十個師用。」演劇隊受到各個戰區的歡迎。先後擔任集團軍總司令、第四戰區司令長官的張發奎，希望文化團體多到前線工作，並且多多報告部隊缺點以便改進，93 軍的幾位師長也希望演劇隊能用藝術工作幫助部隊。後來，各演劇隊歸戰區政治部指揮，更加密切了與正面戰場的關係。一隊改稱第四戰區抗敵藝術宣傳隊後，1940 年元旦後某日晨，訪問獨立第九旅華振中部，一直到戰壕慰勞。距敵約 300 米，可以望見對面換防的情形。崑崙關戰役結束後，協助清掃戰場、招撫流亡工作，演出慰問 54 軍、6 軍、46 軍等部隊。戰區生活為創作提供了清新的源泉和強大的動力，《保衛臺兒莊》、《報酬》、《不是賊》、《火燒鬼子兵》、《保衛大湖南》、《陳高和》、《花燭之夜》、《游擊隊》、《一家人》、《桂南前線無戰事》（另名《南寧克復後》）等，即產生於戰區活動期間；醫務工作者看過《蛻變》演出後，對劇中的藥品用法、醫務人員的習慣動作等提出批評，並有書面建議。源自戰區的作品也對戰區工作發揮了積極效應。《桂南前線無戰事》在曲江演出時，張發奎長官和余漢謀長官都在，余長官見劇中有張長官慰問民眾處，對張長官說，「此劇告訴了我許多方法。」七戰區政治部李煕寰向張發奎司令長官提出，你們有兩隊，請支援給七戰區一個隊。張發奎回答說：「這是我們的隊，恕不奉讓。」《蛻變》在長官部演出後，張長官深有所感，曾親自到各方視察，對懈職怠工者嚴加處罰。洪深所領導的救亡演劇隊第二隊張季純在給上海友人的信中透露，他們到洛陽部隊演出後，許多官兵看了戲，大受鼓舞，要求官長把他們調赴前線去。〔註6〕光未然領導的拓荒劇團演出反響熱烈，「醉生夢死的市民發誓自新，壯丁被激發而上前線者不一而足。有豫南土匪四百人觀該隊演劇後，自動請纓殺敵。」由拓荒劇團改編成的抗敵演劇隊第三隊，足跡遍歷 98 軍、27 軍、93 軍、獨立 3 旅、197 旅等部。有一次，演劇隊在村子裏進行勞軍大公演，十五里外響著大炮，十里內派出了警戒哨。演到一半時，一排軍人出去了，接著，部隊的團長出去了，演劇隊隊長也追了出去。隊長傳來消息，敵情有變化，通知隊員準備好，武器放在一定的地方，背包一個挨一個地排起來，服裝、道具、化妝品都趕快整理好，騾子備上了鞍。敵人的機關槍遠遠的在對面山頭上響起來了，我們的機槍連也出動

〔註6〕 田漢《抗戰與戲劇》，（長沙）商務印書館 1937 年 12 月。

了。隊員要求參加戰鬥，團長說「你們有更重要的任務。」〔註7〕正面戰場的
文化需求與文藝工作者的認同及其作用於此可見一斑。

　　各派作家因迫在眉睫的救亡大業而集合在政府的旗幟下，對正面戰場予
以認同、關切與支援。但是，文藝創作的個性化特徵與作家的自由性格、在
野身份，同制度化的政府、整體文化素質較低的軍隊與殘酷的戰場環境，有
著諸多複雜的矛盾，所以，感情的貼近、理性的認同與切實的行動之間有時
會產生一些距離。加之政策變化的影響，作家與正面戰場的關係處於認同與
猶疑、趨近與疏離的錯綜矛盾之中。

　　上海救亡演劇隊第四隊在工作中，遇見國民政府軍事委員會政訓處（政
治部前身）的鄧文儀，鄧勸其編為政訓處抗敵劇團。最初，隊員中頗起疑慮，
擔心「入朝」會失去自主性。經過三隊與四隊共同討論，才統一了認識，認
為改編有利於抗戰宣傳，決定歸屬政訓處。於是，編隊受訓，配發了青布制
服與軍毯，以政訓處抗敵劇團身份赴魯南勞軍，訪問白崇禧副總長、孫連仲
總司令、孫德操、池峰城將軍，慰問守土將士。但是，當多數同意改編之際，
仍有趙丹、葉露茜、顧而已、朱今明等隊員不願「入朝」，堅持業餘演出。1938
年 4 月，政治部第三廳成立，郭沫若、田漢、洪深等作家出任廳長、處長、
科長等職，穿上了佩帶中將、少將、上校等軍銜的軍裝。另一方面也有作家
從政之譏。

　　到前線去，到軍隊去，說起來容易做起來難。戰爭並不如作家所想像的
那樣簡單。1938 年 11 月 19 日，何其芳與沙汀率領延安魯迅藝術學院 21 名學
員跟隨八路軍 120 師師長賀龍將軍開始了晉西北、冀中敵後戰場之旅。後來，
何其芳在《報告文學縱橫談》中談到現實中的「失望」：未上前方的時候，充
滿了熱忱，「訪問呵，說話呵，晚上在燭光下整理材料呵等等。然而祇是用耳
朵聽是不行的，需要全心全身到戰爭中去，到兵士中去，到老百姓中去，而
我們卻是在作客。並且原來對於戰爭的幻想被戰爭的實際打破了；我原來希
望碰到的是這樣的場面：我們的軍隊收復了一個城，於是我們就首先進去，
看見了敵人的殘暴的痕跡，看見了被解救的人民的歡欣。總之，是這一類比
較不平凡的事物。然而我們到了河北中部的平原上，卻碰上了敵人的大『掃
蕩』。原來僅有的縣城卻失了。一連二十多個晚上的夜行軍，一倒在地上就可

〔註7〕 參照田漢《關於抗戰戲劇改進的報告》，《戲劇春秋》第 1 卷第 6 期，第 2 卷
　　　　第 2、3 期，1942 年 4 月、7 月、9 月。

以睡著。有時候一邊走一邊打瞌睡，眼睛睜開時，早晨的陽光已經代替了黑夜，炮聲和機關槍聲總是在兩翼的掩護部隊那裡響著。我們祇是聽著戰鬥而沒有看見戰鬥，更不用說參加戰鬥了。於是寫報告的熱忱就漸漸地消失了，為抗戰服務的熱忱也漸漸地低落了。」〔註8〕跟隨戰鬥部隊行動，既缺少從容寫作的環境與時間，又要部隊派人派馬予以照顧，文化人容易產生「英雄無用武之地」與身為「累贅」的感覺。戰場上什麼樣的材料才能成為寫作的素材，怎樣才能將戰場生活轉化為創作，作家應該發揮什麼作用，怎樣才能讓作家在戰場「安身立命」，對此，作家與官兵的理解往往產生差異。正是由於如此這般的諸多緣故，沙汀、何其芳與魯迅藝術學院文學系的部分學員於 1939 年 4 月踏上了返回延安的行程。悉心保護作家、并且寄予很大希冀的賀龍將軍對此有些無奈、甚至氣惱。〔註9〕雖然這是作家在敵後戰場的情況，但正面戰場也多有相似之處。長期堅持在正面戰場的作家較少，除了傷病後撤與政治因素之外，作家個性不能與戰場環境相融也是一個不應迴避的原因。作家缺少前線生活的深入體驗，導致正面戰場題材作品的數量與深度遠遠不能與正面戰場的壯闊場景及其巨大意義相匹配。包括作家在內的文化隊伍與 5000 公里正面戰場強烈需求的差距，加重了正面戰場文化工作的窘迫。

第 33 集團軍總司令張自忠將軍對記者說：「我們很歡迎政工人員多到前線去。」他希望「我們每連每天能有一張報紙就好了。」〔註10〕軍事委員會政治部第二任部長張治中在陪都文化界國民月會上發表《關於軍中文化》的講演時，透露出軍隊文化工作的窘境。他說，政治部成立三年多，編發的書刊如抗戰小叢書、時事問題小冊子等不下於四五百種，不過由於經費問題，印發的數量較少，各戰區有 11 個《陣中報》及 50 個《掃蕩簡報》班，由各部隊各軍校自行出版的報紙雜誌計有 200 多種，但是遠遠不夠。電影製片與放映、戲劇創作與表演、歌詠等力量也嚴重不足。除了經費不足以外，人才匱乏也是重要原因。從事軍中文化工作（新聞戲劇等）的主要人員約有 2500 人，但是分配到 300 個師裏，哪師便沒有幾個。能不能再找 2500 個到 5000 個不避辛苦、不計待遇，而能力又相當的文化鬥士？他呼籲「我不但希望文章早早入伍，而且希望文化

〔註 8〕 轉引自曹聚仁《戰場上的文學》，《文壇五十年》，東方出版中心 1997 年 6 月，第 313 頁。
〔註 9〕 參見沙汀《隨軍散記》，知識出版社 1940 年 11 月。
〔註 10〕 子岡《張自忠將軍會見記》，《大公報》1939 年 9 月 5 日。

人士也多多入伍」。「文化要深入武化的壁壘之中」,「文化要和武化交流」,這是
報紙上曾經提出的口號,他希望這些話能夠實現。〔註11〕

1938 年 6 月 16 日出刊的《七月》第 3 集第 4 期上,辛人的《文化人到後
方去》以來自第一線的觀察傳遞出正面戰場的文化渴求:「到過前方的人們,
都知道各地幾十萬戰士完全失掉了文化的食糧的。有時,在送到前方戰地去
的物品東西上,看到一兩個月以前的破爛的報紙包皮,都如獲至寶似地搶著
一字不漏的讀了。精神的糧食和物質的糧食是同樣的重要的,忽視了這,就
無從鼓勵和提高他們的抗戰的自信心,同樣地,在所有的游擊區域中,對於
民眾的精神的教育也迫切地需要著。這一切,都是文化人應努力負擔起來的
責任,特別在第二期抗戰的特殊情勢下,這任務更加倍重要。我們希望一切
文化人,一切文化出版機關,同樣地注意這種迫切的任務,把一切的力量和
工具,多多地向戰區,游擊根據地疏散,不要儘是一窩蜂地又是向後方簇集。」
一年以後,有些戰區的情況並未得到根本性的改善。身在中條山戰場的賈植
芳寫信告訴《七月》主編胡風:「前方在文化上,可以說還是沒有的,一面是
接濟不到,一面當地很少這些人,創造提倡不出;連宣傳也是貧弱得很,大
家還是老套子。反觀敵人,那對於宣傳的講究與注意,大規模的幹,我想,
只一味盲目的誇張著自己的了不得的進步的,而且憑了這陞官發財的大人們
是應該靜下氣,注意這一點,因為敵人這樣幹,在我們眼中可以說是近乎『危
機』的一件不利東西。」〔註12〕

當然,前線文化宣傳工作的闕如也有軍方的原因,並非所有的部隊、所
有的將領都像張治中、張自忠那樣重視思想文化工作。吳組緗小說《鐵悶子》
就表現了另外一種情形:戰區司令長官總部的政訓處人員老易、老朱與敘事
者「我」,受命到濟南辦一份八開的小型白話日報,供前線士兵閱讀。9 月 14
日北上,被限令 9 月 17 日必須出報。他們以火線拼搏的勁頭,終於使第一號
5000 份報紙如期印出,1000 份到總部散發,4000 份交留守車站的駐軍人員分
送前線各部隊。三人夜以繼日地辛勤工作,共出了二十多號。可是,後來他
們才發現,他們嘔心瀝血編印的報紙並未發出,而是丟在車站候車室的長凳
底下,不禁十分傷感與憤怒。一方面,前線將士渴求精神食糧,而另一方面,
忽視思想工作的舊式軍隊傳統與怠惰瀆職等國民性弊端妨礙甚至阻斷精神食

〔註11〕軍事委員會政治部編印《抗戰五年》,1942 年 10 月。
〔註12〕賈植芳《從中條山寄到重慶》,《七月》第 4 卷第 1 期,1939 年 7 月。

糧的輸送，二者形成尖銳的矛盾。矛盾的解決，既需要文化工作者以更大的犧牲精神投身於抗戰，也有賴於軍隊與政府的革故鼎新。正是在這種矛盾的運動中，作家與正面戰場的關係隨著抗戰的深入而不斷變化。

三、作家走向正面戰場的多種途徑

戰爭改變了作家的生存方式，也在一定程度上使作家的創作軌跡發生了變化。許多作家走出象牙之塔，走出亭子間，奔赴硝煙彌漫的正面戰場，奔赴血火交織的前線。由於身份、身體、性格與創作個性等諸多差異，作家走向正面戰場的途徑有多種多樣，大致說來，有如下五種：

1、作為記者赴戰地採訪。

盧溝橋開戰之初，陸詒、范長江等記者便火速趕往戰地採訪。而後，每有重要戰役，都有各路記者採訪報導。華北戰地記者團曾有中外記者十餘人隨湯恩伯軍團行動，中國遠征軍第二次赴緬甸作戰，有中國戰區中央社陸軍特派員彭河清、黃印文等隨軍記者一起行動。記者所寫的戰地通訊每每具有報告文學性質，真實而生動地記錄了正面戰場的發展態勢與戰鬥軌跡。記者在完成新聞使命的同時也被時代賦予了作家身份。

「八・一三」淞滬會戰打響後，正所謂地無分南北，人無分老幼，整個中華民族都捲進戰火之中。從此以後，除了范長江、陸詒、秋江、楊紀、劉尊棋、胡定芬、周海萍等記者之外，許多作家也作為戰地記者被各家媒體派往正面戰場採寫戰地報告。如曹聚仁、夏衍、王西彥、姚雪垠、黃藥眠、林林、孫陵、廖沫沙等作家都有出色的成績。曹聚仁的《大江南線》，有王敬久、上官雲相將軍的訪問記與蔣經國傳奇，也有武漢會戰、長沙會戰、南昌會戰等戰役的描述與分析。孫陵隨軍轉戰千里，寫出真實記述突圍殲敵艱險歷程的《突圍記》。廖沫沙前往鄂北戰地考察，寫出了萬餘言的《中原鎖鑰的襄樊》。作品裏有襄樊的歷史追溯，也有經濟、民情、軍情（包括敵我軍事力量對比）等現實狀況的描述，有第五戰區司令長官李宗仁話語的引述，也有記者的分析，將襄樊的戰略意義及戰役的方方面面，都做了全面而透徹的報導和評價。謝冰瑩、安娥等女作家巾幗不讓鬚眉，同樣作為戰地記者赴前線採訪。謝冰瑩有《軍中隨筆》、《在火線上》、《新從軍日記》、《第五戰區巡禮》（與黃維特合著）等表現正面戰場的散文集。安娥有詩集《燕趙兒女》、五幕歌劇《洪波曲》（表現臺兒莊戰役題材）等。

2、慰勞與訪問。

淞滬會戰時，郭沫若經常冒著生命危險，到前線部隊慰勞與訪問。執掌第三廳之後，他又以中將廳長與作家的雙重身份，參加武漢各界慰勞前線將士代表團，先後到北戰場的宋埠、南戰場的咸寧、通山、陽新、武寧等前線慰勞，回來撰寫文章，呼籲後方民眾有錢出錢、有力出力，搶救前方的傷寒病。出任政治部設計委員的郁達夫，先後到山東、江蘇、河南、浙東、皖南等地前線巡視防務，寫下一批戰地報告與及舊體詩等。在淞滬會戰中，僅上海文化界救亡協會就組織了 30 多個宣傳隊和 40 多個慰勞團，同時與上海職業界救亡協會、學生抗敵後援會等攜手，向前線派出多個戰地服務團。太原會戰、徐州會戰、武漢會戰、長沙會戰等戰役中，也湧現出許多戰地服務團，其中活躍著作家的身影。

臧克家、黑丁、曾克、鄒荻帆、田濤、田一文、李石鋒、伍禾等 14 人在河南省潢川組成「文化工作團」，到戰區從事宣傳工作，與此同時，積累了豐富的素材，在戰火的間隙從事創作。他們與前線將士一道夜行軍，一起在隆隆炮聲中突圍。隨棗會戰中，臧克家創作了《走向火線》，姚雪垠寫下了戰地報告《春到前線》。臧克家到鍾天任師長的部隊裏活動，上到第一線，與哨兵站在一起，百米之外的半山腰就是敵人。戰事緊張時，鍾師長對他們下了「逐客令」，兩天後，派人帶馬來接他們回部隊。「到了『襄陽』，敵人突然從天上掉下來似的，公路被切斷了，周圍是槍炮聲，大火，和亂跑的人馬。我們撕下了胸前的符號，向北突圍，敵人一直尾追在身後，洋店，蒼苔，新野，鄧縣，翻過路絕行人的房山，八天兩夜的工夫，趕死趕活的趕到『均縣』。東西丟個淨光，連詩稿也在內，後來發表的《走向火線》，是默寫下來的第二手的稿子了。」他曾在冬天冒著冰刀似的寒冷，騎著大馬在封雪吹打著的戰地上奔馳；曾在魯寨同士兵一道在戰壕裏過年；曾在信陽前線深入剛反正過來的彭子文部，一道生活了兩三天，談了兩三夜。他在作於 1942 年 9 月的《我的詩生活》裏寫道：憑藉這一瞭解與體驗，「我才敢寫我的《向祖國》，因為我不但聽到，而且見到，不但見到，他們的生活，處境，表情，曾經深深的打動了我。」〔註 13〕第二年，鍾天任師長壯烈殉國，但其英雄形象與高尚品格在詩人飽含熱情的筆下栩栩如生，永駐人間。

〔註13〕臧克家《我的詩生活》,《臧克家散文小說集》(下)，長江文藝出版社 1982 年，
　　　　第 873～919.頁。

　　抗戰期間，還有幾次規模較大的集體慰勞訪問活動。1938 年 4 月，中華全國文藝界抗敵協會（簡稱「文協」）派郁達夫、盛成代表「文協」，攜帶慰勞前線將士書及錦旗赴臺兒莊勞軍。5 月，「文協」派代表攜錦旗赴航空委員會慰勞空軍。從 1939 年 6 月 28 日至 12 月 9 日，老舍、王平陵、胡風、姚蓬子等代表文協參加全國慰勞總會慰問團到前線慰問。老舍所在的北路慰問團一行 15 人，總共 164 天，南起襄樊，北迄五原，東達洛陽，西抵青海，途經成都、綿陽、劍閣、廣元、沔陽、漢中、西安、華陰、靈寶、南陽、延安、平涼、蘭州、西寧、吳忠堡、石嘴山、黃河渡口──渡口堂、陝壩（傅作義將軍駐地）等地，行程 18500 里，橫跨八省，到第一、二、五、八、十戰區慰勞訪問，中途經陝州時，距日軍營地僅 18 華里。老舍此行得長詩集《劍北篇》，並爲日後創作話劇《張自忠》等正面戰場題材的作品積累了戰地體驗與大量素材。1939 年 6 月 18 日，「文協」組織的作家戰地訪問團，從重慶出發。訪問團由王禮錫、宋之的分別擔任正副團長，團員有羅烽、白朗、葛一虹、李輝英、張周、袁勃、楊朔、陳曉南、方殷、葉以群、楊騷，還有秘書錢新哲，共 14 人。訪問團肩負著多重職責：一是慰問、視察、建議與文化宣傳；二是寫作，同時爲全國作家現在或將來的創作搜集素材；三是在前後方、中國與外國之間建立廣泛聯繫，並且在士兵、工人、農民中發現新的作家。訪問團攜帶《前線增刊》及《抗戰文藝》共 2000 份，贈送給部隊，並向第一戰區衛立煌、孫連仲司令長官獻旗，上面分別寫有「民族干城」、「中原屏障」。王禮錫《筆征行卷》稱讚抗戰功臣衛立煌將軍：「塵黃日白風蕭蕭，尋常百姓都帶刀。只須衛上將軍在，敵人不敢窺中條。」他們在中條山戰地穿行時，困守在高山密林中艱苦作戰的部隊，看見後方來人慰問他們，瞭解他們，又興奮又感激，傾情交談，有的還攜漿擔飯來慰問訪問團。訪問團時常在日軍飛機與槍炮的射程內行進，時常冒著酷暑，或者頂著綿綿陰雨，或者黑夜中行軍，山路崎嶇泥濘，行程艱苦備嘗。每到一個部隊或者村莊，不斷地工作，開會演講，深入採訪（從將軍到士兵、從司令部到戰壕掩蔽部），搜集資料。王禮錫除了忙碌日常工作之外，每天還要堅持寫作《筆征日記》，終因積勞成疾，突發黃疸症，一度誤診，急送洛陽，不治而逝。訪問團把王禮錫安葬在洛陽龍門與白居易陵墓遙遙相對的山頭上之後，繼續前行，走到長治、長子、襄樊、隨棗前線，12 月 12 日回到重慶。作家訪問團留下的作品除了王禮錫的《筆征》之外，尚有集體日記《筆游擊──中條山中》、以群的《「作家戰地訪問團」別記》、宋之的的《記作家戰地訪問團》、白朗的《我們

十四個》等；後來還出版了一套「作家戰地訪問團叢書」，包括《凱歌》（宋之的）、《糧食》（羅烽）、《老夫妻》（白朗）、《紅纓槍》（葛一虹）、《生長在戰鬥中》（以群）、《夜襲》（李輝英）等作品。作家戰地訪問團的行動不僅深受部隊與民眾的歡迎，而且在文藝界與社會上亦有積極的反響。《新華日報》於 12 月 26 日發表題為《積極加強戰地文化工作》的社論，肯定戰地作家訪問團與南北兩路慰勞團對戰地文化工作的推動，並號召「一切從事文化的人能到戰區去，負起加強文化宣傳的工作，爭取抗戰的最後勝利，和粉碎敵人的一切進攻和陰謀」。1940 年 1 月 16 日，臧克家在《新華日報》發表新詩《我們的筆部隊——為歡迎作家訪問團諸朋友作》：「我們不再靠著椅背／像石像一尊，／淟起眼，／靜候「靈感」的貴賓；／我們不再吐著煙絲／去玩弄幻想，／把一間斗室／做成自己的「封疆」；／我們不再／彼此互投輕視的眼光，／粘不到一堆，／沙石一樣；／我們不再那麼脆弱，／經不起一點風霜，／我們手裏的筆，／不再是那麼沒有分量。／敵人的大炮，／開拓了我們的世界，／敵人的大炮，／打寬了我們的胸膛，／千萬個詩句／一齊歌詠著反抗，／（熱情似大江的奔放！）／千萬個筆管，／一齊寫著解放。／（紅血裏插下了新生的秧）／我們的筆部隊，／渡過黃河，／盤過山崗，／在炮火下，／在轟炸中，／從這個戰場／到那個戰場，／我們有力量，／我們是一個集體，／我們有武器，／筆就是槍。」「文協」襄樊分會受到鼓舞，組織訪問團遠行。〔註 14〕桂林分會也組織桂林文藝界新聞界前線慰問團赴第五戰區。

　　3、參加文藝宣傳。

　　無論是全面抗戰爆發之初的上海救亡演劇隊，還是 1938 年改編後直屬政治部的抗敵演劇隊、宣傳隊，抑或隸屬於各地方各部隊的文藝團體，都有作家參與其中，如洪深、田漢、光未然、宋之的、馬彥祥、瞿白音、章泯、王震之、王瑩、凌鶴、徐韜、舒非、嚴恭、張客、呂復、趙明等。他們在戰火紛飛的前線，一邊參加演出、講演等宣傳活動，一邊從戰場汲取素材，編創帶有硝煙味的劇本。如洪深執筆、上海話劇界救亡協會戰時移動演劇隊第二隊集體創作的《飛將軍》，凌鶴創作的《火海中的孤軍》，集體創作、崔嵬、王震之執筆的《八百壯士》，抗敵劇團集體創作《保衛臺兒莊》；血花劇團冷

〔註 14〕參照葛一虹《悼念王禮錫先生——兼記作家戰地訪問團》，《文藝復興》1946
　　　　年 7 月；文天行《作家戰地訪問團始末》，《王禮錫文集》，新華出版社 1989
　　　　年，第 298～309 頁。

波（李樹柏），在中條山戰場寫出的四幕劇《死守中條山》；1940 年 10 月 30 日南寧克服後，第一、第九兩個演劇隊突擊編創的《桂南前線無戰事》，張客的《最後一顆手榴彈》等。劇本雖然多爲急就章，形式較爲簡單，但因貼近戰場生活，深受部隊與民眾歡迎，對於鼓舞士氣、推動工作常有立竿見影之效，也爲大後方及後來留下了眞實而珍貴的正面戰場畫卷。在戰場奔波，異常艱辛而且充滿了危險，一些作家和他們的戰友把生命獻給了救亡大業。拓荒劇團 18 歲的周德祐又演又編又導，本來鐵打一樣的身體終於一病不起。抗敵劇團奉令赴前方慰勞，撤離徐州時，敵情緊迫，陷入重圍，剃髮換裝，留下與孫連仲部陳參謀一道參加游擊隊組訓工作。趙曙中彈犧牲，張勇遇難於泥淵。瞿白音、胡考在敵人包圍線中徘徊了十七日，險些餓死。抗敵演劇隊第三隊 17 歲的詩人莊玄犧牲，隊長徐世津積勞成疾，病逝於後方醫院。創作劇本《演戲》（即《鴨綠江邊》的蔣旨暇，也因過度勞累病倒在前線。浙江省抗敵後援會救亡演劇隊劉保羅，在演出中因作爲道具的手槍走火而殉難，遺有一些戰鬥的劇本和幾首戰歌。據不完全統計，抗戰時期因各種原因犧牲的戲劇工作者至少在 36 人以上。〔註 15〕

　　文藝宣傳隊伍在從事編劇、演劇、歌詠等活動的同時，還編輯出刊多種定期或不定期的刊物，如《一月間》、《藝術部隊》、《輕騎隊》、《軍民》、《戰地文化》、《打日本》等。刊物主要面向部隊，作家爲之付出了無量的心血。

　　4、作家入伍。

　　抗戰激發起作家的從軍熱情。吳伯簫、天藍等參加八路軍，吳奚如、彭柏山、朱鏡我等參加新四軍。參加正面戰場部隊的作家亦不少，入伍的作家多數從事文化宣傳工作，在直接爲戰場、爲部隊服務的同時，工作性質與生活體驗也使他們能夠創作出充溢著戰場氛圍的作品。丘東平在加入新四軍之前曾參加過淞滬會戰，寫出了《第七連》、《我們在那裡打了敗仗》、《我認識了這樣的敵人》、《一個連長的戰鬥遭遇》等影響很大的作品。陶雄在空軍某機關工作，其空軍題材的作品集《0404 號機》列爲「七月文叢」出版。曾經參加過北伐戰爭、以《女兵日記》而聞名的謝冰瑩，抗戰爆發之初，組織了一個「湖南婦女戰地服務團」，上前線救護傷員。後因病赴重慶。1938 年，重返前線，任第五戰區司令長官部中校秘書，寫戰鬥通訊、報告文學。後來又

〔註 15〕《大公報》1944 年 5 月 20 日。

加入後方勤務部，和基督教、負傷將士協會合辦傷兵招待所，往來於第一、五、九、十戰區，視野更爲開闊。《軍中隨筆》、《在火線上》、《新從軍日記》、《冰瑩抗戰文選集》、《女兵十年》、《第五戰區巡禮》（與黃維特合著）等多與前線生活密切相關。鍾敬文、司馬文森、何家槐、楊邨人等任職於第四戰區政治部，鍾敬文爲上校軍銜視察員。陳北鷗、胡繩等任第五戰區文化工作委員會委員，田濤在第五戰區主編《陣中日報》副刊《臺兒莊》，輾轉於冀、豫、鄂等地從事戰地工作，遂有表現戰場題材的小說，如《血泊中》、《恐怖的笑》、《巷戰》、《黃礓山》、《銅號》、《射手》、《跛子》、《胞敵》、《一個馬夫》等，作品具有眞切而強烈的戰場實感。覃子豪被分配到東戰場，以中校軍銜主持《掃蕩簡報》工作。郭嗣汾入伍，帶兵參加過長沙會戰、宜昌會戰等戰役，後又入 94 軍政工大隊，寫有報告文學《桂林在我們後面》等作品。女詩人劉雯卿抗戰前夕在中學任教，並當報紙副刊編輯。全面抗戰爆發後，投筆從戎，隨廣西學生軍開赴前線，並應國際新聞社之約採寫長篇報告文學《廣西學生軍在廣西》；後參加戰地服務團，赴崑崙關火線，《高峰坳之戰》等即表現崑崙關戰役的戰鬥場面，其作品氣勢磅礡。劉雯卿在《戰地詩歌·自序》中說：「這多是在戰地擷取的一些新鮮的，熱騰騰的資料，有時見到戰士們的血，正從傷口沖噴，有時聽見大炮聲，還在震動耳膜，我就把它記錄下來了。因爲我的熱情和戰士的熱血，是同源的奔流，即流出我的生命：集成《戰地詩歌》一冊。」〔註16〕

張天虛曾參加丁玲擔任主任的西北戰地服務團通訊股長。1938 年，滇軍奉命開赴前線，駐防湖北雞公山一帶。60 軍 184 師師長張沖派政治部主任張永和（中共黨員）與武漢八路軍辦事處聯繫，希望延安派人到該師工作。延安先後派張天虛、周時英、尹冰、薛子正到 184 師。張天虛不僅編印出深受官兵歡迎的《抗日軍人》小報，而且也創作了凝聚著火線體驗的作品。報告文學《火網裏——魯蘇皖豫突圍記之一》裏寫道，他在突圍中與部隊失散，扔掉了代用爲雨衣兼被套的呢大衣，裝有許多要緊東西的 2 斤重的圖囊也不得不扔掉，甚至包括照片、炒麵乾糧，但是卻把日記抽出來保存在身上，因爲上面記載著戰地生活，要將戰地經歷報導給國人正是作家到軍隊做政治工作所附帶的一項任務。當他在隱蔽的蘆葦池邊發現了部隊裏的弟兄之後，帶領二三十人的行列去尋找部隊。茫茫黑夜，敵情莫測，生死未卜，他在本子

〔註16〕《戰地詩歌》，桂林春秋出版社 1942 年。

上寫下了「遺言」:「同志們,請轉告我所有的同志和朋友,不要念我,加強鬥爭的決心和信念,相信中華民族是會在艱難困苦和錯誤當中掙扎進步和健全起來。爭取最後的勝利,我們有充分的把握。踏著我的血路來!」他把「遺言」撕下來塞在衣袋裏,帶領弟兄們前進了。張天虛沒有犧牲在戰場上,但因戰場艱苦與過度勞累,肺結核病加重,後來不得以返回家鄉雲南從事後方工作,不幸於1941年病逝。郭沫若在墓誌銘中把張天虛與其好友聶耳相提並論:「西南二士,聶耳天虛,金壁增輝,滇海不孤。義軍有曲,鐵輪有書,弦歌百代,永示壯圖。」

在軍中任職,與前線部隊一道出沒於槍林彈雨之中,時刻面臨著生命危險。詩人穆旦1940年8月西南聯大外文系畢業後留校任教,1942年2月主動放棄助教的教席,參加中國遠征軍,任隨軍翻譯,出征緬甸戰場。5月至9月,他親歷第一次赴緬作戰的艱險歷程,在慘烈至極的野人山戰役中,從死亡線上掙扎出來,撤至印度。王佐良《一個中國新詩人》寫道:「他從事自殺性的殿後戰。日本人窮追。他的馬倒了地。傳令兵死了。不知多少天,他給死去戰友的直瞪的眼睛追趕著。在熱帶的豪雨裏,他的腿腫了,疲倦得從來沒有想到人能夠這樣疲倦,放逐在時間——幾乎還在空間——之外,胡康河谷的森林的陰暗和死寂一天比一天沉重了,更不能支援了,帶著一種致命性的痢疾,讓螞蟥和大得可怕的蚊子咬著,而在這一切之上,是叫人發瘋的饑餓,他曾經一次斷糧達八日之久。但是這個二十四歲的年輕人在五個月的失蹤之後,結果是拖了他的身體到達印度。雖然他從此變了一個人,以後在印度三個月的休養裏又幾乎因為饑餓之後的過飽而死去,這個瘦長的、外表脆弱的詩人卻有意想不到的堅韌。他活了下來」。〔註17〕1945年9月,他經過幾年的醞釀,終於將緬甸戰場體驗與關於戰爭的哲思表現在帶有象徵色彩的詩歌《森林之歌——祭野人山上的白骨》裏面。〔註18〕中央軍校第16期畢業生黃仁宇,先任陸軍14師排長及代理連長,1943年加入中國駐印軍,1944年以新1軍司令部上尉參謀職務參加第二次赴緬甸作戰,在密支那戰役中右腿中彈負

〔註17〕《文學雜誌》第2卷第2期,1947年7月1日。
〔註18〕《森林之歌——祭野人山上的白骨》,初發表於《文藝復興》第1卷第6期,1946年7月,《文學雜誌》第2卷第2期,1947年7月重新發表時,略有修改,題目亦改作《森林之歌——祭野人山上死難的兵士》,收入《穆旦詩集(1939～1945)》(自費出版,1947年5月) 時又略有修改,題目改為《森林之魅——祭胡康河上的白骨》。

傷，被戰友搶救下來。後來榮獲陸海空軍一等獎章。黃仁宇根據自己的親身體驗與對全局的把握，創作《密支那像個罐頭》等報告文學，發表於《大公報》，1946 年出版了反映緬甸戰場雨季作戰實況的《緬北之戰》。詩人高詠，入伍後先任政訓處上士文書，後任少尉書記，在部隊編印《抗戰簡報》，深受歡迎。他在漢口一家報紙上發表特寫《小排長牛萬里克大敵》，贏得全師官兵敬意，師長王奇峰中將屢屢稱讚。年青的高詠參加過徐州會戰，後來犧牲於河南涉縣。

　　作家也有在部隊擔任下級軍官、在火線執行作戰任務的。如阿壟（S.M.）曾在淞滬會戰擔任少尉排長，直至牙齒被打碎，才離開火線到後方治療。爲了紀念陣亡的與受傷的弟兄，也爲了把逃亡者的影子描畫一些下來，他寫了《閘北打了起來》、《從攻擊到防禦》、《斜交遭遇戰》等作品。他在《我寫〈閘北打了起來〉》裏說：「我在閘北的七十日，從二十六年八月十二日到十月二十三日，可以說是從八‧一三開始的，在這裡，有我底喜悅，也有我底憤怒」。〔註19〕阿壟後去延安，在一次演習中眼睛受傷，到西安治傷期間，寫下了 30 萬字的長篇小說《南京》，榮獲中華全國文藝界抗敵協會長篇小說徵文獎一等獎。但因爲作品中對淞滬會戰撤退秩序混亂與南京會戰指揮弊端有所批評，當時未能出版；又因爲如實表現了正面戰場國軍將士的愛國情懷與犧牲精神，而且作者 1955 年被莫須有的「胡風反革命集團案」牽連入獄，《南京》被塵封多年，直到 1985 年才終於由人民文學出版社以《南京血祭》面世。

5、以其他方式支援正面戰場。

　　由於種種緣故未能親赴前線採訪、慰問、演出、參戰的作家，也以其他方式支援正面戰場。譬如贈送報刊書籍，1939 年 4 月「文協」成都分會出版《前線增刊》第一期，印 3000 份捐送前線，1940 年 5 月「文協」贈送前線部隊文藝書籍 100 冊。

　　太平洋戰爭爆發之後，美國加強了對華軍事援助，大批美軍參謀技術人員與飛行員及武器裝備來到中國正面戰場，急需翻譯人才。國民政府軍事委員會舉辦了多種譯員訓練班，如戰地服務團譯員訓練班、陪都（重慶）譯員訓練班、中央訓練團譯員訓練班、青年遠征軍政工班譯訓組等，培育出總計 3500 餘名軍事譯員，分別派往美國志願空軍、中印緬戰區美軍總部、青年遠

〔註19〕《七月》第 3 卷第 4 期。

征軍等參加抗戰。聞一多擔任軍委戰地服務團譯員訓練班語言訓練指導工作，朱經農擔任陪都（重慶）譯員訓練班副主任，此外還有一些作家擔任外語培訓任務。1944 年 8 月，湘、桂戰役緊張，國軍面臨巨大壓力，兵員損耗嚴重，鄉村兵源素質難以適應美援新式武器裝備，迫切需要補充知識層次較高的生力軍。8 月 27 日，蔣介石手令國民黨中央黨部，發動黨團員（國民黨員與三民主義青年團員）從軍運動，目標在三個月內征集 10 萬人，進而推演成全國性的知識青年（18～35 歲）從軍運動。「發動知識青年從軍會議」上，蔣介石發表講話，陳果夫、吳鐵城、張治中、賀衷寒、康澤、蔣經國等國民黨與三民主義青年團重要幹部出席。時任中央大學校長的作家顧毓秀等通電表示回應。一些作家教授在高等院校發表講演，動員知識青年從軍。西南聯大年輕的學生詩人就有兩個參加了炮兵，一個與美國空軍志願隊並肩作戰，好幾個擔任部隊宣傳工作，還有人參加修築戰爭急需的滇緬公路。

更多的作家則通過創作來表現正面戰場。艾蕪小說《秋收》，描寫傷兵醫院養傷的官兵幫助老鄉收割莊稼。無名氏紀念「八一三」陣亡將士的散文《薤露》，在《時事新報》副刊登出後，由中央廣播電臺播出，遠傳到正在印度集訓的中國遠征軍，官兵深受感動。張恨水本來擅長於諷刺批判，在寓言體長篇小說《八十一夢》等作品裏對抗戰期間的官吏腐敗、「兄弟鬩於牆」和國民性弊端諷刺得淋漓盡致，但對正面戰場國軍的英勇抗戰亦不吝筆墨予以深情描寫。《大江東去》對南京保衛戰還衹是側寫，而《虎賁萬歲》則是一曲完整而恢弘的英雄頌歌。常德保衛戰中，在數萬敵軍依仗飛機坦克大炮毒氣的瘋狂進攻面前，74 軍 57 師打得異常慘烈，8000 多名將士戰死百分之九十多。最後，出城接應援軍的指揮官在突圍中犧牲，74 軍副軍長兼 57 師師長余程萬中將在部下的苦勸下出城，幾天後引導援軍打回常德，而當初自願留下堅守空城的柴團長等官兵大部壯烈犧牲，餘部藏身地窖才得以迎來最後勝利。常德會戰期間，正在開羅出席中、英、美三國政府首腦會議的蔣介石，聽到余程萬師長率部苦戰的報告時，深爲自己有這樣的學生（黃埔軍校第一期畢業生）與部下而自豪，向盟國首腦介紹情況，贏得盟友的稱讚；而後，蔣介石聽說余程萬突圍之後，城裏竟然還有 200 餘名官兵，便深責余程萬未能成仁，爲表示自己不「護犢」，下令將余程萬押送重慶按軍法處理，結果判徒刑兩年。抗戰勝利後，余程萬始得刑滿釋放，1946 年，被任命爲整編 74 師副師長，重新執掌兵權。常德戰役兩位幸存的 57 師軍官一方面要爲 57 師揚名，另一方

面要為余程萬師長正名，他們再三請託張恨水以小說來描寫常德保衛戰，並帶來一批材料，有軍事地圖、油印品，有貼報冊子、日記本、相片本，有《五十七師將士特殊忠勇事跡》、《五十七師作戰概要》等，不下三四十種，並口述活的材料。張恨水被深深地打動了，他意識到，抗戰進行了七年，還沒有整個描寫戰事的長篇小說問世，這是文人的恥辱，對不起國家，我們實在也應該寫一點。他認為，可以寫的戰役，有寶山之役，臺兒莊之役，平型關之役，崑崙關之役，長沙之役等，像常德這種戰役，尤其該寫。於是，他仔細揣摩材料，傾聽口述，努力使自己體會戰場氛圍。他邊寫邊請兩位57師軍官指正。戰地細節、自然景象，儘量貼近真實。《虎賁萬歲》1945 年 5 月間動筆，1946 年 4 月 18 日殺青。張恨水寫小說，向來暴露多於頌揚，但這部書例外，暴露之處很少。因為在他看來，八千將士實在盡了他們可能的力量。他在《虎賁萬歲‧自序》裏說：「我願意這書借著五十七師烈士的英靈，流傳下去，不再讓下一代及後代人稍有不良的印象，所以完全改變了我的作風。」「讓我能引以為榮的，是我能寫著八年抗戰中最光榮的一頁，這光榮是七十四軍五十七師的朋友們給我的，我得首先表示感謝。不然，以我一個從未踏腳到戰場的書生，不能寫出這部三十萬言的戰事小說。」

四、政策對作家與正面戰場關係的影響

抗戰到底是中國政府堅定不移的立場，但是，在如何協調各種政治力量之間的關係、如何處理文化與抗戰建國的關係諸方面，國民黨當局的政策前後有所變化，有時甚至波動較大。政策的變化不能不影響到作家與正面戰場的關係。

1937 年 2 月 15 日至 22 日在南京召開的國民黨五屆三中全會，通過了實際上接受國共合作的決議，意味著抗日民族統一戰線初步形成。同年 9 月 22 日，中央通訊社發表了《中國共產黨為公佈國共合作宣言》，23 日，蔣介石發表《對中國共產黨宣言的談話》，標誌著抗日民族統一戰線的正式確立。在這種背景下，有許多作家參加的各種救亡協會，如上海戲劇界救亡協會、上海戰時文藝協會等相繼成立，在民眾動員、戰地服務、前線慰問等工作中表現活躍。1938 年 3 月 27 日，中華全國文藝界抗敵協會在武漢成立，而後，宜昌襄樊、成都、長沙、香港、昆明、延安、桂林、廣東曲江、貴陽等分會相繼成立。如前所述，這一文壇統一戰線組織對於密切作家與正面戰場的關係起

到了重要作用。1938 年 4 月 1 日，軍事委員會政治部第三廳正式成立，下設三個處（第五處掌管動員工作，處長胡愈之；第六處掌管藝術宣傳，處長田漢；第七處掌管對敵宣傳，處長范壽康），隨後建立了 10 個抗敵演劇隊、4 個抗敵宣傳隊。除此之外，各戰區、軍、師及地方所屬的演劇隊、宣傳隊更是數不勝數，據不完全統計，至少有 2500 多個。大批作家彙聚在抗日民族統一戰線的旗幟下，積極參加三廳與各戰區、各部隊、各省及各種媒體所組織的文藝宣傳、戰地服務、前線慰勞與採訪寫作等活動。從抗戰全面爆發到 1938 年 10 月 27 日武漢失守，戰略防禦階段可謂抗戰時期國共合作蜜月期，在此期間，作家與正面戰場的關係也最為密切，作家走進正面戰場人數最多、表現正面戰場熱情最高、正面表現的作品比重最大。

抗戰轉入戰略相持階段以後，大敵當前，國共關係總的來說仍是合作一致、「外禦其侮」，但由於共產黨所領導的八路軍、新四軍在敵後戰場力量不斷壯大、根據地逐漸擴展，國民黨當局感到了潛在的威脅，先後頒佈了一系列主要針對共產黨的文件——如 1939 年 6 月 30 日，國民政府頒佈《限制異黨活動辦法》；12 月 20 日，蔣介石秘密頒佈《異黨問題處理辦法》；1940 年 7 月 16 日，國民黨中央委員會提出並通過《關於陝甘寧邊區及十八集團軍新四軍作戰地境編制問題的提示案》；1940 年 11 月 14 日，國民政府軍事委員會軍令部擬定《黃河以南剿滅共軍作戰計劃》；1945 年 5 月 5 日至 21 日，中國國民黨第六次代表大會通過了《本黨同志對中共問題之工作方針》、《對中共問題之決議案》等，掀起三次反共高潮，1941 年 1 月震驚中外的「皖南事變」即其表徵之一。

與此相應，文化管制逐漸加強，設立了中央文化運動委員會、中央圖書雜誌審查委員會、戰時新聞檢查局、重慶市圖書雜誌審查處等機構，省、縣亦分別成立新聞檢查所、新聞檢查室，在此前後，頒佈了《限制報刊登記辦法》、《抗戰期間圖書雜誌審查標準》、《戰時圖書雜誌原稿審查辦法》等。1938 年至 1941 年 6 月，查禁書刊 960 餘種；1942 年查封報刊 500 餘種；1942 年 4 月至 1943 年 8 月，不准上演的劇本 160 種，修改後始准上演的 7 種；1943 年查禁書刊 500 餘種。《新華日報》、《群眾》周刊、《抗戰》、《抗到底》、《全民》、《抗戰漫畫》、《七月》等報刊，夏衍的《一年間》、卞之琳的《慰勞信集》、《毛澤東自傳》、《朱德將軍傳》等都曾遭到查禁，連《李宗仁將軍傳》、《白崇禧將軍傳》等也不能倖免。曾經在文化工作方面頗為當局倚重的第三廳，集中

了一批帶有左翼色彩的作家，而這些作家既不能完全聽命於當局的指令，又三次拒絕了要他們集體加入國民黨的勸誘，第三廳編制被一壓再壓之後，終於在 1940 年 9 月被撤消。周恩來表示歡迎作家到延安去，當局爲了拉住這批作家，才於當年 11 月成立了沒有行政權力的文化工作委員會（1945 年 3 月 30 日被解散）。在當局政策的影響下，各戰區戰地文化服務處、文化服務站、文化工作隊等組織機構被強行撤消，有些戰區、軍、師的演劇隊、宣傳隊也被迫解散。

反共氣氛緊張時，在某些部隊工作的作家處境危險，被迫出走。如賈植芳，1937 年 9 月終止在日本的留學，轉道香港回國抗戰。他參加了國民政府舉辦的留日同學訓練班，結業後被分配到山西中條山前線作戰部隊第 3 軍第 7 師政治部，任上尉日文幹事，專事日文翻譯和對敵宣傳工作。同時爲《七月》投稿，被約爲特約撰稿人、七月社西北戰地特派員。1939 年，國民黨當局掀起排斥異黨的政治暗流，賈植芳於 5 月不得不逃離這支部隊，輾轉到重慶一家報館工作。1941 年 1 月皖南事變，他在西安的處境愈加困難。遂第二次從軍，到駐紮在陝西黃河沿岸的一個工程兵團，擔任翻譯，替在日本陸軍士官學校工兵科出身的團長翻譯日本的工程兵書籍，如《工程兵教練法》、《煙幕使用法》等。但是，幹了不到兩年，又被這個部隊懷疑，認爲「來歷可疑，有什麼非法活動，並已決定了處置的辦法：就地活埋。因爲當時國民黨政權已命令它的駐在西北地區的黨政軍機關部隊，指令凡是發現『異黨分子』和『左傾分子』可就近處決。」團部一位王姓文書聞訊急忙來報信，賈植芳才得以逃離部隊。〔註 20〕「西北臨大」學生蔣弼參軍從事戰地工作，所在部隊作爲主力參加臺兒莊戰役。抗戰進入相持階段後，「絞殺部隊裏的宣傳教育工作的黑手，已經伸了近來，而且一天天地擴大了它的陰影」。〔註 21〕到了 1939 年夏，一些中下級軍官因爲思想趨新而被看押起來或被驅逐出去，蔣弼也悄悄離開了留戀不捨的連隊。後來到了晉東南敵後抗日根據地。在敵人掃蕩中被俘，被敵人活活刺死。

黑雲壓城之際，茅盾、宋之的、章泯、葉以群、司馬文森、艾蕪、孟超等作家遠走香港、桂林，歐陽山、草明、艾青等則奔赴延安，有的作家被打

〔註 20〕　參照賈植芳《我與胡風先生的交遊史》、《悲痛的告別──回憶胡風同志》，收
　　　　　《賈植芳文集》創作卷，上海社會科學出版社 2004 年。
〔註 21〕　以群《憶蔣弼》，《文藝復興》第 1 卷第 6 期。

得措手不及，身陷囹圄，甚至遇害。面對國民黨的排斥與迫害，左翼作家一方面顧全大局，為抗戰大業努力奉獻，另一方面也難免被激發起更為強烈的黨派意識，上前線的作家越來越少，把對正面戰場的熱情轉向敵後戰場與大後方生活。如《大公報》記者范長江，抗戰前期十分活躍，發表過一批優秀戰地報告文學，1939 年范長江加入中国共產黨，工作有了變動，國民黨的防共排共政策，也降低了他對正面戰場的熱情，此後，他沒有再寫出前期那樣氣勢恢弘的正面戰場報告文學。1938 年深秋，東北作家蔣錫金從廣州撤離，輾轉來到香港。他與茅盾、適夷商議今後如何從事文藝工作時，「茅盾與適夷都認為，隨著抗戰轉入相持階段，早期抗戰作品中描寫正面戰場作戰及將軍、士兵愛國熱情的作品已遠不能適應時代要求，將來的抗戰作品中應該有反映敵佔區普通民眾生活和鬥爭的作品，這方面的題材應該有人來寫。」〔註 22〕淪陷區、敵後戰場與大後方題材的確值得描寫，但不能據此認為正面戰場題材已不符合時代要求。由於當局防共排共的政策及其激起的反撥，妨礙了更多的作家對正面戰場的傾力表現，加之作家生活方式與前線生活仍有相當距離等原因，抗戰中後期正面戰場的表現遠不如抗戰前期那樣聲勢浩大。

當波詭雲譎的政策影響作家與正面戰場的關繫之時，作為中國官方新聞機構的中央通訊社（簡稱中央社）始終如一地派遣隨軍記者。在諸家媒體戰地記者中，中央社隊伍最大，通訊設備最為先進，配有短波發報機。中央社隨軍組不僅以最快的速度拍發戰訊，而且配合各戰區司令長官部做採訪工作，採寫最新鮮的報告文學，頗與日軍的報導班相近。據曾經擔任中央社戰地特派員、第三戰區《正氣日報》總編輯的曹聚仁說，「到了抗戰中期，由於運輸交通的困難，電訊傳遞的遲緩，戰地採訪工作，幾乎都落在中央社隨軍組的肩上。因此，胡定芬、範式之、劉竹舟的戰地通訊，成為專欄的最好文字。」「以中國的報告文學作家來說，解放區的記者，畢竟比之國軍戰區上的記者差得很遠呢。」〔註 23〕。

然而，由於民族救亡與世界反法西斯戰線的需要，國共合作畢竟維繫到抗日戰爭的最後勝利，當局文化政策左右搖擺，時緊時鬆，對帶有左翼色彩

〔註 22〕蔣錫金口述、吳景明整理《抗戰時期的文藝逃亡之旅》，《新文學史料》2005 年第 1 期。
〔註 23〕曹聚仁《戰場上的文學》，《文壇五十年》，東方出版中心 1997 年，第 312～315 頁。

的作家並非絕對排斥，而是有打有拉，寬嚴兼施；況且還有大量不帶左翼色彩的愛國作家，所以，總體來說，當局對於作家走進正面戰場是給予肯定與支援的。田漢就曾受政治部張治中部長的委託，撰寫《關於抗戰戲劇改進的報告》〔註24〕，作爲政治部整理部屬劇團及領導全國戲劇抗敵宣傳的參考。「報告中某些建議，如改善部屬劇團團員的生活教育、加強領導等，曾蒙其部分採納，且曾宣佈戲劇指導委員會及部立戲劇學院的組織。」1939 年下半年，當局已有排斥異黨的苗頭，「文協」組織的作家戰地訪問團，仍能得到國民政府軍事委員會戰地黨政委員會的 3500 元資助。擔任團長的王禮錫，20 年代初加入國民黨，北伐戰爭前後做過黨務工作與宣傳工作，30 年代曾因與左翼有密切聯繫，並參加福建人民政府活動，觸怒當局，被迫幾次赴歐避難。1938 年 12 月回國投身抗戰，當局委之以立法委員、戰地黨政委員會委員。此次帶領作家戰地訪問團，同時兼任戰地黨政委員會冀察綏晉指導員，授予少將軍銜。訪問團中，宋之的、羅烽、白朗、以群、葛一虹等都有左翼色彩。國民黨內部派系林立，高級將領的政治立場文化態度亦非鐵板一塊，所以，抗戰轉入相持階段以後，正面戰場在對待左翼作家的態度上不盡一致。原西北軍、東北軍、粵軍、桂軍等系，對待作家就寬容一些。張發奎擔任集團軍總司令與戰區司令長官時，對作家十分歡迎，多有關照，因此作家樂於到他所負責的戰場工作。張發奎移防後，原先跟著他的作家，也跟著轉移到粵北韶關和桂西柳州。桂林成爲抗戰時期的文化中心之一，也恐怕與桂系李宗仁對待作家的態度有關。

國民政府的政策以及高級將領的態度直接影響到作家與正面戰場的關係，而日本侵略者的宣傳政策及其實施狀況則給中國作家乃至政府以強烈的刺激，間接地促動了作家走進並表現正面戰場。

1937 年 7 月 11 日，就在日本發表出兵華北的聲明的當天，日本首相近衛召集各新聞通訊社的代表「懇談」，要求他們爲戰爭「協力」；13 日，又召集《中央公論》、《改造》、《日本評論》、《文藝春秋》等著名雜誌社的代表，向他們提出了同樣的要求。8 月 24 日，日本政府頒佈《國民精神總動員實施綱要》；9 月 25 日，負責戰爭宣傳的陸軍情報委員會升格爲內閣情報部。新聞與文藝統統被納入國家化的戰爭體制中去，報紙雜誌刊登大量戰爭報導、戰地

〔註24〕整理稿刊《戲劇春秋》第 1 卷第 6 期，第 2 卷第 2、3 期，1942 年 4、7、9月。

特寫、戰爭小說、戰爭詩歌等。被煽動起來的國民對戰爭表現出近乎狂熱的興趣，戰爭報導與戰爭文學有著急切的需求與廣闊的市場，於是，報社雜誌社及文化團體紛紛把作家派往中國戰場，如吉川英治、木村毅、吉屋信子、榊山潤、林房雄、尾崎士郎、岸田國士、三好達治、石川達三、立野信之、杉山平助、大宅壯一、高田保、林芙美子、金子光晴、草野心平、小林秀雄、火野葦平、佐藤春夫、淺原六郎、豐田三郎、芹澤光治良、保田與重郎等。其中小林秀雄受《文藝春秋》社的委派，特地來到杭州，給日軍中的青年作家火野葦平頒發「芥川龍之介文學獎」，以示對戰場作家的特殊鼓勵。一時間，「從軍記」、「現地報告」、小說之類的文字充斥日本媒體。1938 年 8 月，日本內閣情報部、陸軍省、海軍省召集作家開會，組織 22 人組成的「筆部隊」從軍，分為「海軍班」、「陸軍班」乘機飛往中國戰場。筆部隊第一批歸國後，軍部又於 1938 年 11 月派出第二批。到了第一線的作家，司令官給他們頒發證明書。日本還有一批本身即為軍人的軍隊作家，上至將軍，下到士兵。軍隊作家所寫也有「戰場文學」。具有代表性的火野葦平隸屬第 18 師團，參加淞滬會戰中的杭州灣登陸作戰，到 1938 年 4 月之前，一直留守杭州，2 月被授予芥川龍之介文學獎，5 月被派到華中派遣軍報導部，先是參加徐州會戰，繼而參加武漢會戰、安慶戰役、廣州戰役、海南島戰役等，發表《麥與士兵》（以徐州會戰為題材）、《土與士兵》（以杭州灣登陸為題材）、《花與士兵》（以杭州守備為題材），「士兵三部曲」獲朝日新聞文化獎、福岡日日新聞文化獎。太平洋戰爭爆發後，火野葦平作為報導班成員又先後被派往菲律賓、緬甸。〔註25〕

　　桂林《筆部隊》雜誌的問世與「文協」作家戰地訪問團等中國「筆部隊」的戰地之行，大概都與日本「筆部隊」的刺激有關，甚至有些作品的創作動機也含有要同日本「筆部隊」「競爭」的意味。阿壟在《南京》的「後記」裏提到，日本反戰人士鹿地亙、池田幸子對阿壟說，「過去，他們把中國的報告文學看得很高。但是，最近在日本，除石川達三的《未死的兵》以外，又有了一部十六萬字的新的報告。自然，那是歌頌侵略戰爭的，在意識上是沒有什麼可說的。但是，從它的分量來說，從作者的寫作態度——放一槍又寫一筆的寫作態度來說，又是中國的報告和作者所不及的。」阿壟當時不知道那部「新的報告」是什麼，但他為此感到「慚愧了！為自己，也為中國人。」「跟在慚愧後面，憤怒

〔註25〕關於日本筆部隊的材料參考王向遠《「筆部隊」和侵華戰爭——對日本侵華文學的研究與批判》，北京師範大學出版社 1999 年。

來了！我不相信，『偉大的作品』不產生於中國，而出現於日本；不產生於抗戰，而出現於侵略！即使是從分量和寫作態度來說，我也有反感。這是恥辱！」後來他從一篇關於日本文壇動向的文章中，猜想那部作品大概就是火野葦平的「士兵三部曲」。阿壟反問道：「中國有沒有『偉大的作品』呢？有的！中國有血寫成的『偉大的作品』！並且，墨水寫成的『偉大的作品』假使是血寫成的『偉大的作品』的複寫，那不久也可以出現的。那作品，將偉大於火野葦平的《麥與士兵、土與士兵和花與士兵》的！否則，是中國的恥辱！我是這樣才寫《南京》的。」阿壟分析道，火野葦平是通訊士（報導部成員），既明瞭某一戰役的全局情況，又體驗過士兵的戰鬥生活。而阿壟自身，除了責任感、同日本筆部隊競爭的意識之外，也自有長處：上過軍校，修習過軍事課程，並且有過淞滬會戰的戰場經驗。他爲了寫作，請教有軍事專門知識的人，瞭解迫擊炮的「擺射、散佈射、梯次射」等射擊口令。小說通常要用一個或幾個人物把整篇作品的情感貫穿起來，但是，在這部小說裏，作者卻表示不能夠這樣做。「因爲，寫南京的一戰，得從每一個角落寫，得從每一個方面寫，爭取寫出一隻全豹來。」「抗戰並不是某一個英雄的業績，也不是少數人壯烈的行爲，而是屬於全民族、屬於全中國人民，每一個將士都有血肉在內的。我怎麼能夠創造一個或者幾個英雄，步兵也是他，炮兵也是他，淳化鎮的一戰有他，雨花臺的一戰有他，挹江門有他，渡江有他，和戰車血肉相搏又有他？」這部小說放棄了用人物來把小說的情感貫穿起來的作法，而是把情感用事件貫串起來，用戰爭貫串起來，以求其藝術上的完整感。有眞實的故事，也有藝術虛構。「我不能讓敵人在兵器發出驕傲一樣，在文字上也發出他們的驕傲來！我們要在軍事上勝利，也要在文藝上勝利！」他以高度的責任感、強烈的競爭意識與熾熱的激情，克服重重困難，調動創造潛能，終於在 1939 年 10 月 15 日寫完了這部 30 萬字的長篇小說。雖然當時未能出版，殊爲遺憾，但今天看起來，的確是一部彌足珍貴的力作，不僅其正義性絕非「士兵三部曲」可以同日而語，而且單以其恢弘的藝術結構、逼眞的細節描寫、流貫其間的激情與詩性語言，也要遠遠超過「士兵三部曲」之類。

日本一方面派遣「筆部隊」與數以千計的記者跟隨軍隊來到中國，向其國內輸送符合侵略戰爭需要的資訊，進行狂熱的戰爭動員；另一方面，利用一切手段，對其侵華部隊及佔領區進行奴化精神滲透。我軍從戰場繳獲的戰利品裏發現敵人在宣傳上無所不用其極，宣傳的口號印在紙煙盒的畫片上，

印在明信片上。臧克家在《宣傳戰》一文中反省說:「和敵人對比起來,我們對於宣傳工作不但做得太不夠,而且對於宣傳的意義,太小看了。把宣傳叫成『賣狗皮膏藥』,除了顯出自己的愚蠢和無知,還有什麼呢?……正義與真理握在我們的手裏,可以作為『宣傳』內容的材料。然而,我們沒能夠好好的利用它去發揮偉大的力量,這不但是叫人可惜的,而且是叫人痛心的。」「『宣傳』在現代,在敵我不兩立的搏鬥中,同政治,經濟,外交,……同樣的是一支突擊隊,是整個戰鬥中的重要的一環,雖然看不見『殺人盈野』,雖然聽不見『大炮隆隆』,但是他的效果確比這些更可怕。因為槍炮的戰爭是有形的,爭奪的目標是城池與土地,而宣傳戰是無形的,它所爭取的是正義與人心。『正義』與『人心』向那一方面,最後的勝利就屬於那一方面。」〔註26〕胡風在《七月》第 4 集第 1 期《編完小記》裏,談到雜誌之所以復刊的理由時也說:「當每一看到敵人底文藝雜誌或綜合雜誌底文藝欄被鼓勵侵略戰爭的『作品』所泛濫了的現象的時候,總不免有一種不平之感。」這種「不平之感」與回應時代呼喚的使命意識交相作用,成為胡風編輯《七月》、《希望》、扶植青年作家的巨大動力。抗戰全面爆發之初,文壇曾經流露出一種文人無用的想法,隨著抗戰的演進,面對戰爭對文化的迫切需求與敵方宣傳攻勢的強烈刺激,文人無用的想法已成明日黃花,作家以多種方式投入了張揚正義、鼓舞士氣的宣傳戰。〔註27〕

回顧歷史,在作家與正面戰場的關係上,有彌足珍貴的成功經驗,也有令人扼腕的苦澀教訓。假如當時國民黨當局再大度一些,國共關係更加密切一些,假如作家的黨派意識退居於國家意識之後,作家習性更多地服從民族利益,一定會有更多的作家走進正面戰場,一定能夠創作出更多細節逼真、視野廣闊、思想深邃的正面戰場文學作品。

〔註26〕 臧克家:《宣傳戰》,收《臧克家散文小說集》(下),長江文藝出版社 1982 年,第 1060~1061 頁。

〔註27〕 本文還參考了下列文獻:藍海《中國抗戰文藝史》(修訂本),山東文藝出版社 1984 年;蕭效欽、鍾興錦主編《抗日戰爭文化史》,中共黨史出版社 1992 年;蔡定國、楊益群、李建平《桂林抗戰文學史》,廣西教育出版社 1994 年;張大明、陳學超、李葆琰《中國現代文學思潮史》,北京十月文藝出版社 1995 年;軍事科學院軍事歷史研究部《中國抗日戰爭史》(2005 年修訂版),解放軍出版社 2005 年;蘇雪林等《抗戰時期文學回憶錄》,文訊叢刊之三,文訊月刊雜誌社 1987 年 7 月 1 日初版;《七四軍戰史》,突擊抗戰特刊之一,勝利六十周年紀念,華文專業戰史雜誌 2005 年。

主要參考文獻

1. 張大明、陳學超、李葆琰:《中國現代文學思潮史》上、下,北京十月文藝出版社 1995 年 11 月第 1 版。

2. 徐迅:《民族主義》,中國社會科學出版社 1998 年 7 月第 1 版,2005 年 5 月第 2 版。

3. 王希恩:《民族過程與國家》,甘肅人民出版社 1998 年 12 月第 1 版。

4. 劉禾:《語際書寫——現代思想史寫作批判綱要》,上海三聯書店 1999 年 10 月第 1 版。

5. 胡阿祥:《偉哉斯名——「中國」古今稱謂研究》,湖北教育出版社 2000 年 11 月第 1 版。

6. 王柯:《民族與國家:中國多民族統一國家思想的系譜》,中國社會科學出版社 2001 年 4 月第 1 版。

7. 劉亞虎、鄧敏文、羅漢田:《中國南方民族文學關係史》上、中、下,民族出版社 2001 年 9 月第 1 版。

8. 許志英　鄒恬主編:《中國現代文學主潮》上、下,福建教育出版社 2001 年第 1 版。

9. 劉禾:《跨語際實踐——文學,民族文化與被譯介的現代性》,宋偉傑等譯,三聯書店 2002 年 6 月第 1 版。

10. 倪偉:《「民族」想像與國家統制——1928～1949 年南京政府的文藝政策及文藝運動》,上海教育出版社 2003 年第 1 版。

11. 本尼迪克特·安德森:《想像的共同體:民族主義的起源與散佈》,吳叡人譯,上海人民出版社 2003 年 1 月第 1 版。

12. 杜贊奇:《從民族國家拯救歷史:民族主義話語與中國現代史研究》,王憲明、高繼美、李海燕、李點合譯,社會科學文獻出版社 2003 年 2 月第 1 版。

13. 張憲文等：《中華民國史》四卷本，南京大學出版社 2005 年第 1 版。

14. 楊厚均：《革命歷史圖景與民族國家想像——新中國革命歷史長篇小說再解讀》，湖北教育出版社 2005 年 6 月第 1 版。

15. 李楊：《文學史寫作中的現代性問題》，山西教育出版社 2006 年 2 月第 1 版，第 310 頁。

16. 王明珂：《華夏邊緣：歷史記憶與族群認同》，社會科學文獻出版社 2006 年 4 月第 1 版。

17. 鄭大華、鄒小站主編《中國近代史上的民族主義》，社會科學文獻出版社 2007 年 8 月第 1 版。

18. 張大明：《主潮的那一邊——三民主義文藝與民族主義文藝》，中國社會科學出版社 2010 年 11 月第 1 版。

博士論文

1. 錢振剛：《民族主義文藝運動研究》。

2. 冷　川：《20 世紀 20 年代的外交事件與中國現代文學民族話語的發生》。

附錄：近年來海外資源對中國現代文學研究的雙重效應

　　中國現代文學作爲一門學科，如同其研究對象一樣，始終與海外資源有著密切的關聯。早在學科萌芽階段，胡適的《五十年來中國之文學》〔註1〕，就帶有進化論與實驗主義哲學方法的色彩。陳子展的《中國近代文學之變遷》〔註2〕與《最近三十年中國文學史》〔註3〕，也見得出五四前後傳播進來的歷史唯物主義的影響。二十世紀五十年代初學科正式確立，直到「文革」，現代文學史著述，大多強調思想鬥爭、政治鬥爭、階級鬥爭、路線鬥爭，力圖以文學史來驗證當時占主導地位的政治理論觀點，這種模式明顯留有《聯共（布）黨史》的投影。

　　改革開放以來，海外學術資源的援引與海外資本、技術、管理經驗和物質產品的引進大體同步，雖然不無曲折，但總體上乃大勢所趨，隨著思想解放的發展，留學浪潮的遞進，學術隊伍外語能力的提高，學術交流渠道的多樣化，海外學術資訊得以源源不斷地湧入，對中國現代文學研究產生了巨大的影響。其中既有顯而易見的積極作用，也有不容忽略的消極效應，學術界對此已經有所注意，本文進一步予以分析，以期激清揚濁，科學地借鑒海外資源，建構富於中國特色的學術話語體系。

〔註1〕　收入《申報》館五十周年紀念特刊《最近之五十年》，商務印書館刊行，無出版時間，從抱一的《編輯餘談》寫於1923年2月來看，可能刊於1923年。亦收《胡適文存》第2集卷2，上海亞東圖書館1924年11月。
〔註2〕　中華書局1929年4月。
〔註3〕　太平洋書店1930年11月。

一、積極影響

進入新時期以來，中國現代文學研究的海外資源大爲拓展，就性質而言，一是海外漢學，二是廣義上的文化研究；就方位而言，西方主要是歐美，東方則主要是日本。海外資源的積極作用，主要有如下三點：文學史觀念的更新、學術視野的拓展、研究方法的多元化。

第一、文學史觀念的更新。

王瑤的《中國新文學史稿》〔註4〕代表了「文革」前十七年現代文學歷史敘述的最高成就。著者曾在清華大學朱自清門下受過良好的學術訓練，在中古文學研究領域取得驕人成績之後，受命參與中國現代文學學科的正式創建。他在撰寫《中國新文學史稿》時，力圖「多以作品和史實爲依據，少寫空泛的議論和分析，點到爲止，不多渲染，要言不煩，留有餘地。」〔註5〕這部著作的確以提供了豐富的史料而見長，而且因此被批判爲「客觀主義」，但是，由於學科的創設承載著證明新民主主義革命之必然性與合理性的政治使命，《中國新文學史稿》作爲「第一部以新民主主義理論作爲理論根據，以無產階級思想領導的，人民大眾的，反帝反封建的新民主主義文學界定現代文學性質編寫的文學史」〔註6〕，在史料的取捨、作品的評價等方面，不能不服從於政治使命。直到 1980 年 12 月出齊的三卷本人民文學出版社版《中國現代文學史》〔註7〕，仍然留有明顯的新民主主義文學史觀的痕跡。

現代文學固然與新民主主義革命有著密切的關聯，但是，文學的發展進程畢竟不會與政治史完全重合，因而，當改革開放的時代喚醒了全面還原現代文學史的要求時，既有的政治化文學史觀就顯得力不從心了。夏志清的《中國現代小說史》，英文版早在 1961 年即已問世，其時，中國大陸正是階級鬥爭爲綱的時期，不可能對其產生興趣；而到了 1979 年，中文版一經香港友聯出版社推出，立即在大陸產生了巨大的反響。政治上的義憤有之，學理性的

〔註4〕 上卷，開明書店 1951 年 9 月初版；下卷，新文藝出版社 1953 年 8 月初版；全書於 1982 年 11 月由上海文藝出版社再版。

〔註5〕 轉引自樊駿《論文學史家王瑤——兼及他對中國現代文學學科建設的貢獻》，收錢理群等編著《王瑤和他的世界》，河北教育出版社 2000 年 1 月版，第 406 頁。

〔註6〕 樊駿《論文學史家王瑤——兼及他對中國現代文學學科建設的貢獻》，收錢理群等編著《王瑤和他的世界》，河北教育出版社 2000 年 1 月版，第 411 頁。

〔註7〕 人民文學出版社，第一冊 1979 年 6 月出版，第二冊 1979 年 11 月出版，均署唐弢主編；第三冊 1980 年 12 月出版，署唐弢、嚴家炎主編。

批評亦有之，但這部著作迥異於大陸著述的文學史觀的確讓人耳目一新。夏志清在《中國現代小說史》初版序言中說，「本書當然無意成為政治、經濟、社會學研究的附庸。文學史家的首要任務是發掘、品評傑作。如果他僅視文學為一個時代文化、政治的反映，他其實已放棄了對文學及其他領域的學者的義務。」〔註 8〕「首要任務是發掘、品評傑作」，才能使文學史回到文學、回到文學的歷史。夏著帶來的新氣象不僅僅是對沈從文、張愛玲、錢鍾書的高度評價，更為重要的是看重審美價值的文學史觀。這一文學史觀的引進與接受，對於重構文學史的敘事框架，把現代文學史從文藝運動史、文藝思想鬥爭史還原為文學史，重新評價沈從文、師陀、張愛玲、錢鍾書、穆旦等作家與新月派、象徵派、現代派等流派，起到了不容忽略的啟迪作用。審美研究得到重視，小說方面，有文化原型的追溯，有敘事模式的研究，也有詩化、象徵化、音樂性、繪畫感的探索；詩歌方面，有意象、情調、語言、節奏、音律與內在結構的分析，有戲劇化與攝影化等手法的索解；話劇方面，有廣場劇與劇場劇、心理劇與社會劇、寫實劇與象徵劇的辨析，有「動作」、潛臺詞、結構藝術、燈光舞美與表演導演的研究；散文方面，有絮語體、對話體、講演體、抒情體、閒話體等類別的區分，也有語彙、語調、意象、意境、幽默、反諷等細緻的解讀；多種文體的演進脈絡與藝術成就得到了系統的梳理與總結。

關於現代文學的近代源頭，早在前述胡適、陳子展的著作中即已涉及，1956 年作家出版社出版的劉綬松《中國新文學史初稿》也把 1898 年至 1917 年的「舊民主主義革命時期文學簡述」列為「附編」，以兩章的篇幅予以敘述與分析。1985 年全面展開論證的「20 世紀中國文學」〔註9〕概念，可以說是這一學術傳統的繼承與發展。20 世紀 90 年代以來，貫通 20 世紀或近代、現代、當代文學的著述不勝枚舉。關於現代文學之現代性及其淵源的探尋，至遲也可以追溯到 20 世紀 80 年代初，到 90 年代，用現代性來界定現代文學，已經成為認可程度相當大的共識〔註10〕。在這種背景下，王德威提出的

〔註 8〕 轉引自祝宇紅《夏志清的中國現代文學研究及其批評譜系》，《中國現代文學研究叢刊》2007 年第 2 期。

〔註 9〕 黃子平、陳平原、錢理群：《論「二十世紀中國文學」》，《文學評論》1985 年第 5 期。

〔註 10〕 參照楊聯芬《晚清至五四：中國文學現代性的發生》（北京大學出版社 2003 年 11 月第 1 版）緒論與嚴家炎《序》。

「沒有晚清,何來五四」,在爭議聲中推進了現代性之本土資源的發掘,拓展了雅俗等多條線索交織互動的文學空間,也加強了對進化論文學史觀的質疑〔註11〕。如今,現代文學史不僅擺脫了絕對化的「政治決定論」,敢於體認自身的文學本性;也走出了單一的「革命決定論」,回到了未曾中斷的歷史脈絡之中。

第二、學術視野的拓展。

海外漢學以其自由的思想姿態與寬廣的文化視野促進了中國現代文學研究之學術視野的拓展。余英時、杜維明等新儒家在大陸反響強烈,褒貶不一。其中,對中國現代文學研究的影響,首推林毓生的《中國意識的危機》〔註12〕,因爲他激烈地抨擊五四新文化運動的「全盤反傳統的激進主義」,他甚至認爲文革的浩劫都能夠從五四新文化運動尋找到遠因。無論其觀點及其新儒家背景有多少可以討論的餘地,應該肯定的是其觀點與文化姿態引起了學術界對激進主義的認眞反思,對保守主義與自由主義的重新審視。於是,林紓、國故派、學衡派、整理國故、自由主義文學思潮等,都得到了重新評價。進而,人們對文言與白話、新體與舊體、所謂主流、支流與逆流的認識變得複雜起來,複線交織、多元共生的文學史景觀越來越清晰地還原出來。

木山英雄早在 1966 年就關注過毛澤東的舊體詩,1994 年發表《舊詩之緣——聶紺弩與胡風、舒蕪》,2001 年發表《〈沁園春・雪〉的故事——詩之毛澤東現象》。在此前後。他對文學復古與文學革命之間的關係也做過歷史考察與哲學探尋〔註13〕。在海外漢學的啓迪下,人們意識到,新與舊之間,不只有對峙、衝突、阻遏的一面,也有競爭、互滲、互動的另一面。現代的舊體詩詞、文言文學與通俗小說,不僅在歷史時段上屬於「現代」,而且其創作動因、社會與心理內涵、審美形式的變異及其影響,都程度不同地具有現代性,因而,儘管目前仍有學者堅持絕對排斥的立場,但現代文學界越來越趨於將其視爲現代文學的組成部分。有的現代文學史著作開始嘗試將舊體詩詞納入視野,研究現代舊體詩詞的論文時有發表,專著至少已有兩種問世

〔註11〕 參照王德威《想像中國的方法:歷史・小說・敘事》,三聯書店 1998 年 9 月第 1 版;吳秀明、張錦《海外中國現代文學研究對新時期以來內地學界的影響》,《社會科學戰線》2007 年第 6 期。

〔註12〕 穆善培譯,崔之元校,貴州人民出版社 1986 年 12 月初版,1988 年再版。

〔註13〕 參照木山英雄著、趙京華編譯《文學復古與文學革命——木山英雄中國現代文學思想論集》,北京大學出版社 2004 年 9 月第 1 版。

〔註14〕；「民國文言小說史」也已獲得 2009 年國家社科基金立項。多種文學史著作爲通俗小說列出專章專節，梳理通俗小說與新文學小說交織並行與互滲互動的歷史關係，闡釋前者或隱或顯的現代性因素，在文化生態平衡的框架中與 20 世紀中國文學的歷史脈絡上，肯定從張恨水到金庸所代表的通俗小說的歷史地位。近現代通俗文學專史，也有不止一種問世。

近年來方興未艾的文化研究，諸如敘事學、譜系學、解釋學、地理學、生態學、圖像學、語言學、自由主義、新歷史主義、結構主義、解構主義、東方主義、後殖民、知識考古學、女性主義、文化政治及公共場域、宏大敘事、想像共同體、身份認同、社群、身體政治、性別政治、市民社會、他者、文化霸權、戲仿、狂歡、元敘事等理論、觀念與方法，給中國現代文學研究帶來了廣泛的影響，研究視野大爲拓展。物質文化方面，有稿費制度與文學發展關係的研究，有郵政、通訊、生活方式對文學影響的研究；制度文化方面，有關於三四十年代政治審查制度的研究，也有關於「十七年」審查內在化——如人民文學出版社「綠皮書」出版前作家對舊作的修改——的研究，以及微觀的政治文化心理與宏觀的制度文化研究；傳媒文化方面，有商務印書館、泰東圖書局、北新書局、開明書店、生活書店、上海文化生活出版社、新華書店等出版機構與文學關係的研究，也有《申報》及其《自由談》副刊、《晨報副刊》、《京報副刊》、《大公報》文藝副刊、《益世報》文藝副刊、《解放日報·文藝》、《新青年》、《小說月報》、《禮拜六》、《紫羅蘭》、《新潮》、《語絲》、《現代》、《論語》、《抗戰文藝》、《文藝復興》、《文學季刊》、《文學雜誌》、《萬象》、《文藝報》、上海小報、東北期刊等報刊與文學關係的研究；地域文化方面，僅湖南教育出版社出版的嚴家炎主編的「二十世紀中國文學與區域文化叢書」，就包括吳越文化、三秦文化、三晉文化、巴蜀文化、上海城市文化、東北黑土地文化等與文學關係的研究；教育方面，有北京大學、清華、北京女子高等師範學校、西南聯大、延安魯迅藝術學院、東南大學等與新文學之關係的研究；宗教方面，涉及道教、薩滿教、佛教、伊斯蘭教、基督教及其傳教士等；民族文化視角，有關於老舍與滿族文化、沈從文與苗族等的研究；性別文化，主要是女性主義視角，有對冰心、廬隱、丁玲、蕭紅、張愛玲等女性作家的解讀，也有對男性作家文學世界中的性別歧視的批評，還

〔註14〕吳海發：《二十世紀中國詩詞史稿》，中國文史出版社 2004 年 9 月版；胡迎建：《民國舊體詩史稿》，江西人民出版社 2005 年 11 月版。

有男性性別視角的研究，體察文學所表現的現代生活中男性的種種困境。

第三、研究方法的多元化。

繁複多樣的文化背景、錯雜交織的知識結構與面對不同對象講授不同課程的工作任務，促使海外漢學家自覺不自覺地遊走於不同學科之間，因而總體上具有跨學科的學術特點，學者也形成了各自的學術特點。如夏志清、李歐梵、王德威等信手拈來的比較文學細讀，竹內好、伊藤虎丸的思想史方法，丸山昇、北岡正子、鈴木正夫的實證，等等。

開放的文化研究方法，新穎的異域學術特點，海外漢學家的實踐與成績，給中國現代文學研究界提供了豐富的啟迪。黃仁宇的《萬曆十五年》（《1587，無關緊要的一年》）從小事件看大歷史、大道理，給現代文學的歷史敘述送來了一股清新之風。李歐梵的《上海摩登》，對施蟄存的看重和對阮玲玉電影、百樂門舞廳、哈德門香煙、石庫門房子、周璇流行歌曲等上海都市文化現象的「發現」，促進了現代派研究，也拓展了現代文學的都市文化視角。劉禾、陳建華等運用知識考古學方法追溯現代文學話語的歷史，給人以方法論的示範。

丸尾常喜借助歷史學、思想史、宗教學、民俗學等多種方法，對魯迅作品中的傳統文化原型做了富於原創性的還原式研究。在解讀《孔乙己》時，丸尾常喜除了注意到《論語》中《子罕》、《子路》、《子張》等篇的相關性之外，還徵引了《孟子·滕文公上》、朱熹《四書集注》、《荀子·致士》、《荀子·富國》等文獻，在儒家思想的流脈上來尋繹孔乙己身上的傳統文化陰影。與此同時，丸尾常喜也在孔乙己身上看到了民俗文化的鬼影。「在民眾中間，孔乙己頭腦裏的知識沒有任何權威，這就勢必鑄成了在櫃檯前站著喝酒的孔乙己的『寂寞』。」如果民眾看重那些知識，縱使科舉落第，孔乙己與民眾的關係也會是另外一種情形。然而民眾衡量價值的砝碼不是知識本身，而是能否用那些知識換來科舉的功名，若被科舉拒之門外，在民眾心目中就只能是「科場鬼」的落魄淒慘形象〔註15〕。這樣，短衣幫在咸亨酒店對孔乙己的哄笑與他們看舞臺上的「科場鬼」時的笑就有了相通之處。關於魯迅世界中的「鬼」，竹內好在《魯迅》中已經觸及，尾上兼英也曾就《阿Q正傳》序章裏「彷彿思想裏有鬼似的」提起過問題，伊藤虎丸、木山英雄等受此啟發，展開過討論，但「徹底挖掘這一題目

〔註15〕丸尾常喜在《「人」與「鬼」的糾葛——魯迅小說論析》（秦弓譯，人民文學出版社1995年初版，2006年增訂版）第二章第一部分裏說明：「最早指出孔乙己與陳士成的形象同《目連戲》的『科場鬼』很相似的，是夏濟安。」

並且提示出戰後日本魯迅研究史上劃時代深刻解讀的，則是丸尾常喜的近著」《「人」與「鬼」的糾葛》〔註16〕。丸尾常喜把「鬼」的影像作爲視點，從經典文化與民俗文化兩個方面追蹤傳統的鬼影，進入了一個幽邃廣袤的文化原型世界。在分析《白光》時，丸尾常喜從陳士成的掘藏上溯至具有中國傳統祭祀演劇典型特徵的紹興地區「廟會戲」，指出：「小說《白光》不單是以魯迅的叔祖子京這一特殊的悲劇性人物爲模特，它是作於科舉制度所浸透的社會產生的慶祝劇《跳魁星》與《掘藏》的模倣與生發改造的化用式諷刺作品而寫出的。」《白光》利用了《掘藏》的框架，而且在「試院的照壁的面前」熒熒孑立的陳士成身上，重疊著被科舉制度捉弄了一生的「科場鬼」形象。對於「鬼」的捕捉，在《阿Q正傳》的分析中最爲集中，也最爲複雜。在阿Q身上，丸尾常喜看到多重鬼影：第一重是正統觀念之鬼，諸如「不孝有三，無後爲大」，「若敖之鬼餒而」，「男女之大防」之類；第二重是積澱在國民性中的「亡靈」，具體說來，就是等級意識、愚昧、保守、狹隘、精神勝利法等種種精神弊端；第三重是民俗文化中的鬼，即生計無著的餓鬼、含冤而死的幽怨鬼、香火斷絕的孤魂野鬼，等等，多重鬼影相疊，構成了阿Q這樣一個深深植根於中國精神歷史與民俗世界的典型人物。丸尾常喜還在《「人」與「鬼」的糾葛——魯迅小說論析》中闡釋「阿Q＝『阿鬼』說」時，把目連戲作爲重要參照系，認爲《阿Q正傳》的結構與目連戲所保留的「幽魂超度劇」具有同構性：（一）「鬼」的生涯的陳述；（二）審判；（三）團圓。另外，從阿Q「戀愛悲劇」中的挨打出逃、被迫接受趙家的五項懲罰、在靜修菴菜園裏發現蘿蔔以及與尼姑的糾葛等場面中，也看出對目連戲的化用。《「人」與「鬼」的糾葛——魯迅小說論析》中譯本印行三版四次，其影響已經超出魯迅研究。

正是在海外資源的啓迪與刺激下，中國現代文學界在發揚光大馬克思主義的歷史——美學方法的同時，建構起一個開放的方法論體系，使得領域的拓展與縱深的開掘成爲可能。

二、負面效應

然而，海外學術也有其侷限性。譬如，有的學者已經指出，夏志清的研究視角和批評方法「往往表現爲一種脫離文化歷史語境的片面的深刻，正像

〔註16〕 參照伊藤虎丸著、李冬木譯《魯迅與終末論：近代現實主義的成立》，生活・讀書・新知三聯書店 2008 年 8 月第 1 版，第 339～340 頁。

他批評魯迅的『溫情主義』使其不能躋身於赫胥黎等世界諷刺名家之列那樣，既洞察到研究對象被遮蔽的內涵，又給對象帶來新的遮蔽。夏志清的這種洞見與盲視並存的侷限，正是解構主義批評家保羅・德・曼（Paul de Man）從語義學揭示的美國新批評的侷限——把文學僅僅限定於文本研究所必然產生的困境。」〔註17〕對道德意義與心理深度的肯定誠然有理，但對文化歷史語境與社會意義缺乏應有的注意則不能不說是一種缺陷。對此，捷克漢學家普實克早在《中國現代小說史》問世不久，就曾有過批評。

即使是在異域對象世界得以成立的學術觀點與行之有效的方法，挪用於中國現代文學也未必完全適用。王瑤曾經指出：「以西洋的文學觀念和文藝派別來處理中國文學史，因為彼此歷史發展的內容不同，自會有參差不和的地方」與「貌合神離的地方」，因此，我們考察中國文學的發展時，不能機械地照著去比附。〔註18〕王瑤「晚年還對在文學研究中生搬硬套外來的觀念術語的做法，持保留態度」，「他批評喜歡堆砌外來新術語自炫的文章『艱澀難讀』，而且嘲諷說：『如果也學著用某些新詞來說明的話，就是過於陌生化是會影響接受主體的量的構成的。』」〔註19〕令人遺憾的是，王瑤先生已經作古二十餘年，「堆砌外來新術語以自炫」的文風並未絕跡，有人甚至藉此扶搖直上，暴得大名。

海外學術既有的侷限性與移植的「水土不服」，必然會引起一些負效應。近年來，打開中國現代文學研究的著述，民族國家一詞觸目可及，先前用到國家概念的地方，每每被置換成民族國家。誰若不用民族國家，似有落伍之嫌。這種傾向的源頭有兩個：一是民族國家理論本身；二是海外學者運用民族國家理論對中國現代文學所作的闡釋，譬如劉禾就認為：「『五四』以來被稱之為『現代文學』的東西其實是一種民族國家文學」。〔註20〕

西方民族國家理論主要是在歐洲近代歷史基礎上形成的，想像共同體的

〔註17〕祝宇紅《夏志清的中國現代文學研究及其批評譜系》，《中國現代文學研究叢刊》2007年第2期。

〔註18〕王瑤：《中國文學批評與總集》，《光明日報》1950年5月1日，參照樊駿《論文學史家王瑤——兼及他對中國現代文學學科建設的貢獻》，《王瑤和他的世界》，河北教育出版社2000年1月第1版第423頁。

〔註19〕樊駿《論文學史家王瑤——兼及他對中國現代文學學科建設的貢獻》，收錢理群等編著《王瑤和他的世界》，河北教育出版社2000年1月版，第423、456頁。

〔註20〕劉禾：《文本、批評與民族國家文學——生死場的啟示》，收唐小兵編《再解讀：大眾文藝與意識形態》增訂版，北京大學出版社2007年5月，第1頁。

觀念則產生於安德森對千島之國印度尼西亞的考察與思考，簡單地拿過來套用於中國問題，勢必會產生錯位。劉禾說，「凡是能夠進入民族國家文學網路的作家或作品，即獲得進入官方文學史的資格，否則就被『自然』地遺忘。少數幸運者如蕭紅，則是在特殊的歷史條件下被權威的文學批評納入了民族國家文學，才倖免於難。」〔註21〕事實上，包括蕭紅《生死場》在內的許多現代文學作品之所以為文學史所關注，並不是因為它們進入了所謂「民族國家文學網路」，而是因其切中了個性解放人性解放和啟蒙與救亡交織互動的現代脈搏。30 年代「民族主義文學」與 40 年代戰國策派倒是屬於「民族國家文學網路」，但是長期不能正面進入文學史敘述，卻是另有原因。

有一部探討文學史寫作問題的著作認為，「傳統『中國』是一個依據文化認同建立的共同體，而現代『中國』則是一個依靠政治認同建立起來的民族國家。」「作為一個民族國家範疇，近代以後的中國認同都建立在對以文化認同為基本內核的傳統中國認同的超越之上。也就是說，『中國』是一個人造的事實，一個『想像的共同體』，是西方全球化的產物。這意味著在民族國家的框架內出現的所有『中國問題』必然也是西方問題，所有的中國理論都必定是西方理論。」「民族國家本身實際上主要是 19 世紀的產物，是歐洲帝國所締造出來的，但是，在對民族國家的虛幻想像中，它卻被描述成一種統一的、內部整合的、甚至是單一的自古就有的實體。現代中國的建構也完整地體現了這一過程。尤其在中國這樣一個幾千年完全靠文化立國的國家，借用傳統文化認同來達至認同政治文化當然是事半功倍的捷徑。這就是有關現代中國的表述常常與傳統中國纏繞不清的原因。建構一個現代民族國家的努力甚至被形象地表述為『救亡』，政治使命被表述為文化使命，這種偷梁換柱的手法一用再用，屢試不爽。」〔註22〕在此書作者看來，傳統中國不是一個政治實體，而祇是一個文化認同的想像共同體。事實上，中國的歷史迥異於歐洲。如果把夏、商、周看作天子象徵性管理的原始國家的話，那麼，秦始皇則開創了實質性的君主帝國時代。秦朝實行郡縣制，車同軌，書同文，貨幣與度量衡均天下一統，其統治南至嶺南，西至流沙，民族構成不止於最初的華夏，

〔註21〕劉禾：《文本、批評與民族國家文學——生死場的啟示》，收唐小兵編《再解讀：大眾文藝與意識形態》增訂版，北京大學出版社 2007 年 5 月，第 17 頁。
〔註22〕李楊：《文學史寫作中的現代性問題》，山西教育出版社 2006 年 2 月第 1 版，第 108、298、304 頁。

也包括夏、商、周時的方國戎狄及肅慎、氐、羌、濮等遠夷，可以說，秦朝牢固地奠定了中國作爲多民族統一國家的基礎。而後，雖有內部紛爭、朝代更迭、版圖變遷，但多民族統一的國家形態沒有根本性的改變。比較起來，英、法、德、意等歐洲國家是從帝國分裂而來的現代民族國家，國家形態、版圖、主權都發生了根本性的改變；而現代中國不是傳統帝國分崩離析的碎片，而是國家實體的整體繼承，改變的祇是政治制度，由傳統民族國家經過革命轉變爲現代民族國家，國家形態、版圖、主權、國民的主體一仍其舊。還有論者把中國作爲現代民族國家的歷史起點放在 1949 年 10 月。有一篇博士論文，就把當代革命歷史小說書寫現代史題材說成是爲了建構民族國家。如此等等，不一而足。從觀念體系到表述方式都緣自西方民族國家理論的說法，顯然違背了中國多民族統一國家的歷史事實，背離了在此基礎上逐漸形成的中華一統的思想譜系。連基本的歷史背景都搞不清楚，文學史的判斷哪裡靠得住呢？

臺灣有學者用後殖民理論來看待中國文化與臺灣文化的關係，認爲抗戰勝利、臺灣回歸中國之後、特別是國民政府遷臺之後，中國文化對臺灣的統合是一種後殖民現象。大陸也有學者用後殖民理論看待少數民族文化問題，認爲漢文化對少數民族地區也存在著後殖民問題。如此這般，貌似深刻，實則謬誤。

任何觀念與方法，都有其適用範圍，一旦恣意而爲，必然漏洞百出。如有的學者借用女權主義與心理分析，認定魯迅之所以對朱安沒有愛情、對母親有所抱怨，是因爲新婚之夜作爲男性在妻子面前遭受了挫折，遂把失敗的慚愧與羞辱轉化爲仇恨。這哪裡是嚴謹的學術研究，分明是故作驚人之語的低級噱頭！

在不斷湧來的海外新潮的衝擊下，求新成爲學術時尚，唯新是求，生吞活剝，缺乏審慎的選擇，缺乏契合實際的化用，缺乏創造性的更新，往往一個觀念尚未吃透，一種方法未能熟練，便又去追逐新的觀念、新的方法。求新急切，而對新觀念新方法本身的侷限性以及移植過程中的經驗教訓缺少冷靜的反思。有的學者審慎對待新潮，便受到「落伍」之譏。文化研究本來有助於拓展文學研究視野，但是，文化研究大潮澎湃，對文學研究形成擠壓的態勢，彷彿文學研究已成明日黃花。盲目求新，不僅對新的不求甚解，食洋不化，對學科的基本問題有所忽略，而且還帶來了新概念大轟炸、表達晦澀、

詰屈聱牙等問題，正所謂以艱深文淺陋。

　　上述問題產生的原因相當複雜。一則由於年輕人敏感，吸收新鮮營養操之過急，結果造成了消化不良；二則出於對西方的盲目崇拜，養成了所謂「漢學心態」；三則心浮氣躁，急功近利，圖的是帶有新名詞的論文容易發表；四則利益互惠，海內外彼此徵引，相互誇讚，對等邀請，等等。

　　海外學術對於中國現代文學研究來說，確實具有可貴的資源價值，我們應該給予充分的尊重，認真選擇，主動汲取其養分，將其創造性地運用於我們的學術研究之中；但是，海外學術本身也有一定的局限性，對此，我們應該有所警惕，防止把異域學術的「污染企業」搬到中國的土地上；我們還應該注意海外學術在中國的適應性，避免因國情的隔膜而產生副作用。只有在選擇、汲取、轉化的過程中及時總結經驗教訓，對海外資源的引進才能更為自覺，更加有效，進而創造出具有中國特色的學術體系，在國際學術對話中獲得更多的話語權。

後 記

　　也許是天性的緣故，我對學術的理論敏感要遠遜於歷史興趣。世紀之交前後，現代文學研究中忽然興起一股「民族國家」的流行色，許多用到「國家」一詞的場合紛紛被「民族國家」取而代之。我一時有些茫然，自己本來還在思考民主國家的問題，而外面已經流行「民族國家」了。敏感度不夠，就下功夫補課，我一面「惡補」理論課，一面回到中國現代文學乃至中國歷史中去尋找答案。漸漸地理出一點線索，發現有些談論中國現代文學的「民族國家」的著述，其實已經背離了中國實情，與其說是野狐禪，倒不如說它是「鬼畫符」。2002 年，我在中國社會科學院研究生院「文學前沿」課上第一次講中國現代文學中的「民族國家」問題，2004 年在中國現代文學研究會徐州理事會上又以此題作學術報告。有同仁對我的看法提出質疑，甚至由於觀點差異的緣故，出現了人際關係中的隔膜。然而，正是在質疑的「逼促」下，我的探索向深度推進。為此我要感謝質疑！

　　我對中國現代文學的「民族國家」問題的探索，曾被列為中國社會科學院重點專案。現在，承蒙李怡先生與臺灣出版家的支持，書稿列入「民國文化與文學文叢」，以繁體字版在臺灣問世，我自然十分高興！在此，謹向關心與支持這項研究的師長朋友表示衷心的感謝！

張中良

2012 年 4 月 5 日於北京遠郊